번역능력 향상의 결정판

Translation Competence Test

TCT 번역 영어

조 일 준 저

예 학 사

책머리에

이 책은 번역능력인정시험(TCT)을 준비하는, 비록 매력과 보람은 있지만 결코 평탄치만은 않을 번역공부의 길을 택하신 번역가 지망생 여러분의 작은 길벗이 되어 드리기 위해 만들어진 것입니다. 더불어 잘못된 영문번역의 방법과 인식을 바꾸고 바람직한 번역 학습의 올바른 방향을 제시하는 것을 목적으로 하고 있습니다. 번역공부를 한다는 것은 대상 언어에 대한 총체적인 공부를 한다고 말할 수 있습니다. 외국어에 대한 능력에 대해서 말할 경우, 그 언어의 번역을 잘 할 수 있다는 것은 해당 외국어인 소재언어(素材言語)에 대한 넓고 깊은 지식과 더불어 번역되는 목표언어(目標言語)에 대한 뛰어난 지식과 표현력, 문장력이 있다는 것을 의미합니다. 일반적으로 영어회화를 잘 하면 '그 사람 영어 잘 한다' 라고들 합니다. 그러나 이 말은 '그 사람 영어로 말을 잘 한다' 는 것을 의미하는 것이지 영어에 대한 전반적인 지식이 많다는 것을 뜻하는 것은 아닙니다. 보통, 번역가는 굳이 회화를 잘 할 필요가 없다는 것이 일반적인 생각입니다. 그러나 전문 번역가는 꼭 능변가가 될 필요는 없더라도 소재언어에 대한 어느 정도의 회화구사능력과 이해는 필요합니다. 경우에 따라 원작에 대한 현장의 참고자료를 직접 수집해야 할 경우도 있을 수 있고, 원문이 회화체[대사]로 구성된 문장에서 감성이 묻어나는 좋은 번역문을 얻기 위해서는 표현의 리듬을 비롯하여 개성 있는 대화의 맛과 감각도 필요하기 때문입니다. 아무튼 좋은 번역가가 되기 위해서는 소재언어, 목표언어에 대한 총체적인 지식과 기능을 모두 갖추어야 한다고 생각합니다. 이를 위해서 먼저 소재 및 목표 양방향의 언어로 된 어떤 글이든 무조건 많이 읽어야 하며, 소재언어의 문장을 목표언어로 옮기고 고쳐보는 습관을 몸에 익히도록 해야 합니다. 이 책과 함께 공부하는 여러분은 이 책의 [예문]이나 [문제]의 예시된 [번역]까지도 고치고 다듬어 보는 철저한 훈련이 필요합니다. [문제]에 따라서는 [번역]의 의역(意譯) 정도가 조금씩 다른 경우도 있을 수 있지만 자신이 직접 번역한 문장과 비교해 가면서 반복적, 창조적인 퇴고의 훈련이 무엇보다 중요합니다. 영문번역, 아니 영어의 달인이 되는 왕도는 바로 이 길뿐이라고 감히 말씀드립니다. 이 책의 [번역] 모두가 반드시 완전하며, 최종적이고, 가장 잘된 것이라고 말할 수는 없습니다. 학습서가 가지는 제약, [문제]의 원문이 단편적이고 한정적인 단문(短文)의 형태라고 하는 등의 어쩔 수 없는 제약 등으로 완성도가 높은 [번역]이 되기 위해서는 어쩔 수 없는 한계가 있을 수밖에 없었음을 이해하기 바랍니다. 능력과 집념, 창의력에 따라 여러분 스스로가 얼마든지 더 높은 단계의 번역문을 만들 수 있을 것입니다.

이 책은 [Part Ⅰ]의 번역과 번역자에 대한 의의와 번역의 학습 방법 등에 대한 개괄적인 설명에 이어, [Part Ⅱ]에서 영문 번역 공부의 핵심이라고 할 수 있는 15 가지의 〈포인트〉를 중심으로 간단한 예문을 이용한 기본학습을 하고, [Part Ⅲ]에서는 [Part Ⅱ]의 포인트를 중심으로 한 비교적 단문을 이용해 공부를 하며, [Part Ⅳ]에서 기출문제 등을 중심으로 여러 유형의 문제를 활용하여 훈련함으로써 번역능력의 향상과 자신감을 극대화하도록 하였습니다. 마지막 [Part Ⅴ]는 명쾌하면서도 이해하기 쉽고, 명료한 문장을 잘 쓰는 것으로 정평이 나있는 미국의 유명 칼럼니스트 Sydney J. Harris가 쓴 세 편의 짧은 에세이를 과제로 간단한 [주석]을 곁들여 종합적인 번역연습을 하도록 구성하였습니다. 영문번역 공부를 하시는 여러분은 적어도 이 책에 나오는 문장 정도는 연습을 거듭하여 완전히 자기 것이 될 때까지 몇 번이고 되풀이해 공부하시기 바랍니다. 그 빛나는 과실은 분명히 여러분의 것이 될 것이며 머지않아 '꿈은 반드시 이루어질 것' 입니다

2006년 3월 광화문에서

조 일 준

CONTENTS

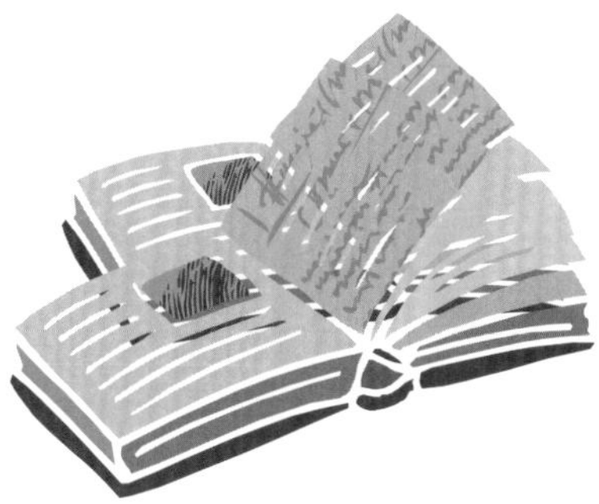

1장

번역과 번역자

번역이란 어떤 언어(A)로 표현되어 있는 의미를 다른 언어(B)로 표현하는 것이다. 일반적으로 언어 A를 소재언어(素材言語 : source language), 언어 B를 목표언어(目標言語 : target language)라고 할 경우, 번역 작업은 소재언어와 목표언어 사이에 존재하는 여러 가지 방해요인을 최대한 제거함으로써 소재언어가 전달하고자 하는 의미를 목표언어의 의미에 가장 가까운 표현으로 바꾸는 작업이라고 할 수 있다.

번역이란 어떤 언어(A)로 표현되어 있는 의미를 다른 언어(B)로 표현하는 것이다. 일반적으로 언어 A를 소재언어(素材言語: Source Language), 언어 B를 목표언어(目標言語: Target Language)라고 할 경우, 번역 작업은 소재언어와 목표언어 사이에 존재하는 여러 가지 방해요인을 최대한 제거함으로써 소재언어가 전달하고자 하는 의미를 목표언어의 의미에 가장 가까운 표현으로 바꾸는 작업이라고 할 수 있다. 따라서 영문번역은 영어와 우리말 사이에 존재하는 이질적인 발상으로 인해 생기는 방해요인을 가급적 최대한 줄여서 기능적으로 동일하거나 가장 가까운 뜻을 찾는, 즉 두 언어를 최대한으로 등가화(等價化)시키는 작업이라고 할 수 있을 것이다. 이 등가화의 작업을 위해서는 여러 가지 복잡한 과정이 필요하게 된다. 등가화 작업을 진행하는 가운데 두 언어가 나타내는 메시지 사이에는 서로 받아들이기 어려운 어떤 방해요인이 있음을 자연스레 알게 된다. 번역자가 이 두 언어간에 존재하는 방해요인을 얼마나 많이 그리고 무리 없이 제거하는가에 따라 등가화의 완성률이 높게 되고 좋은 번역문을 얻을 수 있게 되는 것이다. 번역자는 목표언어로 들어오는 모든 소재언어의 메시지를 조사 처리하는 문지기(Gatekeeper)와 같은 존재이다. 따라서 메시지의 방해요인을 제거하거나 줄이기 위하여 번역자는 문지기로서의 몇 가지 중요한 기능을 반드시 수행해야 한다. 영한번역의 경우, 영문으로 된 메시지가 목표언어인 우리말 영역으로 들어오는 경계를 지키며 우리말에 적절하지 못한 요인이 되는 표현을 삭제(削除)하거나 필요한 말을 보충(補充) 또는 표현상의 변용(變容)을 하고, 원문의 내용을 재구성(再構成)하거나 해체(解體), 압축(壓縮)하는 등의 여러 기능을 수행해야 하는 것이다.

앞으로 공부하게 될 문지기로서 활용할 수 있는 영문번역의 노하우는 번역의 현장에서 체득된 원리 중에서 중요한 부분을 정리한 것이므로 이를 벤치마킹하여 학습자 스스로의 번역 응용체계를 세워나가야 할 것이다. 번역이란 복잡 다양한 작업을 수행함에 있어서 각 경우마다 이용할 수 있는 수많은 방법과 요령이 있을 수 있다. 제한된 공간과 시간 속에 그 모두를 다루기는 불가능한 일이므로 이 책에 나오는 포인트를 기본으로 하여 번역자 스스로가 요령을 터득해가는 것이 중요하며 또한 흥미 있는 일이 될 것이다.

2장

영문번역의 핵심 포인트 | 영문을 우리말로 번역한다는 복잡하고 다양한 작업과정 가운데서 극히 일부분에 지나지 않겠지만 보다 훌륭한 번역을 하기 위한 유용한 기술로 활용할 수 있는 몇 가지 포인트를 숙지할 필요가 있다. 영어를 우리말로 옮길 때 원문의 구문 중에는 우리말로 옮길 때 방해가 되는 요인이 있기 마련인데 그 방해요인을 제거하기 위해서는 기본적인 어떤 전환이 필요하다. 그 전환의 테크닉으로써 기본 영어문법의 틀을 벗어나지 않는 범위 안에서 적절하고 자연스러운 우리말 표현을 찾기 위한 어떤 룰(rule)을 만들어 이를 번역작업에 활용하는 것이다. 수많은 번역의 현장에서 터득된 중요한 몇 가지 번역 룰, 즉 번역영문법의 핵심이 되는 포인트를 몇 가지 먼저 익혀서 한 단계 한 단계씩 보다 복잡하고 다양한 영어번역의 세계로 도전해 들어가는 것이다.

1 명사 : 문장으로 이해

예문 1 ***Diligence*** made him rich.

번역 1 부지런했기 때문에 그는 부자가 되었다.

예문 2 ***Distance*** lends enchantment to the view.

번역 2 경치라는 것은 멀리서 볼 때 매력적으로 보인다.

단순한 사물의 이름을 제외하고 영어의 명사, 특히 추상명사는 문장화, 즉 하나의 절(clause)의 형식으로 표현해야 자연스런 우리말이 되는 경우가 많다. 예컨대, [예문 1]의 경우에 'diligence'를 'Because he was diligent'로, [예문 2]에서 'distance'를 'When we see a view from a distance'와 같이 주어와 동사가 있는 문장의 형태로 전환하여 이해하고 적당한 접속사를 이용해서 우리말로 옮기면 [번역]과 같은 문장을 얻을 수 있다. 따라서 명사를 옮길 경우에 영문의 명사를 기계적으로 우리말 명사 그대로 옮기지 말고 — (1)명사에 동사적인 의미가 있는지를 먼저 살펴보고, (2)만약 동사적인 의미가 포함되어 있으면 전후관계로부터 주어, 목적어를 찾아 문장을 만든다. 그리고 (3)적절한 접속사를 찾아서 보충하여 종속절을 만들고 주절을 정리하여 번역문을 완성하는 것이다. 해당 명사에 동사적인 의미가 없을 경우에도 적절한 동사를 원용해서 보충해주면 된다. 이것은 '명사' 중심 언어라고 할 수 있는 영어와 '동사' 중심 언어라고 할 수 있는 우리말 사이에 존재하는 발상의 차이로 인해 일어나는 현상으로 이해되는데, 영문의 우리말 번역에 있어서 매우 중요한 포인트가 된다.

명사, 대명사의 소유격이 의미상으로 다음에 오는 명사에 대해서 주격관계나 목적격관계를 나타내는 경우가 있다. 명사를 문장으로 이해하는 것과 함께 영문을 자연스러운 우리말로 표현하는데 매우 효과적이다.

(a) A's B → A가 B하다, A가 B이다 [주격관계] (b) A's B → A를 B하다 [목적격관계]

(c) A of B → B가 A하다 [주격관계] (d) A of B → B를 A하다 [목적격관계]

예문 1 I don't know why Mary didn't like ***my saying*** that.

번역 1 내가 그걸 말한것이 왜 메리의 마음에 들지 않았는지 모르겠다.

예문 2 ***Caesar's murderers*** were not brutal butchers; they were in fact high-minded idealists.

번역 2 시저를 암살한 사람들은 잔인한 살인자가 아니었다. 실은 고매한 이상가들이었던 것이다. (목적격관계)

예문 3 We are deeply concerned about ***the alarming rise of crime*** in our city.

번역 3 우리는 이 도시에서 범죄가 무서운 기세로 급증하고 있다는 점에 대해서 깊이 우려하고 있다. (주격관계)

예문 4 Love requires ***the addition of other elements*** in order to play its proper role; it needs understanding and patience.

번역 4 사랑이 그 올바른 역할을 다하기 위해서는 사랑 말고도 다른 요소들도 함께 있어야 한다. 이해와 인내도 필요한 것이다. (목적격관계)

3 무생물 주어

우리글에서는 사람 또는 생물을 주어로 하는 경우가 많은데 비해 영어에서는 무생물 명사를 주어로 하는 구문이 많다. 이처럼 우리말과 영어의 다른 특징을 살려 영문을 자연스런 우리말로 옮기기 위해서는 기본적인 구문의 전환이 필요하다. 일반적으로 무생물 주어는 부사 구문으로 전환한다. 이를 공식화하면, 무생물주어 구문에서 (1)주어(A)를 부사구/부사절로, (2)타동사(B)를 자동사로, (3)목적어(C)를 주어로 바꾼다. 즉 'A가 C를 B하다' 라는 직역의 형태에서 'A에 의해[A이므로, A라면…] C는 B가 되다' 라는 등으로 문장을 전환하는 것이다.

예문 1 ***This song*** reminds me of my childhood.
(= When I hear this song, I am reminded of my childhood.)

번역 1 이 노래를 들으면 내 어린 시절이 생각난다.

예문 2 ***A few minutes' walk*** brought us to the Currency Museum.
(= After a few minutes' walk, we came to the Currency Museum.)

번역 2 몇 분 걷고 나서 우리는 화폐박물관에 도착했다.

예문 3 ***A little reflection*** will show you what a stupid answer that is
(= If you reflect a little; you will see what a stupid answer that is)

번역 3 조금만 생각해 보면 그런 대답이 얼마나 어리석은지를 알 수 있을 것이다.

원문의 대명사는 번역문에서 가급적 생략한다. 그리고 생략했을 때 문장의 뜻이 분명하지 않게 되는 경우에는 단순히 '그' 라든가 '이것' 등으로 옮기지 말고 본래의 명사를 그대로 써주는 것을 원칙으로 한다. 경우에 따라서는 '자기', '자신' 등으로 나타낸다. 또한 앞에 나온 명사의 반복을 피하기 위해서 사용되는 that, those, one, ones 등의 대명사도 대부분의 경우 우리말로 옮기지 않아도 된다.

예문 1 The dialect spoken in this town is different from ***that*** spoken in the next town.

번역 1 이 마을의 사투리는 이웃마을과는 다르다.

예문 2 ***You*** must remember that the author is not drawing a faithful portrait of ***himself***, but creating a character for the specific purpose of ***his*** story.

번역 2 명심해야 될 것이 있다. 작가는 정확한 (자신의) 자화상을 그려내는 것이 아니라 이야기의 특별한 목적을 위해 한 사람의 등장인물을 만들어 내려는 것이다.

예문 3 Bobby looked once more at the time. ***He*** was very tired. ***He*** sat now not even trying to read, ***his*** mind a blank.

번역 3 보비는 한 번 더 시계를 보았다. 너무도 지쳐서 앉은 채로 이제는 책을 읽을 생각조차 않는다. 마음속이 텅 빈 것 같았다.

5 관계대명사

우리말에는 관계대명사에 해당하는 품사가 없기 때문에 영어의 관계대명사 구문을 번역할 때에는 여러 가지 적절한 처리를 해야 자연스러운 우리말 표현을 얻을 수 있다. 번역자에 따라 나름대로의 방법이 있겠으나 일반적으로 (1)적당한 접속사를 사용하여 구문을 나누거나 (2)적당한 접속사가 없으면 접속사+대명사의 형태로 나누어서 문장을 재구성하여 번역한다. (1),(2)의 방법으로도 잘 되지 않을 경우에는, (3)일단 관계대명사가 없는 것으로 생각하고 문장의 내용을 잘 파악하면서 원문의 구문에 얽매이지 말고 문맥에 따라 번역한다. 관계대명사 앞에 전치사가 있을 경우에 이런 방법은 특히 효과적이다. 일반적인 방법으로 처리가 쉽지 않을 경우에는 (4)과감하게 문장을 완전 '해체' 해서 부분별로 이해하고 다시 정리하는 방법을 취한다. 접속사는 if, when, though(although), since(이유) 등이 특히 잘 이용된다. 문장을 나누는 경우에는 당연히 but, and 등의 접속사도 많이 활용된다.

예문 1

The man ***whom*** we thought to be a great scholar turned out to be a swindler.
(=***Although*** we thought ***him*** a great scholar, the man turned out to be a swindler.)

번역 1 그를 위대한 학자로 생각했었는데 알고보니 사기꾼이란 사실이 드러났다.

예문 2

I gave him a warning, to ***which*** he turned a deaf ear.
(=I gave him a warning, ***but*** he turned a deaf ear to it.)

번역 2 경고를 했지만 그는 내말에 귀를 기울이지 않았다

예문 3 He believed himself to be a man than ***whom*** no one could write better.

번역 3 그는 자기보다 글을 더 잘 쓰는 사람은 없다고 생각했다.

예문 4 I knew how much it would cost for a bundle of wood ***that*** I must buy to make a fire ***that*** would warm the room.

번역 4 난방을 할 땔감을 사야 했는데, 나는 장작 한 다발의 값이 얼마나 하는지 알고 있었다.

예문 5 He is one of those people ***who*** believe in the perfectibility of man.

번역 5 이 세상에는 인간을 완전하게 만들 수 있다고 믿는 사람들이 있다. 그도 그런 신념을 가지고 있는 사람이다.

예문 6 Television has not yet been applied to all the uses ***which*** will be found for it.

번역 6 텔레비전은 현재도 여러 용도로 이용되고 있지만 앞으로 그 응용 대상을 더 찾을 수 있을 것이다.

6 형용사/부사의 전환

(1) 술어로 전환

Many[a great many, a lot of 등], Most, Some(대명사 형태인 many of, most of도 동일함)의 경우 '많은' '대부분' '어떤' 이라는 의미로만 생각하지 말고 이를 술어로 표현하여 자연스러운지 살펴보고 좋다면 '…이(가) 많다' '적지 않다' '대개 …하다' '…도 있다' 등으로 서술적인 번역을 한다. 특히 some은 'some … others' 의 형태를 가지는 경우에 (대명사로 쓰이는 경우를 포함해서) 이런 방법이 효과적이다. sometimes, often 등의 경우에도 같은 방법을 응용할 수 있다.

예문 1 ***Many*** men have been ruined by being too fortunate at first.

번역 1 처음에 너무 운 좋게 시작해서 실패한 사람도 적지 않다.

예문 2 ***A great many*** people have lost their lives in mountaineering.

번역 2 등산을 하면서 목숨을 잃은 사람들이 엄청나게 많다.

예문 3 ***Most kinds of*** cheese are started with the help of a bacteria culture.

번역 3 치즈는 대개 박테리아균의 도움으로 숙성을 시작한다.

예문 4 There were ***a number of*** girls in the tavern; ***some*** were sitting with men, ***others*** by themselves.

번역 4 그 선술집에는 여자들이 많이 있었다. 남자들과 함께 앉아 있는 여자들도 있었지만 더러는 자기네끼리 모여 앉아 있기도 했다.

(2) 형용사의 부사 전환

형용사 가운데에는 부사적으로 표현하는 것이 자연스러운 경우가 있다. 대명사 everything, everybody 등도 같은 방법을 응용한다.

예문 1 The ***entire*** front of the truck was covered with flame.

번역 1 트럭 앞쪽은 완전히 화염에 휩싸였다.

예문 2 ***All*** the money he's paid on it so far will be wasted.

번역 2 그가 지금까지 지불한 돈은 모두 헛된 것이 되어 버릴 것이다.

예문 3 ***Each*** children was given a present.

번역 3 아이들은 한 사람씩 모두 선물을 받았다.

예문 4
I haven't read ***both*** his novels, but judging from the one I've read, he seems to be fairly promising writer.

번역 4
나는 그 사람이 쓴 소설 두 편 모두를 읽어보진 않았지만, 작품 하나를 읽어 본 걸로 판단해 보면 작가로서 상당히 유망한 사람이라고 생각한다.

예문 5
Doctors do not know ***everything*** about diseases.

번역 5
의사라고 해서 질병에 대해 무엇이든지 다 아는 것은 아니다.

(3) 전이(轉移)형용사 (Transferred Epithet)

수식하고 있는 체언(體言)이 아니라 실제 의미상으로는 다른 체언을 수식하는 형용사를 말한다. 아래 [예문 1]에서 볼 수 있듯이 잠을 못잔 것은 침대(bed)가 아니라 그(he)이다. 즉 형용사 sleepless가 bed라는 다른 체언으로 전이되어 있는 것이다. 따라서 sleepless한 것은 'he'이며, 형용사 sleepless는 부사 sleeplessly로 바꾸어 옮긴다.

예문 1
In the morning he got up from his ***sleepless*** bed.
(=In the morning he got up his bed ***sleeplessly***.)

번역 1
아침이 되자 한 숨도 못잔 채 그는 침대에서 일어났다.

예문 2 A guest on the fifth floor waved an ***impatient*** hand.
(=A guest on the fifth floor waved his hand ***impatiently***.)

번역 2 한 투숙객이 5층에서 다급하게 손을 흔들었다.

(4) 비교의 표현

형용사, 부사의 비교급과 함께 쓰이는 접속사 'than'에 이어지는 비교가 되는 구절을 '…보다 ~하다' 등으로 기계적으로만 번역하지 말고 '…에 비해서 (비교적)/…하는 편이 ~하다' 등으로 표현하면 효과적이다. 문체는 비교의 형태로 되어 있으나 실제 의미는 최상급을 나타내는 경우도 있다. 더욱이 부정(否定)과 연결되어 있는 강조문인 경우에는 문장의 전후관계를 잘 파악해서 옮길 필요가 있다. 'than' 이하의 문장을 끊어서 '…와 마찬가지이다' 등의 말을 뒤에 붙여주는 식으로 하여 원문의 어순을 살려서 순차번역을 하면 표현이 자연스러워진다. 'as … as' 구문과 같은 동등비교(同等比較)의 표현에 대해서도 주의가 필요하다. 가능하면 원문에 나타난 사고(思考)의 흐름에 따라 일단 문장을 끊어서 순차적으로 옮기는 것이 효과적이다. '…와 마찬가지이다' '…에 못지 않다' 등으로 문장을 매듭지으면 자연스러운 표현이 된다.

예문 1 Girls in American society grow up to be women ***more*** easily and successfully ***than*** boys grow up to be men.

번역 1 미국 사회에서는 소녀가 한 사람의 여성으로 성장하기가 비교적 쉽고 좌절을 겪는 경우도 적다. 이에 비해서 소년이 훌륭한 성인 남자로 성장하기란 그리 쉽지 않고 성공하기도 힘들다.

예문 2

Some people think much ***more*** about their rights ***than*** about their duty.

번역 2

자기의 권리만을 생각하는 사람들이 있다. 의무 따위는 그 다음 문제인 것이다.

예문 3

Nothing gives us ***so*** much pleasure ***as*** making things ourselves.

번역 3

어떤 쾌락이라 해도 스스로 만든 것만큼 즐거운 것은 없다. (=스스로 만든 쾌락이 가장 즐거운 것이다.)

예문 4

Dr. Kim grew tired of reading ***as*** little ***as*** the rest of us grow tired of rice.

번역 4

김 박사가 독서하는 데에 싫증을 느끼는 일은 없었다. 보통 사람들이 밥에 물리지 않는 것과 마찬가지로 말이다.

예문 5

A whale is ***no more*** a fish ***than*** a horse is.
(= A whale is ***not*** a fish ***any more*** than a horse is.)

번역 5

고래가 물고기가 아닌 것은 말이 물고기가 아닌 것과 마찬가지이다.

시 제 7

영어는 엄격할 정도로 동사의 '시제'를 일치시키려고 한다. 그러나 우리말은 반드시 그렇지는 않다. 이를테면 지난 일을 말하는 경우에도 한 번 정도 글의 앞 어느 부분에 '…였[했]다' 라고 과거시제로 표현하면 나머지 다른 부분에서는 '…이[하]다' 와 같이 현재형으로 하여 글의 뜻이 독자에게 더 사실적으로 정확하게 전달되도록 하는 것이다. 번역문에서도 문장 전체의 시제를 반드시 과거형으로 통일시킬 필요는 없다. 또한, 완료형도 우리 어법에 맞지 않는 어색한 완료의 표현이 아닌 과거형이나 현재형으로 번역하면 된다.

(1) 현재형

영문에서 현재형 동사로 생계의 수단 또는 직업을 나타내거나 '현재완료' 의 대용으로 사는 경우가 있다. 또한 현장감을 살리기 위해서 과거시제를 '역사적[극적] 현재' 로 표현하기도 한다. 우리말로 옮길 때 특히 유의해야 한다.

예문 1 "How does Mr. Kim earn his living?" "He ***writes*** detective stories."

번역 1 "김 선생의 직업은 뭐죠?" "추리소설 작가입니다."

예문 2 He told me the title but I ***forget*** it

번역 2 그가 제목을 말해주었는데 그게 무엇인지 그만 잊어버렸다.

예문 3

I mentioned it to Mr. Lee, and he ***denies*** having written anything of the sort.

번역 3

미스터 리에게 그걸 물어보았다. 그런데 그는 그런 것을 적어둔 적이 없다고 잡아뗐다.

예문 4

Lincoln ***stands*** with his head bowed. He ***looks up*** and ***begins*** to speak. It is evident that he is under the sway of strong emotion.

번역 4

링컨은 머리를 숙인 채 자리에서 일어섰다. 이윽고 고개를 들고는 말문을 열었다. 그는 분명 어떤 격렬한 감정에 흔들리고 있는 것이었다.

(2) 진행형

진행형은 진행 중의 행위, 가까운 미래를 나타낼 뿐만 아니라 동작의 반복, 습관을 나타내는 경우가 있다. 또한 진행형을 이용해서 비난, 불쾌감, 당혹감 또는 칭찬 등의 감정적 뉘앙스를 나타내기도 하고, 현재의 동작을 강조하는 경우도 있다는 점에 유의해야 한다. 가능하면 이러한 감정이 묻어나도록 번역하는 것이 좋다.

예문 1

You'***re*** always ***getting*** invited out. No one ever invites me to any place.

번역 1

당신은 늘 초대를 받아서 참 좋겠어요. 나 같은 사람은 아무도 불러주는 사람이 없어요.

예문 2 You'***re*** forever ***finding*** fault with me.

번역 2 당신은 언제나 내 결점만 찾는군요. (정말 싫어요.)

(3) 미래형

조동사 will을 미래형으로만 생각해서는 안 된다. 주어의 강한 의지, 고집을 나타내는 것은 말할 것도 없고 현재의 습관이나 습성, 특성, 경향을 나타내는 뜻으로도 많이 쓰이며 현재의 추측, 상상, 포용력, 능력 및 용적, 적성, 가벼운 명령 등을 나타내는 경우도 적지 않기 때문이다.

예문 1 (a) The door ***will*** not open. (b) He ***will*** often sit up all night.

번역 1 (a) 이 문은 좀처럼 열리지 않는다. (b) 그는 자주 밤을 새운다.

예문 2 (a) Accidents ***will*** happen.
(b) An ostrich ***will*** stand from 2 to 2.5 meters.

번역 2 (a) 사고는 일어나게 마련이다.
(b) 타조는 보통 키가 2m에서 2.5m나 된다.

예문 3 (a) What ***will*** that be?
(b) He ***will*** have had his dinner now.

번역 3 (a) 저것은 무엇일까?
(b) 그는 벌써 식사를 끝냈을 것이다.

예문 4

(a) Any book ***will*** do.
(b) The pail ***will*** hold four gallons.
(c) The back seat ***will*** hold three.

번역 4

(a) 어떤 책이라도 좋다.
(b) 그 통에는 4갤런이 들어간다.
(c) 뒷좌석에는 세 사람이 앉을 수 있다.

예문 5

(a) You ***will*** do it at once.
(b) You ***will*** not disturb me.

번역 5

(a) 그것을 당장 실행하시오.
(b) 방해하지 말아 주세요.

8 수동형

영어에서는 수동형의 문장이 많이 쓰이지만 우리말 어법에서는 특별한 경우가 아니면 수동형 문장을 영어만큼 잘 쓰지는 않는다. 일반적으로 (1)수동태로 된 원문의 동사를 자동사로 바꾸거나 (2)by~를 새 주어로 하여 능동태로 바꾼다. 이 경우 원문의 주어를 목적어(...을, 를)로 표현하지 않고 '...는(은)' 으로 나타낼 수도 있다. (3)암시되어 있는 ~by를 찾아서 ~by 이하를 새 주어로 하여 능동형으로 바꾼다. 대부분의 경우 새 주어를 번역문에 나타낼 필요는 없다. 참고로, 우리말에서는 능동으로 말하는 것을 영문에서는 수동형으로 표현하는 경우가 많다. (1)감정이나 심리상태를 나타내는 동사(be alarmed, bored, shocked 등), (2)피해를 나타내는 동사(be killed, be hurt 등), (3)기타 동사(be absorbed, accustomed, acquainted, engaged, opposed 등)가 있다.

예문 1 Some of the problems created by science can ***be solved*** by more science.

번역 1 과학이 만들어 낸 문제점들 중에는 과학을 더욱 발전시켜서 해결할 수 있는 것들도 있다.

예문 2 When opportunity occurs, provisions ***were sent*** to him by kindly people.

번역 2 기회가 있을 때마다 친절한 사람들이 식량을 보내주었다.

예문 3 There are some sort of things which may ***be thought*** but should not ***be said.***

번역 3 생각하는 것은 자유지만 입 밖에 내어서 안 되는 일들이 있다.

예문 4 The assembly hall was full of young people, and he ***was greeted*** with unanimous applauses.

번역 4 회의장은 젊은이들로 만원을 이루었는데, 그는 만장의 박수갈채를 받았다.

예문 5 The couple ***were*** greatly ***shocked*** to know that their children had been kidnaped.

번역 5 그 부부는 자식들이 유괴된 것을 알고 크게 충격을 받았다.

예문 6 I'***m inclined*** to think that he ***is opposed*** to a sudden change.

번역 6 갑작스러운 변화에는 그가 반대할 것 같은 생각이 든다.

가정법의 번역에서 특히 주의를 요하는 점은 if절이 표면에 나타나지 않고 주어나 부사(구)에 가정의 뜻이 들어 있는 경우이다. 원문의 동사가 가정법의 형태로 되어 있는데도 'if ~'에 해당하는 부사절이 없는 경우에는 먼저 주어나 부사 구문에 가정의 뜻이 있는지의 여부를 검토하고 if~절로 전환해서 번역한다. 또한, 가정법의 원문을 가정의 형식 그대로 옮겨서 그 의미 전달이 분명치 못할 경우는 과감하게 발상을 바꾸어 직설법으로 표현하는 것이 좋은 경우도 있다.

예문 1

Jim ***would*** explain everything, but nobody will pay any attention to him.
(=If somebody asked him to explain everything, Jim would)

번역 1

(누가 물어본다면) 짐이 모든 사정을 설명하겠지만 모두들 그의 말을 무시할 것이다.

예문 2

An ideal teacher would approach any masterpiece he is presenting to his class as if he had never seen it before.

번역 2

이상적인 선생이라면 수업 중에 어떤 명작에 대해 설명하는 경우에 자신도 그 작품을 마치 처음 읽는 듯이 설명할 것이다.

예문 3

In the same circumstances anyone would have done the same thing.

번역 3

같은 처지였더라면 누구라도 그렇게 했을 것이다.

예문 4 I certainly wouldn't have talked to anybody ***outside the family*** about such personal matters.

번역 4 가족이 아니라면 그런 개인적인 문제에 대해서 누구에게도 이야기 하지 않았을 것이다.

예문 5 "If he ***had*** not ***been*** ill, I ***should consider*** his work unsatisfactory."

번역 5 "병이 나서 어쩔 수 없었겠지만 그 사람이 한 작업이 그리 만족스럽지는 못하군요."

예문 6 "My dear friend, you are too shrewd. You ***would*** certainly ***have been burned had*** you ***lived*** a few centuries ago."

번역 6 "여보게 친구, 자네는 머리가 너무 좋아. 요즘 세상이라 별일이야 없지만 만약 2, 3세기 전이었다면 자네가 마법을 부린다고 해서 불태워져 죽임을 당했을 걸세."

예문 7 I wish I could have been of more use to you.

번역 7 좀 더 도움이 되었더라면 좋았을 텐데 유감스럽다.

(1) 직접 · 간접화법(Direct/Indirect Speech)

우리말과 영어의 발상이 다른 특성 중 하나가 화법 문제이다. 정황밀착형(情況密着型) 언어라고 할 수 있는 우리말에 있어서는 일반적으로 직접화법적 발상을 이용하여 표현하는 것이 좋은 경우가 많다. 그러나 경우에 따라서는 객관적인 논리에 따라 사실을 전개하는 언어인 영어처럼 간접화법식 표현이 적절할 때도 있다. 또한 화법과 직접적인 관계가 없는 경우에도 발상을 전환하여 직접화법식으로 옮기면 더 사실적(寫實的)이고 자연스런 표현이 되기도 한다.

예문 1 My father told Tony that if he was a good boy he should have a nice present. (=My father said to Tony, "If you are a good boy, you shall have a nice present.")

번역 1 "착하게 굴면 근사한 선물을 줄게."라고 아버지가 토니에게 말씀하셨다.

예문 2 Joan said it wasn't her fault and that she'd done nothing wrong.

번역 2 "그건 내 탓이 아냐, 난 아무 잘못도 없어."라고 조앤이 말했다.

예문 3 Rudeness is often a sign of weakness. A rude man is secretly convinced of ***his own inferiority***.
(his own inferiority → that he is inferior (himself))

번역 3 다른 사람에게 무례한 태도를 보이는 것은 흔히 스스로가 약하다는 것을 나타내는 것이다. 무례한 인간은 자신이 다른 사람보다 열등하다는 사실을 속으로 수긍하고 있는 것이다.

(2) 묘출(描出) / 혼합화법(Represented / Mixed Speech)

직접 · 간접화법과 달리 전달동사도 없고, 언뜻 보아서는 지문(地文)과 구별되지 않는 경우가 있는 '중간화법' 인 화법이다. 완전히 객관적으로 묘사하는 것이 아니라 등장인물이 마음속으로 하는 말을 글을 쓴 사람이 제3자적인 입장에서 대신 말하는 방식으로, 심리묘사의 기법의 하나로 자주 이용되는 화법이다. 이 경우에도 직접화법식으로 표현하는 것이 효과적이다.

예문 1

At midnight there was a light tap on her door. ***Who could it be***? Mary began to feel uneasy, for she was sure there was no one else in the house.
(***Who could it be*** → "Who could it be?" Mary wondered.)

번역 1

한밤중에 가볍게 문 두드리는 소리가 났다. 도대체 "누굴까?" 하면서 메리는 불안해졌다. 집에는 자기 이외에 아무도 없다는 것이 분명했기 때문이었다.

예문 2

An e-mail came to him saying that his wife was ill, and ***would he come at once.***

번역 2

그에게 이메일이 왔다. 부인이 병이 났는데 곧 돌아올 수 없겠느냐는 것이었다.

예문 3

He heard the noise of the children in the park and envied their freedom; ***how he wished he could escape and join in their game***!

번역 3

아이들이 공원에서 떠들며 놀고 있는 소리가 들린다. 자유롭게 뛰노는 아이들이 부럽기만 했다. 나도 이런 곳을 벗어나 저 아이들과 함께 뛰어놀면 얼마나 좋을까!

예문 4

Roger begged her to have patience, ***somewhere, surely existed the very house they were looking for, and it only needed a little perseverance and they would find it.***

번역 4

로저는 그녀에게 간청했다. 부탁이요, 조금만 참아요. 어딘가에 분명히 우리가 찾고 있는 바로 그 집이 있을 것이오. 조금만 더 참고 견디면 틀림없이 찾게 될 것이요, 라고.

11 would / should

would, should에는 '시제의 일치' 나 '가정법' 등에서 쓰이는 용법 이외에 특별한 용법들이 있다.

(1) would

① 과거의 고집 · 거절, ② 과거의 불규칙적 습관, 반복적 행위, ③ 소망, ④ 주어의 의지(if절에서), ⑤ 공손한 부탁 등을 나타낸다.

예문 1 His income was small, but Sharon ***would*** marry him. 〈고집〉

번역 1 그의 수입은 보잘것없었지만, 샤론은 기어이 그와 결혼하겠다고 했다.

예문 2 He ***would*** have nothing to do with his neighbors. 〈거절〉

번역 2 그는 이웃들과 사귀려 하지 않았다.

예문 3 They ***would*** lean on each other or side by side, listening to Vivaldi. 〈습관〉

번역 3 두 사람은 서로 기대거나 어깨를 나란히 해서 비발디를 듣곤 했다.

예문 4 ***Would*** (to God) that you were here. 〈소망〉

번역 4 당신이 이곳에 있으면 좋으련만.

예문 5 You could do it, if you ***would***. 〈주어의 의지〉

번역 5 당신이 하고자 하는 생각만 있으면 할 수 있어요.

예문 6 ‘***Would*** you,’ he said to Trudy, “lay the table, my dear.” 〈공손한 부탁〉

번역 6 그는 트루디에게 말했다. “미안하지만 식탁 준비를 부탁해요, 여보.”

(2) should

① 의무, 충고(말하는 사람의 주관적 의견), ② 가능성, 추측(말하는 사람의 기대에 따른 가능성)을 나타낸다. ③ 요구, 제안이나 필요, 중요함 등을 나타내는 말에 이어지는 종속절에 쓰인다. 이 경우, 미국 영어에서는 should를 생략하는 것이 일반적인데, 이 영향으로 영국에서도 생략하는 경향이 있다. ④ 개인적인 반응, 감정 등을 나타내는 주절에 이어지는 종속절에 쓰인다. ⑤ 의문사와 함께 쓰여 의아(疑訝), 의외(意外), 분노, 초조 등을 나타낸다.

예문 1 You ***shouldn’t*** be too optimistic about your future. 〈의무, 충고〉

번역 1 장래에 대해 지나치게 낙관해서는 안 된다.

예문 2 The roads ***should*** be less jam-packed today. 〈가능성, 추측〉

번역 2 아마도 오늘은 길이 그렇게 막히지 않을 것이다.

예문 3 He demanded that he (***should***) be told everything. 〈요구〉

번역 3 그는 모든 것을 털어놓으라고 윽박질렀다.

예문 4 That is why I propose that we ***(should)*** consider our alibi in advance. 〈제안〉

번역 4 그런 까닭에 미리 우리의 알리바이를 생각해두는 것이 어떨까 하고 말하는 것이다.

예문 5 Was it necessary that my uncle (***should***) be informed? 〈필요〉

번역 5 아저씨에게 연락할 필요가 있었을까?

예문 6 It's vital that you (***should***) not be puffed with pride. 〈중요〉

번역 6 우쭐대지 않는 것이 중요하다.

예문 7 I'm sorry you ***should*** think I did it on purpose. 〈개인적 반응 • 감정〉

번역 7 내가 고의적으로 그렇게 했다고 생각하다니 유감이다.

예문 8 He was shocked that Julie ***should*** have given him a cold answer. 〈개인적 반응 • 감정〉

번역 8 줄리로부터 쌀쌀맞은 대답을 듣고 그는 기가 막혔다.

예문 9 Why in the world ***should*** you I do so? 〈의아〉

번역 9 도대체 왜 내가 그렇게 해야 한다는 말인가?(그렇게 할 이유가 전연 없다.)

예문 10 'Where's Sue?'—'How ***should*** I know?' 〈노여움〉

번역 10 '수는 어디 있지?' '그걸 내가 어떻게 안단 말이야?'

예문 11 Why ***shouldn't*** I buy a new coat? I haven't bought one for five years. 〈초조함〉

번역 11 도대체 내가 새 코트를 사지 않으면 왜 안 되는데? 5년 동안 한 벌도 사지 않았는데 말이야.

(3) 공손, 겸손, 망설임 등을 나타내는 would/should

예문 1 I ***should/would*** imagine it will take a lot of labor and time.

번역 1 그 일은 상당한 수고와 시간이 드는 일이라고 생각합니다만.

예문 2 'Can you come?' 'Yes I ***should/would*** think so.'

번역 2 '와줄 수 있겠나?' '예, 갈 수 있으리라 생각합니다만.'

예문 3 Personally I***'d prefer*** to go to Greece.

번역 3 개인적으로는 그리스 쪽으로 가고 싶습니다.

(1) 도치구문(Inversion)

일반적으로 ① 강조의 경우, ② neither/nor로 시작되는 구문, ③ 접속사 than, as의 뒤에 오는 구문, ④ 가정의 조건을 나타내는 if~절의 if를 생략한 구문 등에서 도치가 일어난다.

예문 1 ***Such*** was the force of the explosion that all the windows were broken to pieces. (정도(程度)를 나타내는 부사 등의 경우)

번역 1 폭발이 엄청나서 유리창문은 모조리 산산조각이 나고 말았다.

예문 2 ***Happy*** are those who know the pleasure of making all people happy around. (보어가 되는 형용사)

번역 2 주위 사람들을 모두 행복하게 만들어 주는 즐거움을 알고 있는 사람은 행복하다.

예문 3 ***The next two hours*** he spent thinking over the lecture he was to deliver that evening. (목적어가 주어+동사의 앞에 나오는 경우; S+V의 어순이 그대로이기 때문에 엄밀한 의미에서 도치가 아님)

번역 3 그는 그 후 2시간은 그날 밤 예정되어 있던 강연에 대한 구상을 하는데 보냈다 예문 4 The unions do not want a strike and, of course, ***neither*** do the management.

번역 4 노조(勞組)측은 파업을 원치 않는다. 물론, 경영자측도 파업을 바라지 않고 있다.

예문 5 I spend less ***than*** do nine out of ten people in my position.

번역 5 나는 같은 직위에 있는 열명 중에서 다른 아홉 사람보다 돈을 덜 쓴다.

예문 6 Susan was fond of going to parties ***as*** was her mother when she was young.

번역 6 수잔은 어머니가 젊은 시절에 그랬던 것처럼 파티에 참석하는 것을 좋아했다.

예문 7 The bank will extend your loan, ***should*** the need arise.

번역 7 (만일) 필요할 경우, 은행은 대출기간을 연장할 것이다.

(2) 강조구문(Emphasis)

일반적으로 'It is ~ that[which/who]…' 이라는 강조구문은 '…는 ~ 이다' 라고 옮기는 것이 거의 공식화되어 있다. 그러나 이런 공식은 영문 해석상 하나의 약속에 지나지 않기 때문에 어느 경우나 모두 그럴 필요는 없을 뿐만 아니라 문장이 자연스럽지 못하게 되는 경우가 많다. 원문의 어순에 따라 적절한 강조의 말을 보충하면 자연스런 우리말 표현이 된다. 강조의 표현을 위해서는 다양한 방법이 있을 수 있으며, 원문에서 강조하고 있는 부분은 반드시 번역문에서도 강조의 뜻이 나타나야 한다. 일반적인 강조구문 이외에도 도치(倒置), 삽입(揷入), 점층법(漸層法) 같은 방법을 이용하거나 이탤릭체, 굵은 글자, 대문자 등을 이용해서 강조의 뜻을 나타내기도 한다.

예문 1 Among the ancient Greek philosophers ***it was*** Plato ***who*** held that the soul was immortal.

번역 1 고대 그리스의 철학자들 중에서도 플라톤이야말로 영혼은 불변한 것이라고 믿은 사람이었다.

예문 2 Lying is very bad, but many people ***do*** lie.

번역 2 거짓말하는 것은 아주 나쁜 짓이다. 그런데 거짓말하는 사람이 너무나 많다.

예문 3 He was ***all*** attention.

번역 3 그는 매우 주의 깊었다.

예문 4 ***How was it that*** he did not attend the meeting?
That's why he was absent from the meeting.

번역 4 어째서 그 사람이 회의에 출석하지 않았지?
바로 그런 이유 때문에 그는 회의에 출석하지 않았던 것이다.

예문 5 The ***very*** idea of being sent abroad delighted him.

번역 5 해외에 파견된다는 생각만으로도 그는 즐거워졌다.

예문 6 Neither he nor I know anything ***whatever*** about your money.

번역 6 그 사람도 나도 당신 돈에 대해서는 전혀 아는 바가 없다.

예문 7 I don't care about my reputation ***in the least***.(=at all)

번역 7 나는 세상의 평판 따위에는 결코 신경 쓰지 않는다.

예문 8 We're selling the whole stock of winter clothes at the lowest ***possible*** price.

번역 8 겨울의류의 재고품 전부를 최대한 저렴한 가격으로 판매하고 있습니다.

예문 9 We had the greatest difficulty ***imaginable*** in the construction of the railroad.

번역 9 그 철도를 건설하는 데는 상상도 못할 어려움이 있었습니다.

예문 10 If you think you can get by on such an income, you're ***sadly*** mistaken.

번역 10 그런 수입으로 어떻게 살아갈 수 있을 것이라고 생각한다면 당치도 않는 잘못된 일이다.

(3) 생략/공통구문(Ellipsis/Common)

원문에 동일한 요소가 공통적인 것으로 되어 있어서 그 중복을 피하기 위해 생략된 공통부분을 생략되기 전의 상태로 복원하여 번역문으로 옮기면 보다 분명하고 자연스런 우리말이 된다. 우리말 표현에서도 생략할 수 있는 부분은 생략하는 것이 좋다.

예문 1 In business sharp practice sometimes succeeds, but in art honesty is not only the best but the only ***policy***.

번역 1 비즈니스에는 교활한 수단이 때로는 효과를 볼 수도 있겠지만, 예술 분야에서는 정직만이 최선이며 유일한 방책이다.

예문 2 Most people take water for granted. They ***think of*** water as free and the supply as inexhaustible or nearly so.

번역 2 사람들은 대개 물의 존재를 당연한 것으로 생각한다. 물은 마음대로 쓸 수 있고, 무진장으로, 아니 거의 끝없이 공급된다고 생각한다.

예문 3 If you cannot ***put faith*** in the doctor you have now, you had better try to find one in whom you can.

번역 3 지금 담당하고 있는 의사에게 믿음이 가지 않는다면 신뢰할만한 다른 의사를 찾아보는 게 좋겠다.

(4) 삽입구문(Parenthesis)

삽입구문은 앞뒤에 콤마나 대시, 괄호 등으로 구분되어 있어 쉽게 알 수 있는데 문법상 매우 중요한 구실을 한다. 분사구문, 관계사절, 동격구[절], as절, 부사구, 부정(否定)의 강조 삽입 등 다양한 형태의 삽입구문이 있다. 이 중 특히 유의해야 할 것은 'as 절' 의 삽입이다.

예문 1 Helsinki, ***as you probably know***, is the capital of Finland.
(as는 타동사 'know'의 목적격 유사관계대명사)

번역 1 헬싱키는 당신이 알고 있듯이 핀란드의 수도이다.

예문 2 Jack, ***as was his nature***, was too modest to admit he was proud of the medal he had won for triathlon.
(as는 주격 유사관계대명사)

번역 2 제 성품대로 잭은 지나치게 겸손해서 트라이슬론 경기에서 받은 메달을 자랑스럽게 생각하지 않았다.

예문 3 Published, ***as it was***, at such a time, the novel attracted much attention.
(과거분사 다음에 나오는 'as it was'는 과거분사의 강조)

번역 3 그 소설은 바로 그런 시기에 출판되어 많은 주목을 받았다.

예문 4 There is little, ***if any,*** hope of his recovery.
(부정의 뜻 강조 삽입)

번역 4 그가 회복될 가망은 정말 거의 없다.

13 접속사 / 전치사

접속사 또는 전치사 가운데 특히 유의해야 할 것으로 till(until), before, except, without, as 등이 있다.

(1) till, before

till, before가 이끄는 절이나 구를 무조건 주절보다 먼저 번역하기 보다는 원문의 내용을 먼저 잘 검토하여 가능하다면 순차번역을 한다. 앞의 주절이 부정(否定)이거나 강조구문과 연결되어 있는 경우에 특히 유의한다. '마침내[이윽고]' '우선[먼저]' '비로소' '겨우' 등의 적당한 부사어를 사용하면 자연스런 표현을 얻을 수 있다.

예문 1 It was not long ***before*** we met again by chance.

번역 1 얼마 지나지 않아 우리는 우연히 다시 만났다.

예문 2 Paul's dance grew wilder and wilder ***till*** he fell to the ground exhausted.

번역 2 폴은 점점 더 격렬하게 춤을 추더니 마침내 완전히 지쳐서 바닥에 쓰러졌다.

예문 3 Men do not understand books ***until*** they have had a certain amount of life.

번역 3 진정으로 책을 이해하기 위해서는 먼저 어느 정도의 인생경험을 쌓아야 한다.

예문 4 Susan's brow was slightly wrinkled, and it was some time ***before*** she spoke.

번역 4 수잔은 양미간을 살짝 찌푸렸다. 그리고는 마침내 말문을 열었다.

(2) except, without

except나 without의 앞 문장을 먼저 순차적으로 번역해서 표현의 자연스러움 여부를 확인한다. 특히 not A without B로 된 문장의 경우는 'A를 하면 반드시 B가 된다[B를 안 할 수가 없다]' 는 식으로 옮겨야 원문의 어순에 따른 자연스런 우리말이 된다.

예문 1 I would go, ***except*** it's too far.

번역 1 가고 싶지만 너무 멀다.

예문 2 He ***never*** goes out ***without*** he loses his umbrella.

번역 2 그는 외출하기만 하면 꼭 우산을 잃어버리고 온다.

예문 3 There was no sound ***except*** the crunch of our boots on the snow.

번역 3 아무 소리도 들리지 않았다. 다만, 보드득 보드득 눈을 밟는 장화 소리만 들릴 뿐이었다.

예문 4

I can***not*** hear this song ***without*** thinking of my high school days.

번역 4

이 노래를 들으면 언제나 고등학교 시절이 생각난다.

(3) as

양태(樣態)표시 접속사 as로 이루어진 어구 가운데 특히 유의해야 할 'as it is' 구문이 있다. 앞 문장이나 절에서 말하고 있는 희망, 원망(願望) 등의 내용을 받아 '그런데 실제로는(~ 아니다[하지 않다])' (=in reality)라는 말이 된다. 절이나 문장의 끝에 오는 경우에는 '현 상태[지금 그대]로도' 의 뜻이 된다.

예문 1

We hoped things would go better, but ***as it is*** they are getting worse.

번역 1

모든 게 더 좋아질 것으로 생각하고 있었는데 실제로는 점점 더 나빠지고 있다.

예문 2

I wished I had written down his words. ***As it was***, I had to speak from my memory.

번역 2

그가 한 말을 적어두었더라면 좋았을 걸 하고 생각했지만, 그렇게 하지 않아서 기억나는 대로 말할 수밖에 없었다.

예문 3

"We don't need salt here. There's too much ***as it is.*** You taste any bit of earth and you'll find it salt."

번역 3

"여기서는 소금이란 게 필요 없다오. 지금 이대로도 지나치게 많소. 어디든 좋으니 땅바닥을 핥아보시오. 온통 소금이란 걸 알 수 있을 거요."

예문 4

Why do you have to bother me with a thing like that when I am busy enough ***as it is.***

번역 4

귀찮아 죽겠는데, 어째서 그런 이야기를 지금 꺼내지 않으면 안 되는 거야. 그렇지 않아도 바빠 죽겠는데.

예문 5

Susie realized in a sudden that to him she was just the same ***as she had ever been.*** He had loved her always ***as she was.***

번역 5

수지는 불현듯 깨달았다. 그 사람의 눈에는 내 모습이 옛날이나 지금이나 조금도 변하지 않은 것이다. 언제나 있는 그대로의 나를 사랑하고 있었던 것이다.

14 구두점

구두점에는 period(.), comma(,), colon(:), semicolon(;), dash(—), parenthesis(( )), bracket([ ]) 등이 있는데, 이들 구두점은 각각 나름대로의 어떤 의미를 갖고 있으므로 이를 무시하고 번역하다가는 자칫 오류를 범하게 된다. 특히 comma, colon, dash 등의 용법에 대해서 잘 이해해 두는 것이 정확한 번역문을 만드는데 반드시 필요하다.

(1) 콤마(,)

동격을 나타낼 경우, 반대명제〈어떤 내용과 그에 상반되는 대립적인 내용; 안티테제〉를 대치할 경우, 점층법〈절(節)을 겹쳐감에 따라 점차 문장의 뜻을 고조시켜 마지막이 클라이맥스가 되도록 하여 문장의 효과를 최대한 끌어올리는 수사적(修辭的)인 방법〉의 경우 등에 이용된다.

예문 1 Mr. Smith, chairman of the board, is ill. 〈동격〉

번역 1 회장이신 스미스 씨는 병환중이다.

예문 2 He is ill, not drunk. 〈반대명제〉

번역 2 술에 취했다는 것은 당치도 않은 소리다. 그는 병이 난 것이다.

예문 3 I came, I saw, I conquered. 〈점층법〉

번역 3 왔노라, 보았노라, 이겼노라.

(2) 콜론(:)

열거된 항목의 명세(明細), 인용문, 상세한 추가설명 등을 하는데 쓰인다. 등호(等號) '=' 와 같은 기호로 생각해도 좋다. 즉 콜론의 앞과 뒤는 동격관계를 나타낸다.

예문 1

He has several favorite amusements: dancing, golfing, and painting.

번역 1

그는 다양한 취미를 가지고 있다. 춤이라든가 골프, 그림그리기 같은 것들이다.

예문 2

It reminds me of a line from Oscar Wilde: "We are all in the gutter, but some of us are looking at the stars."

번역 2

그 말을 들으면 오스카 와일드의 글 한 구절이 생각난다. "우리 모두 시궁창에 살고 있지만 개중에는 하늘의 별을 쳐다보고 있는 사람도 있다."

예문 3

This is one of the difficulties about reading Latin: it is impossible to tell how the ordinary people spoke, since almost all we have is literature and spoken Latin is a dead language.

번역 3

라틴어를 읽을 때 어려운 점의 하나는, 오늘날 그 구어(口語)는 사어(死語)가 되어 버렸고, 남은 것은 대부분 문헌(文獻)의 형태로만 되어 있기 때문에 당시 일반인들이 어떻게 발음했는지에 대해서는 알 길이 없다는 것이다.

(3) 세미콜론(;)

두 개의 독립된 문장 사이를 나누어서 두 문장의 내용이 서로 연관되어 있음을 독자에게 알리고 양자를 대비하는 역할을 한다. 즉 세미콜론은 시소의 받침대라고 생각하면 된다. 두 문장의 관계는 인과관계(因果關係)가 성립되므로 전후의 문맥에 따라 and(그리고, 게다가), but(한편, 반대로, 그런데, 그렇기는커녕), therefore(그런고로, 따라서), as a result of(그 결과), the reason being~(왜냐하면) 등으로 그때그때의 상황에 따라 적절하게 번역하면 된다.

예문 1

Some people work best in the mornings; others do better in the evenings.

번역 1

아침에 일이 잘되는 사람이 있는가 하면 저녁에 더 능률이 오르는 사람도 있다.

예문 2

Johnny died suddenly. Most of his good friends had gone away for the summer; letter after letter reached us, but they could not return in time for funeral.

번역 2

조니가 갑자기 죽었다. 조니의 친한 친구들은 모두 여름휴가를 떠났기 때문에 문상편지는 계속해서 답지했지만 장례식에 맞춰서 돌아온 친구는 아무도 없었다.

(4) 대시(—)

대시는 주로 형식을 갖추고 있지 않은 문장에서 많이 쓰인다. 콜론, 세미콜론, 괄호 등과 비슷하게 쓰이지만 다음의 예에서 보듯이 이들 간에도 미묘한 차이는 있다.

① 문장의 도중에 삽입구문이 들어갈 경우(괄호를 쓰는 것보다 더 눈에 띔)

② 생략부분을 나타낼 경우

③ 동격부분을 이끌 경우(콤마로는 너무 약해 보여 동격이라는 것을 식별하기 어려울 때)

④ 문장의 도중에 사고(思考)의 돌연한 중단을 나타낼 경우

예문 1 When I first went abroad — I still wonder how I managed — I did not have enough money.

번역 1 처음으로 해외여행을 했을 때 — 그 여행을 어떻게 할 수 있었는지는 지금도 믿기지 않지만 — 나는 돈이 별로 없었다.

예문 2 Marshal S— is a great authority on nuclear warfare.

번역 2 S 모(某)장군은 핵전쟁의 권위자다.

예문 3 I need just one more bit of information — where were you born?

번역 3 한 가지만 더 알고 싶은 게 있는데 — 당신이 태어난 곳은 도대체 어딘가요?

예문 4 I don't know whether he would like —

번역 4 나로선 잘 모르지만, 그가 바라는 것은 —, 아니 그런 건 아무래도 상관없다.

다음과 같은 점들도 반드시 유념해서 번역에 임하도록 한다.

① 될 수 있는 대로 원문이 뜻하는 사고(思考)의 흐름, 즉 어순(語順)을 따라 순차적(順次的)으로 번역하는 것이 좋다. 특히 접속사, 전치사 및 관계대명사와 연결된 경우에 유의한다.

② 번역문은 원문의 사상(思想)을 그대로 재현시켜야 한다. 번역자의 주관에 따라 각색하거나 지나치게 넘친번역(超譯)을 해서는 안 된다. 그러나 원문에 무리하게 얽매이는 것도 좋지 않다.

③ 원문의 문체가 유려(流麗)하면 번역문도 유려하게, 가급적 원문의 문체에 따른 번역문을 만든다.

④ 수식어와 피수식어는 가급적 붙여 쓰고 단어의 배열에도 주의한다. 예컨대 '미혼인 나의 어머니'가 '어머니가 미혼'이 아니라 '내가 미혼'이라는 의미가 되는 경우도 있다는 것이다. '어머니가 미혼'이 되기 위해서는 수식어와 피수식어를 붙여서 '나의 미혼인 어머니'로 하거나 '미혼으로 나를 낳은 어머니' 등으로 표현한다.

⑤ 보통명사를 대문자로 쓴 경우는 의인화(擬人化)된 것이거나 강조의 뜻이 있으므로 주의한다. 사람의 이름이나 사물의 이름 등, 고유명사도 특별한 이유가 없는 한 반드시 우리말로 표기해야 한다.

⑥ 문두에 나오는 연결어인 And…나 But… 등을 신중히 다루지 않으면 앞문장과 이어지는 문장이 자연스럽게 연결되지 않게 된다.

⑦ 영국인 · 미국인 등, 외국인의 제스처(몸짓)에 대한 이해도 중요하다. 예컨대 상대에게 경고를 보내는 경우, 영 · 미인은 상대방의 얼굴 앞쪽에 대고 검지를 흔든다. 이런 습관을 알고 있으면 'He made a warning gesture.'라는 문장을 그저 기계적으로 '그는 경고하는 몸짓을 했다'라는 식으로 번역하지는 않을 것이다. 제스처에 대한 연구도 필요하다.

⑧ 소설 번역의 경우, 등장인물의 이름에 대한 배경지식이 있으면 그 인물의 성격을 추정할 수 있어 이해에 크게 도움이 된다. 영어권 사람들의 이름에 대한 연구도 필요하다.

⑨ 소설의 대화부분(혹은 희곡)을 번역할 경우에는 원작자가 의도하는 인물의 성격을 정확하게 파악해서 인물의 성격뿐만 아니라 말투에 대해서도 유념한다. 회화문에서 무의미한 대사(臺詞)는 한마디도 없다는 사실을 명심하고 한마디 한마디를 소중하게 생각하여 대화를 나누는 인물과 현장의 분위기에 알맞게, 그리고 번역자 스스로가 대화자의 한 사람이 되어 직접 소리를 내보면서 표현이 자연스러운지를 살피면서 번역한다. 또한 번역자 자신이 영어회화, 즉 구어에 대한 어느 정도의 인식과 이해가 되어 있지 않으면 번역문의 표현에도 무리가 생기기 쉽다. 영어의 소리, 리듬, 억양이 영어 활자로부터도 느껴져오지 않으면 대화의 분위기나 인물의 성격을 읽어내기가 쉽지 않다. 영어 '번역가'는 대상언어인 영어에 대한 총체적인 지식을 가져야 하기 때문에 평소 회화에 대한 공부도 소홀히 해서는 안 될 것이다. 대사부분은 누가, 누구에게, 무엇을 말하고 있는가를 명확히 번역해주지 않으면 그 번역문을 읽는 사람에게 혼란을 주게 된다. 영어의 직접화법, 간접화법, 묘출[혼합]화법 등의 3가지 화법도 잘 구분하여 누구의 말인가를 분명하게 나타내야 한다.

⑩ 영한사전뿐만 아니라 이름 있는 영영(英英)사전도 함께 활용하여 문맥에 꼭 알맞은 번역어를 번역자 스스로 만들어 낼 수 있는 능력을 길러야 한다. 통속소설이나 시사문제의 기사를 번역할 경우에는 슬랭사전, 인명사전 등, 여러 가지 전문 사전의 이용도 불가피하다. 고전(古典), 성경(聖經), 동화(童話) 등의 인용구문을 빠뜨리지 않고 정확하게 번역하기 위해서도 각종 사전은 물론이고 백과사전, 인터넷 등을 잘 활용하여야 한다. 번역자는 다양한 경로를 통한 다양한 수준의 어휘를 습득하도록 항상 노력해야 한다. 영국과 미국의 풍물에 관한 책이나 외국여행 안내서를 비롯한 각 도시의 가이드북, 나아가 다큐멘터리, 영화, TV 드라마 등 듣고 보는 모든 것이 번역자에게는 훌륭한 도우미가 될 수 있다. 따라서 번역가는 일상생활을 비롯한 모든 방면에 대한 지식을 풍부하게 하기 위해서 평소에 잡학지식(雜學知識)의 습득에도 각별히 노력해야 한다.

3장 번역 연습(1)

01

Familiarity breeds contempt. Regarding Korea, however, this unattractive quality seems to be bred by strangeness.

Vocabulary

Regarding~
~에 대해서는, ~에서는[으로서는]
(As regards/on the subject of/concerning/about)

this unattractive quality
바람직하지 않은 성질/감정
(contempt)

breed(-bred-bred)
give birth to, produce

(a) Familiarity breeds contempt.
→ If something is too familiar to us[If we are too familiar with something], it breeds our contempt.

(b) by strangeness: (한국에서는) 이질적이라서, 달라서, 친하지 않아서

(c) be bred → 능동형으로

02

Korean workers' pride in their work and loyalty to their company are reflected in their capacity to produce goods that are not only competitive in price but reliable in quality.

Vocabulary

loyalty
성실, 충실, 충성(忠誠)

reflect
(일반적으로) 반영(反映)하다, 나타내다

capacity
능력, 재능, 적성(fitness), 가능성

competitive 경쟁의, 경쟁적

(a) Korean workers' *pride* in their work
→ Korean workers are proud of their work

(b) (their) *loyalty* to their company
→ they are royal to their company

(c) their *capacity* to produce goods
→ they are capable of producing goods

03

What the foreigner finds most objectionable in American life is its lack of basic comfort. No nation with any sense of material well-being would endure the food they eat, the cramped apartments they live in, the noise, the crowded subways and buses. American life in large cities is a perpetual assault on the senses and the nerves.

(a) its lack of basic comfort
→ that it[=New York] lacks basic comfort
(its는 주격관계, *of* basic comfort는 목적격관계의 소유격)

(b) No nation with any sense of material well-being *would* endure: with any sense of
material well-being에 가정(假定)의 뜻이 포함되어 있으므로 if~절로 이해한다.

(c) American life in large cities
→ If[When] we[you] live in large cities in America

(d) is a perpetual assault
→ we[you] are perpetually assault

Vocabulary

objectionable 못마땅한, 불쾌한(unpleasant, offensive)
well-being 행복, 복지(福祉), 참살이
cramped 답답한, 좁은
perpetually 끊임없이 (continuously, constantly)
assault 습격, 공격(attack)

04

At a luncheon party I met with the head of a large company, who was complaining about the present generation's lack of respect for age. He compared it with his own time, and deplored modern youth's contempt for anybody middle-aged or older.

(a) the present generation' s lack of respect for age
→ the present generation do not respect age.
(respect *for* age의 for도 목적격관계로 이해한다)

(b) modern youth' s contempt for anybody middle-aged or older
→ modern youth feel[have a] contempt for anybody middle-aged or older

Vocabulary

a luncheon party 오찬회
age 노인, 나이 많은 사람들
deplore 유감스럽게 생각하다, 가슴아파하다
contempt 경멸, 멸시, 모욕(scorn)

05

Too many marriages are regarded as restrictions by the partners themselves. Their failure to explore its creative possibilities naturally doesn't encourage their children to seek a mutually supportive marriage.

Vocabulary

restriction 속박, 구속
creative 창조적인, 독창적인
possibilities (잘될) 가능성
mutually 서로, 상호간에(reciprocally)
supportive 받치는, 유지하는, 부양하는

(a) Too many는 서술적으로 옮기는 것이 자연스럽다.
(b) Their failure → They fail : 이 경우의 fail은 ~을 할 수 없다, 이루지 못하다(miscarry)의 뜻.

06

If someone provokes you so badly that you want to attack him, but because of his dominant position you are afraid to do so, you are liable to vent your anger on someone else. This does not solve your original problem, but it does at least provide some relief for your pent-up frustrations.

Vocabulary

provokes 화나게 하다
his dominant position 상대방이 지위가 더 높다
liable to~ ~하기 쉽다, ~하는 경우가 많다(likely to~)
vent (감정 따위를) 숨김없이 털어놓다, 입 밖에 내다, 터뜨리다(utter)
pent-up (감정 따위) 억눌린, 울적한

(a) 인칭대명사 you, him 등은 가급적 생략한다.
(b) 무생물 주어 This, it : 적절한 접속사를 이용해서 부사절로 이해한다.

07

Habit allows a typist to let her fingers fly over the keyboard without thinking about the position of the letters, and this increases her efficiency. At the same time it has prevented the introduction of a more sensible arrangement of the keyboard.

Vocabulary

fly 재빨리 움직이다

sensible
분별 있는, 합리적인(reasonable)

무생물 주어 구문의 처리에 유의한다.

08

Shakespeare was all the better for his lack of university education. For the effect of such an education is, all too often, the stifling of genius. What is unique is about Shakespeare is his closeness to his native soil, and to the heart of his people, with their memories of "merry England." Such closeness may well have been spoilt by a university education.

Vocabulary

all the better for~
~해서 더 좋다, 오히려 득을 보다

the stifling 숨 막히게 함, 질식

closeness 가까이함, 밀착(密着)

spoil 망쳐놓다,
손상시키다(damage)

(a) his lack of university education
→ he lacked [didn' t receive] university education.

(b) the stifling *of* genius: 천재를 질식시키다.〈목적을 나타내는 of〉

(c) his closeness to → he was close to

(d) *their* memories *of* "merry England": 소유격 their는 주격관계, of는 목적격관계

(e) his native soil
→ the soil [land] where he was born and brought up

(f) by a university education
→ if he had received university education

09

Doing and teaching are two wholly different activities, and a good teacher can be a poor doer. In athletics, for example, the greatest coaches have often been mediocre players.

Vocabulary

wholly 아주, 전연(completely), 전면적으로(altogether)

athletics 운동경기(영국에서는 주로 '육상경기'를 가리킴), 체육

mediocre 보통의, 평범한

(a) a good teacher → teaches well

(b) a poor doer → do poorly

(c) the greatest coaches → 코치로서는 최고다.

(d) often을 서술적으로 옮기는 것이 자연스럽다.

10

My parents have stayed married for thirty-five years. The three of us children never once doubted that they were there to turn to if we needed help, and I don't recall that we ever said thanks. I have been the worst offender.

Vocabulary

turn to~
(~을 구하러) 가다, 의지하다

offender 무례한 사람, 남의 감정을 건드리는 사람

I have been the worst offender
→ I have offended (my parents) most

11

Centuries of apparently wasted effort on the part of alchemists giving birth to chemistry provides us another example of things that go wrong bringing about an unexpected good.

Vocabulary

apparently 언뜻 보기에 ~인 것 같이(seemingly), 일견(一見)
wasted effort 헛된 노력
alchemist 연금술사(鍊金術師)
good 성공, 좋은 일

(a) 동사 provides의 주어는 effort가 아니라 동명사 giving; effort는 동명사 giving의 의미상 주어

(b) things that go wrong을 과감하게 '실패' 라는 말로 압축 표현한다.

(c) Centuries of apparently wasted effort on the part of alchemists giving birth to chemistry provides···
→ For centuries alchemists made effort apparently wastefully, but their effort gave birth to chemistry. This fact provides···

12

A brave man is not the man who never fears, for there is no such man; he is the man who reacts against fear. And the difference between a brave man and a coward is simply this, that the one does, and the other does not, react.

Vocabulary

react against~ ~에 맞서다, 반대하다, 반항하다
coward 겁쟁이, 비겁한 자, 소심한 사람(craven)
simply 단지(merely), 오직(only)

대명사 he, the one, the other는 본래의 명사를 그대로 살리는 것이 글의 뜻을 보다 분명하게 한다.

13

Questions of education are frequently discussed as if they bore no relation to the social system in which and for which the education is carried on. This is often the reason of the unsatisfactoriness of the answers.

Vocabulary

bear[have] relation to~
~과 관련이[관계가] 있다

carry on
하다, 영위하다, 수행하다, 일을 하다

unsatisfactoriness
불만족, 불충분

answers 해결책

(a) the social system *in which and for which* the education is carried on.

→ the social system, *but* the education is carried on *in this social system and for this social system*.

(b) the unsatisfactoriness *of* the answers

→ the answers are unsatisfactory.

(c) 주어 This를 보어로 처리한다.

14

It is much easier to love an animal than a person. An animal cannot betray or quarrel with you. The man who wouldn't hurt a mouse could merrily kill his wife, perhaps because she refused to be a mouse.

Vocabulary

betray
배반하다, 속이다

quarrel
말대꾸하다, 반목하다, 불화하다

(a) The man *who* wouldn' t hurt a mouse could merrily kill his wife

→ The man, *even if he* wouldn' t hurt a mouse, could merrily kill his wife

15

Let us not neglect as we grow older the pleasure of re-reading books which we remember we liked when we were young, but which we have mostly forgotten and which we should like to read again.

Vocabulary

neglect 소홀히 하다, 대수롭지 않게 생각하다, 무시하다(ignore, slight, disregard)

관계대명사 which 이하의 문장을 일단 분리해서 이해하고, 전체적으로 우리말 표현으로 알맞게 다시 편성하여 정리한다.

16

Leaders who last a long time seem to be those who are able to combine opposite qualities — knowing when to be firm and when to be flexible. If they cannot do this, they rise and sink as quickly as a Jimmy Carter.

Vocabulary

combine 결합시키다, 겸하다(unite, join)

quality 특성(characteristic), 속성(attribute), 품성

(a) Leaders *who* last: who → if they 〈접속사+대명사〉

(b) those *who* are able to: 이 경우, 관계대명사 who는 없는 것으로 생각해도 무방하다.

17

A fish called "the archer fish" shoots small drops of water aimed correctly at insects resting on leaves and branches over the water. It sometimes knocks insects into the water at a distance of 3 meters. Once a man on a veranda close to water has had his cigarettes put out by a well-directed shot from an archer fish.

Vocabulary

archer fish 사수어(射手魚)
resting 쉬고 있는, 앉아 있는
veranda 베란다, 툇마루
shot 물방울 총알
well-directed 정확히 조준된

(a) drops of water aimed correctly at insects/a well-directed shot: 능동으로 옮긴다.

(b) had his cigarette put out: 담뱃불을 꺼트렸다. 〈have+목적어+pp〉

18

Carlos was perfect as a teacher. He took personal interest in those with whom he had to deal, and knew both their strong and weak points. He would elicit from a pupil the best of which a pupil was capable. In all the young men with whom he came in contact he inspired a real and lasting affection.

Vocabulary

elicit 끌어내다(draw out)
inspire (사상, 감정을 남에게) 주다, 불러일으키다
affection 애정, 애착

(a) those with whom he had to deal: 그가 상대하지[다루지] 않으면 안 될 사람들, 즉 제자들(pupils)을 말한다.
(관계대명사 구문의 압축 표현)

(b) the best of which a pupil was capable/young men with whom he came in contact: 관계대명사의 압축표현법을 이용한다.

19

School spirit is like patriotism. Students take the fortunes of their schools as their own, defending and promoting them against those of another school, as citizens champion their country, right or wrong. Their school is not only their alma mater but their fatherland as well.

Vocabulary

School spirit 애교심
patriotism 애국심
take A as B A를 B로 간주하다
fortunes 운세(運勢), 운명(fate, lot), 운, 운수(luck, chance), 성쇠(盛衰)
champion 옹호하다(defend), 지지하다(support)
alma mater 모교, 출신교
as well 그 위에, 게다가, 또한(also)

(a) 인칭대명사는 될 수 있는 대로 생략하거나 본래의 명사 또는 '자신, 자기' 등으로 표현하는 것이 좋다.

(b) *as* citizens champion their…: as 이하의 문장을 별도로 분리해서 비교의 서술적 표현(~와 마찬가지다)을 이용한다.

(c) right or wrong → whether it is right or wrong

20

Della picked up her secretarial phone, and said to Mason, "Homer on the line." Mason grabbed the phone. "Hello, Homer. Where are you?"

Homer said, "Listen closely, Mason. I may not have time for anything except a few words. There's a possibility Stephanie fired the shot that killed Jack while she was acting in self-defense. I want you to get on the job and protect her."

Vocabulary

secretarial phone 비서용 전화 (비서의 책상 위에 있는 전화)

grab 잡아채다(snatch),

self-defense 자기방위

get on the job 업무[일]에 착수하다

(a) 긴박감이 느껴지는 대화문이므로 그 분위기에 맞는 어조로 표현한다.

(b) I may not have time for anything except a few words: 직역조가 되지 않도록 하고, 상황의 긴박감을 살리기 위해 어순에도 유의한다.

(c) the shot that killed Jack: the shot을 (무생물) 주어, 목적어 Jack을 주어로 해서 옮긴다. 관계대명사 that을 'and+it' 로 이해한다.

21

The only advice that one person can give another about reading is to take no advice, to follow your own instincts, to use your own reason, to come to your own conclusions. If this is agreed between us, then I feel at liberty to put forward a few ideas and suggestions because you will not allow them to fetter that independence which is the most important quality that a reader can possess.

Vocabulary

at liberty 마음대로 자유로이

fetter 구속하다(restrain)

quality 본질, 특성(characteristic)

(a) The only advice…: 무생물 주어 구문 (if~)

(b) 관계대명사 which : 접속사+대명사

(c) 인칭대명사 you, your, us 등의 처리에도 유의한다.

22

It is essential to the concept of culture that biologically inherited forms of behavior be ruled out. Culture is wholly the result of social invention, and it may be thought of as social heritage for it is transmitted by precept to each new generation. What is more, its continuity is safeguarded by punishment of those members of a society who refuse to follow the pattern for behavior that are laid down for them in the culture.

Vocabulary

biologically inherited 생물학적으로 계승된, 조상으로부터 생물로서 물려받은

rule out 배제시키다, 제쳐놓다, 배제하다(debar)

heritage 전승(傳承), 유산

precept 가르침, 교훈, 규범

safeguard 지키다, 보호하다, 보증하다

lay down 규정하다, 제정하다(formulate)

(a) be ruled out/may be thought/is safeguarded → 능동 표현으로 전환

(b) it is transmitted: '사회적으로 전해져 내려오는 것' → 학술적 내용의 문장은 수동적인 표현이 보다 적절한 경우가 많다.

(c) are laid down them in the culture → 능동과 압축 표현을 한다.

23

A suggestion was made that I should become a civil servant, and my uncle wrote to an old Oxford friend of his who held an important position in the Home Office for his advice. It was that, owing to the system of examination and the class of persons it had introduced into the government service, it was now no place for a gentleman. That settled that.

Vocabulary

civil servant 공무원, 관리(官吏)

the Home Office 영국 내무성(the Home Department)

settle 가라앉히다, 해결하다

(a) 각 대명사는 적절하게 생략하거나 본래의 명사 또는 다른 표현을 찾는다.

(b) the class를 무산계급(無產階級), a gentleman을 유산계급(有產階級)(의 자제(子弟))으로 한다.

24

As one grows older, pleasures do not so much diminish as they change; one might say they move from the positive pleasures to negative ones. Some old men retire to a farm; others keep working until the day they die. Either can help you longer, depending upon your temperament and the needs of your body and your mind. What is important is learning to accept and enjoy the negative pleasures as keenly as we sought the positive ones when young.

Vocabulary

not so much A as B A보다도 오히려 B

temperament 기질, 기부, 성향(disposition), 성질(nature)

keenly 열심히, 강하게, 격렬히

(a) As one grows older/one might say: one은 불특정 '사람' 을 나타내는 부정(不定)대명사이므로 생략하는 것이 좋다.

(b) pleasures의 반복을 피하기 위한 "ones"는 본래의 명사 "pleasures"의 뜻 그대로 표현하고, 그 이외의 ones는 모두 생략하는 것이 좋다.

25

The more I reflected the more certain it seemed that the future had in store for us only horrible, evil things. The thought filled me with such nameless fears that I felt almost incapable of going on living. The strength left my fingers, and I dropped my knitting needless on my lap. A great sigh shook me. With my eyes still shut, I lifted my head. Before I knew what I was doing, I had cried, "Mother!"

Vocabulary

reflect 생각하다, 숙고하다

in store 준비하여, 무엇을 마련하여, 무슨 일이 예상되어

horrible 무시무시한

incapable of ~ing ~할 수 없다

(a) 무생물 주어의 구문에 유의한다.

(b) more certain it seemed that → it seemed more certain that

(c) *With* my eyes still shut: 부대상황을 나타내는 'with' (~(한) 채로)

26

The chief distinction between a semi-colon and a colon is that parallel statements, if united in the same sentence to show their close connection, are separated with a semi-colon, whereas two statements, the second of which is looked forward to by the first, are separated with a colon.

Vocabulary

distinction
구분, 차별, 구별짓기, 구별점

parallel statements 두 개의 문장이 나란히 함(병치구문 진술)

whereas~
~인데, 그러나, 한 편(while)

(a) 긴 주어 부분을 하나의 독립 문장으로 번역한다.

(b) are separated/if (they are) united/is looked forward to by…: 수동형 → 능동형

(c) 여기서의 look forward to는 '기대하다' 가 아니라 '예상하다' '예기하다' 의 뜻이다.

27

Professional sports are basically dehumanized, when the whole idea of sports should be its humanity. Sports were devised so that we could find release from the grim business of making a living; so that we could glory in winning a contest for its own sake. The Olympic heroes of ancient Greece were crowned with laurel and given the highest honors of the state because they showed what men could do with no incentive but victory.

Vocabulary

dehumanize 인간성을 없애다, 사람다움을 잃게 하다, 비인간적으로 만들다(make inhuman)

idea 생각, 관념, 착상[본래의 목적, 의도, 의미]

grim business of making a living
생계를 꾸려나가기 위한 힘든 일

for its own sake 그 자체를 위하여[목적으로]

laurel 월계수(bay tree)

incentive 동기(motive), 자극, 유인

(a) are basically dehumanized/were devised so that는 능동으로, were crowned with…/(were) given the highest honors는 수동 그대로 옮겨도 좋다.

(b) when…/so that…/because…는 앞 문장과 분리해서 원문의 흐름에 따라 별개의 문장으로 순차번역하는 것이 자연스럽다. when은 '때' 를 나타내기 보다는 while이나 although에 가까운 뜻이다.

(c) its humanity → it is human: 주격관계 소유격

28

The growth of the United States is a process that has no precedent in the world's history. Such a community could not have come into existence before; and if it had, without railways it would certainly have dropped to pieces long before now. Without railways or telegraph it would be far easier to govern California from Peking than from Washington.

Vocabulary

precedent 선례(先例), 전례
come into existence 출현하다
drop to pieces 산산조각이 나다 (go to pieces)

(a) if절이 표면에 나타나지 않은 가정법 구문을 찾는다.(come into existence) *before*, *without*이 if절에 해당한다.
(b) 생략 구문과 대명사의 처리에 유의한다.

29

Father wanted help and he wanted it promptly at such times. He would appear at Mother's door with a waistcoat in one hand and disloyal button in the other, demanding that it be sewn at once.

Vocabulary

promptly 신속히, 즉석에서, 즉시
a disloyal button 떨어진 단추

(a) He *would* appear…의 would는 과거의 습관을 나타낸다.
(b) demanding that it be sewn…: 현대 영어에서는 제안, 권고, 요구 등을 나타내는 동사에 이어지는 that절의 동사는 가정법 현재가 된다. 이 경우 영국에서는 should를 be 앞에 두는 경우가 일반적이다.

30

If there is no life on the moon, it is because there is no air there. A few feet below the earth's surface, there is no life; a few miles overhead where the air thins out, life stops. But for air, all life on earth would end instantly.

Vocabulary

thin out 희박하게 하다, 감소시키다

(a) If there is no life in the moon: 이 경우 꼭 가정의 형식으로 번역할 필요는 없다.

(a) But for air → If we had no air/If it were not for air

(b) A few feet below the earth' s surface → If we dig(go down) a few feet below···

(c) a few miles overhead → if we go up a few miles overhead···

(d) there → on the moon

31

If we had had television thirty years ago, we wouldn't have spent so much time talking with our family. And we wouldn't have enjoyed running and playing outdoors together, and fishing in the river together with our friends.

(a) 가정법의 문장을 직설법으로 번역하는 것이 우리말로 더 자연스러울 수 있다.

(b) talking은 *in* talking이 원칙이지만 현대 영어에서는 in을 생략하는 것이 일반적인 경향이다.

32

Mr. Smith went to the doctor to be examined. The door was opened by the doctor's maid, who asked him to come in. She asked his name, and when he told her that his name was Smith and that he had an appointment previously made with the doctor by telephone, she showed him into the waiting-room and asked him to wait for a moment.

Vocabulary

have[make] an appointment with~
~와 약속이 있다, 약속을 하다

waiting room
(병원의) 대합실, 대기실

일반적으로 간접화법을 직접화법식으로 옮기면 표현이 보다 사실적이고 자연스러워진다.

33

From time to time, when one of his parishioners would disappear, Father Ryan would come to Ken and enlist his services. Invariably, Ken would find the errant husband, wife, daughter or son. There would never be a charge.

"It's a down payment on heaven," Ken would explain.

Vocabulary

parishioner 교구민(敎區民)

enlist his services 사람을 찾아달라고 부탁하는 것'을 말함

invariably
변함없이, 언제나(always)

errant (모험을 찾아) 돌아다니는, 편력(遍歷)의(wandering, roving)

down payment
(할부의) 첫 지불금[계약금]

(a) would의 용법에 유의한다.

(b) Ken은 사립탐정의 이름

34

'I think it only right,' Trudy said in her young young way, 'that one should introduce the man one loves to one's parents' for it was agreed between them that they were in love. But still, by the end of October, Richard had not asked her to meet his mother.

Vocabulary

only
비할 데 없는, 최상의(best, finest)

right 당연한(proper), 합당한(fitting, suitable)

agree 의견의 일치를 보다

should와 in her young young way에 유의한다.

35

The first World War, as far as I remember, made little difference in people's lives. It was the second World War, with its ruinous cost, which has brought about the momentous changes that affect us all.

Vocabulary

ruinous 파괴적인(destructive), 큰 해를 끼치는(disastrous), 파멸시키는

bring about
가져오다, 야기시키다

momentous 중대한, 중요한(important), 심대한, 엄청난

It was ~ which… 강조구문에 유의한다. 원문의 어순에 따라 순차번역을 하면서 '비로소' 같은 연결어를 보충하면 보다 자연스러운 표현이 된다.

36

Some people are born with minimal talents and make absolutely the most of them. Others are born with large native endowments and just fritter them away. It is what you do with the gifts at your disposal that makes all the difference

Vocabulary

minimal 최소의, 아주 조금

make the most of~ ~을 최대한으로 살리다

native 태어날 때부터의, 타고난(in born, in herent)

endowments 재능, 능력(gift)

fritter away (돈 따위를) 찔끔찔끔 소비하다(waste foolishly)

do with~ ~을 다루다, 처리[조처]하다

at[in] one's disposal 자기가 마음대로[즉시] 이용할 수 있는

(a) *It is* what you do with the gifts at your disposal *that* makes…: 강조구문

(b) some, others → 서술적으로 옮긴다. others=other people

(c) that *makes* all *the difference* → that *is very important*

37

There is only one situation I can think of in which men and women make an effort to read better than they usually do. When they are in love and reading a love letter, they read for all they are worth. Then, if never before or after, they read.

(a) men and women → 남자이든 여자이든(일반적인 '사람' 을 뜻함)

(b) usually do → usually read

(c) for all they are worth → with all their energy and effort/as well as they possibly can

(d) Then → When they are in love and reading a love letter

(e) Then, if never before or after, they read. → Then, if *they have* never *read* before or *they will* never *read* after, they read. 〈생략[공통]구문〉

38

I cannot understand why a biographer, having undertaken to give the world details of a famous man's life, should hesitate, as so often happens, to give details of his death also.

Vocabulary

biographer 전기작가

undertake to~ ~하겠다고 약속하다, ~하는 일을 맡다

(a) having undertaken to give the world details of famous man' s life → *after he has* undertaken to … a famous man' s life: 주어(a biographer) 뒤에 삽입된 분사구문

(b) as so often happens: 유사관계대명사 as가 이끄는 삽입절로 바로 앞의 hesitate를 수식한다. 별도의 독립문장으로 처리한다.

39

Read a poem more than once. A good poem will no more yield its full meaning on a single reading than will a Beethoven symphony on a single hearing. A poem is not, like a newspaper, to be hastily read and cast into a wastebasket.

Vocabulary

yield 낳다, 가져오다(furnish, produce), 나타내다, 드러내다(reveal, disclose)

cast(-cast-cast) 내던져버리다(throw away)

hastily 서둘러서, 경솔하게, 성급하게

wastebasket 휴지통(wastepaper basket)

(a) 명령형을 반드시 명령의 형식으로 옮길 필요는 없다. '당연' 이나 '의무' 의 뜻이 나타나도록 표현해도 좋다.

(b) no more ~ than: 'than' 에서 일단 문장을 나누고, than 이하에 'will yield its full meaning' 을 보충하여 번역한다.

(c) *full* meaning: 'full' 은 부사로 전환 → '충분히 (알다)'

(d) on a single reading → when you read it only once

40

The steam you see at the spout of a tea-kettle is as real a cloud as the one you see in the sky. When you see your breath on a cold winter day, your body is making real clouds just as the tea-kettle does.

Vocabulary

the spout of a tea-kettle 찻주전자의

breath 숨, 호흡 → 입에서 내뿜는 김

(a) as ~ *as*: 뒤의 as에서 일단 문장을 나눈다.

(b) the *one*: one은 반복을 피하기 위한 부정(不定)대명사. 이 경우 본래의 명사(the cloud)를 그대로 써주는 것이 좋다.

(c) see/making의 번역에 유의한다.

41

Education is one of the key words of our time. A man without an education, many of us believe, is an unfortunate victim of adverse circumstances deprived of one of the greatest twentieth century opportunities.

Vocabulary

key word (뜻을 해명하는데) 열쇠가 되는 말, 키워드

A of adverse circumstances 역경에 놓인 A

victim 희생(자), 피해자

deprived of~ ~을 빼앗긴

many of us believe → Many of us believe that a man…: S+V(Many of us believe)가 접속사 없이 삽입구문으로 되어 있으면 삽입절을 주절로 하고 나머지 구문은 접속사' that' 을 이용한 종속절로 파악한다.

42

There was a good deal of gossip about them two. They'd been seen a lot together in places in which there was no reason for them to be except that they wanted to be together.

Vocabulary

gossip 잡담, 한담(chat), 뒷공론, 소문(rumor), 험담, (신문 따위의) 가십

except에 유의한다. 원문의 어순, 사고의 흐름에 따라 옮기는 것이 자연스럽다.

43

Our everyday speech is a thing that we take for granted without stopping to reflect about it. But when we do begin to think about language, we soon realize that far from being a commonplace thing it is a mystery — mysterious in its origin and mysterious in its infinite potentialities.

(a) take for granted *without* stopping to reflect about it.
→ take for granted *and we do not* stop to reflect about it.

(b) in its infinite *potentialities*: '무한한 가능성에 있어서'
→ '무한한 *가능성을 간직하고 있다는 점에서*' 〈동사를 보충하여 명사를 문장화〉

Vocabulary

taken A for granted A를 당연한 것으로 생각하다
stop to~ 멈추어 서서 ~하다
reflect 곰곰이 생각하다, 숙고하다 (consider, ponder, meditate)
far from being=is by no means/is almost the opposite of
commonplace 흔히 있는, 평범한, 진부한(trite)
mystery 신비(神秘)

44

Herbert Spencer, when told that his thought would reach greater heights were he to become a vegetarian, changed his habits and began to limit himself to vegetable foods. His work immediately began to deteriorate, and it was not long before he was back again on beef, mutton, and pork, on which he wrote his great book.

(a) 부정(否定)과 연결된 before의 번역에 유의한다.
(b) when told → when he was told
(c) were he to become → if he were to become

Vocabulary

Herbert Spencer (1820~1930) 영국의 철학자, 사회진화론자
vegetarian 채식주의자
deteriorate 악화시키다(worsen), 저하시키다, 퇴화시키다(depreciate, degenerate)
was back again on 다시 (육식으로) 되돌아갔다

45

It is certainly true that no man can really understand Shakespeare before he becomes old. Perhaps the same thing is true here of nations as of individuals; it was not until the English nation began to get old that it could really begin to understand Shakespeare.

(a) before와 until의 처리에 유의한다.
(b) here=in this respect → concerning Shakespeare

46

Twenty years ago many Americans bought a home mainly because they liked the area it was in. Today, however, the "neighborhood" is not as important as the distance to work. Home buyers now consider the time and money they must spend in commuting to be very important in the choice of a home.

Vocabulary

the area it was in 집이 소재하는 지역
work 직장, 일하는 곳
commuting 통근, 출퇴근

(a) 'the neighborhood' 'the distance' 'the time and money'를 직접화법식으로 번역하면 보다 생생한 표현이 된다.
(b) Americans/Home buyers → '사람'을 '장소'의 개념으로 바꾸어서 옮겨도 좋다.
(c) "neighborhood": 이웃 동네, 즉 이웃은 어떤 곳인가?, 환경은 어떠한가? 등을 말하는 것이며, 인용부호 " "는 '이른바' '소위' 등을 뜻하는 것으로 일종의 강조를 나타내는 것이다.
(d) the distance → how distant [far] it (=the house) is to work
(e) the time → how much time[how long] they must spend in commuting to be…
(f) to be very important…는 동사 consider에 이어지는 보어상당 구문

47

"**D**emocracy has attached an absurd importance to human life. Biologically he's of no consequence. There is no more reason why it should shock you to kill a man than to swat a fly." "I begin to see why you were interested in Robert Berger." "I was interested in him because he killed, not for any sordid motive, not for money, nor jealousy, but to prove himself and affirm his power."

(a) it should shock you to kill a man *than to swat a fly.*
→ it should shock you to kill *than* it should shock you *to swat a fly.*

(b) but to prove himself and affirm his power는 엄밀히 말해서 생략[공통]구문은 아니지만, but *he killed* to prove himself and affirm his power와 같이 'he killed' 를 보충하면 의미가 보다 분명해진다.

Vocabulary

attach to ~
~에 부여하다(ascribe) (to)

absurd 어리석은, 바보 같은, 터무니없는(silly, ridiculous)

consequence (결과 따위의) 중요성, 중대성(importance), (사람의) 사회적 중요성(influence)

swat 찰싹[탁] 치다[때리다]

sordid 인색한(avaricious, mercenary), 야비한(mean, base, ignoble)

affirm 주장하다, 단언[확언]하다(aver),확인하다

48

When, late one evening, Steve came to see me I knew it was to tell me Susan was dead. He was absolutely exhausted. His volubility had left him at last, and he sank down wearily on my sofa. I felt that no words of condolence availed, and I let him lie there quietly. I feared he would think it heartless if I read, so I sat by my window, smoking pipe, till he felt inclined to speak.

(a) His volubility had left him at last/no words of condolence availed: 무생물 주어 구문

(b) till은 원문의 흐름에 맞춰 순차번역한다.

Vocabulary

volubility
다변(多辯), 수다, 요설(饒舌)

condolence 문상, 애도, 조위

49

The instructor hooks a rope into a ring in the back of my belt, and runs it through a pulley in the ceiling. It would be a beautiful system if one had perfect confidence in the probity of one's instructor. I'm always afraid, though, that she will let the rope get slack. So I keep one anxious eye on her and swim with the other, and with this divided interest I do not make the progress that I otherwise might.

Vocabulary

instructor (수영) 지도교사, 코치
pulley 도르래, 활차(滑車)
probity 성실, 정직(honest)
slack 느슨함, 느즈러짐
anxious → anxiously

(a) 관계대명사의 처리와 함께 otherwise가 가지고 있는 가정의 뜻도 잘 파악해야 한다.
(b) 문장의 시제가 모두 현재형으로 되어 있으나 첫 부분과 끝나는 부분은 과거시제로 옮기는 것이 전체적인 흐름이 보다 자연스러워진다.

50

The village was located on the Tamsui River. After water had been withdrawn from the Tamsui for irrigation projects, the river had shrunk to the size of a stream. Yet village parents still forbade their children to swim in or play near it. The reason for their fear was this: in the old days, many people had been drowned when a ferry capsized while crossing the river. The villagers believed that the souls of them remained in the water. And the ghosts were not always confined to the river.

Vocabulary

irrigation 관개(灌漑)
forbid(-forbade-forbidden) 금하다
capsize 전복(顚覆)하다(upset)
be confined to~ ~에 갇혀있다, 틀어박혀 있다

(a) was located on…/After water had been withdrawn/had been drown → 능동으로 옮기는 것이 좋다.
(b) were not always confined to the river → '귀신이란 무언가에 의해 강 속에만 *갇혀 있는* 것이 아니었다.'

51

Of course the teenagers themselves never admit their occasional desire for dependence, either to their parents or to themselves. But they show their need for it indirectly. I think of a sixteen-year-old boy who was constantly declaring that he was old enough to take care of himself completely but who felt indignant and hurt if his mother occasionally forgot to have his sandwich, milk and dessert all laid out on the table when he came home for lunch.

Vocabulary

desire for dependence 독립하고 싶은 욕망

take care of oneself 스스로를 돌보다, 스스로 처리하다

indignant 분개하는

hurt 불쾌한, 화가 나는

lay out on the table 상을[식탁에] 차리다

(a) who was constantly declaring that he was old enough to take care of himself completely: 간접화법의 관계대명사 구문에 유의한다.

(b) to *have* his sandwich, milk and dessert all *laid out*: have+목적어+pp

52

The Declaration of Independence set forth with incomparable eloquence not only the causes that impelled the American people to declare their independence but the philosophy that inspired the declaration and was to animate the new nation.

Vocabulary

Declaration of Independence 미국의 '독립선언'

set forth 공개[공표]하다, 선언하다(publish, promulgate, declare)

incomparable 비교할 수 없는, 비할 데 없는(unequalled)

cause 이유, 근거, 동기

impel 재촉하여 억지로 ~시키다(urge, force)

philosophy 사상, 이념

animate (행동을 하도록) 분기시키다, 고무하다, 격려하다(inspire, encourage)

(a) the causes that impelled → what were the causes that impelled → why the American people were impelled to declare

(b) the philosophy that inspired → what was the philosophy that inspired → by what (sort of) philosophy they were inspired

53

He called up the hotel. When I was out and asked if he could leave a message. The operator told him that he could. He said to tell me that circumstances which he would not explain at the present time necessitated that he keep out of the picture for a while; that he was all right, that I wasn't to worry, but that he couldn't communicate with me, and that he was going to have to trust to my loyalty.

Vocabulary

be necessitated to~ 부득이[할 수 없이] ~하게 하다

keep out of the picture 모습을 감추다 (opp. come into the picture)

loyalty 성실, 충실

(a) '메시지'의 내용은 당연히 직접화법식으로 옮기는 것이 자연스럽다.

(b) circumstances which…는 전형적인 무생물 주어의 구문이다. 관계대명사 which는 접속사 though를 보충하여 'though+he' 형태로 이해한다.

54

I was very shy when I first went into the bookshop and I did not have enough money on me to join the rental library. He told me I could pay the deposit any time I had money and made me out a card and said I could take as many books as I wished.

Vocabulary

shy 암띤, 부끄럼타는(bashful), ~하기를 망설이는(hesitate)

join ~의 일원이 되다, 참가하다, 가입하다

rental library 대여문고, 대출 도서관

deposit 보증금, 담보금, 입회비, 입회금

make out (표, 서류 따위를) 만들다

(a) I could pay the deposit any time I had money
→ "You can pay the deposit any time you have money."

(b) I could take as many books as I wished.
→ "You can take as many books as you wish."

55

He began to feel hungry and looked at his watch. It was half-past eight. Lydia had not returned. Perhaps she had no intention of doing so? It wouldn't be very nice of her to leave him like this, without a word of explanation or farewell.

Vocabulary

intention
의도, 목적(purpose), 고의(故意)

doing so 그렇게 할[돌아올](작정)

explanation
설명, 변명, 해명(解明)

farewell 작별인사, 고별의 말 (parting words, valediction)

전형적인 묘출화법의 구문이다. 자칫 문장 전체를 지문으로 생각하기 쉽다. 그러나 'It was half-past eight.' 이후의 문장 전체는 '그'가 마음속으로 생각하는 내용일 뿐이다. 다시 말해서 묘출화법인 것이다. 'no intention of doing so?'의 '?'로 인해 자칫 혼동될 수도 있겠지만 전달동사(said, asked, thought 등)가 없다는 점 등, 자세히 살펴 읽어 보면 직 · 간접화법은 결코 아니며 지문과도 분명히 구별된다. '그'가 생각하고 말하는 부분을 마치 독백하듯이 직접화법식 표현을 살려서 번역한다.

56

The current critical attitude toward Japan comes after a period when perceptions of Japan had become increasingly humanized, land and people being viewed as "just like us," with many an interesting but minor difference.

Vocabulary

current
현재의, 일반적으로 사용되고[행해지고] 있는, 유행하는(prevalent)

critical
비판적인, 혹평적인(censorious)

perceptions of Japan
일본에 대한 견해, 인지(認知)

humanized
문명화된, 인간화된 ('같은 인간으로 보게 되다'라는 의미)

(a) 56, 57, 58번 문제는 특히 원문의 어순에 유의한다. 순차번역을 하기 위해서는 문장을 끊어서 별개의 문장으로 이해하는 것이 중요하다.

(b) after/with 및 'a period when…'의 부분에 주의한다.

(c) 원문은 '압축'된 표현을 많이 쓰고 있으므로 자연스런 우리말 표현을 위해서는 다른 말을 '보충'해서 그 참뜻을 풀어내도록 한다.

57

As a quarter of a mile from the point at which the highway issued from between the banks, was a stone post, marking the spot where roads, coming down some slight hills in front, met and united in one along which he had marched from his village.

Vocabulary

highway 큰길, 간선도로(highroad)

issue from~ ~로부터 나오다

slight hills 경사가 완만한 언덕

march 보무당당하게 걷다, 신속히 [척척] 걷다[나아가다]

58

We are now approaching a technology that can provide all of mankind with enough physical power, enough food, enough material goods, to assure stability and harmony among all nations – but most of this technology is the servant of our passions.

Vocabulary

provide A with B A에게 B를 제공하다

physical power '에너지'

material goods 물자, 제품

assure~ ~를 확실히 하다 (ensure), 분명히 ~를 가져오다

passions 격정(hate, anger, love, grief, joy 따위), (감정적) 발작, 감정의 폭발

(a) a technology that can provide…: 무생물 주어 구문

(b) the servant of our passions → 'our passions serve'

59

Every country tends to accept its own way of life as being the normal one and to praise or criticize others according as they are similar to or differ from it. And unfortunately, our picture of the people and the way of life of other countries is often a distorted one. Here is a great argument in favor of foreign travel and learning foreign languages. It is only by traveling in, or living in, a country and getting to know its inhabitants and their language, that one can find out what a country and its people are really like.

Vocabulary

accept 받아들이다, 생각하다(believe), 인정하다, 용인하다(approve)
picture 상상, 심상(心象)(idea)
distorted 왜곡된, 잘못전한
get to~ ~하게 되다(come to)
inhabitant 거주자, 주민

(a) others → other ways of life
(b) according as → depending on whether
(c) they are similar to or differ from it/traveling in, or living in, a country…: 생략[공통]구문
(d) getting to know: getting은 앞의 traveling, living과 함께 by의 목적어가 되는 동명사
(e) *It is* only by traveling… *that* one can find out…: 강조구문

60

I heard a sound and my heart beat quickly. I was excited now and when at last I saw him coming slowly down the stairs I caught my breath. He held my card in his hand. It was wonderful that at his age those black eyes should still preserve their brilliance. I was abashed. It was fortunate for me that I had prepared beforehand the phrase with which I meant to greet him. "It is a wonderful honour, Maestro, for a foreigner such as I to make the acquaintance of so great a poet."

Vocabulary

brilliance 광채, 찬연한 광휘(光輝)
be[feel] abashed 쑥스러워하다, 무안해하다
maestro (예술의) 대가, 거장(巨匠), 명인
mean to~ ~하려는 작정이다
make the acquaintance of~ ~와 알게 되다, 만나게 되다(make acquaintance with~/make ~'s acquaintance)

(a) *It was* fortunate for me *that*…: 강조구문
(b) the phrase with which I meant : 관계대명사의 처리에 유의한다.
(c) I was excited now/those black eyes: '극적(劇的) 현재' 의 표현으로 현장감이 나도록 번역한다.

61

It is in the service industry that US companies show the most interest – though it is hard to quantify. Of some 800 US firms now with offices in Hong Kong, more than half (or about 450) are in the services sector, and they are doing more and more business. As the emphasis of US trade has shifted from cross-Atlantic transactions to the Pacific region, so has the services industry which facilitates this trade. Financial services, shipping, computers and telecommunications have been the focus of expanded US investment recently.

Vocabulary

quantify~
~의 양(量)을 정하다[나타내다, 재다]

transaction
업무(business), 거래, 매매(deal)

facilitate (일 따위를) 용이하게 하다, 뒷받침해주다

telecommunication (전신, 전화, 라디오, TV 등에 의한) 원격통신

(a) *It is* in the services industry *that*…: 강조구문

(b) Of some 800 US firms now with offices in Hong Kong more than half are…
  → *More than half* of some 800 US firms … in Hong Kong, *are* in the services

(c) *As* the emphasis of…, so *has* the services industry which…
  → As the emphasis of…, so has the services industry (*shifted*) which…

62

The life and death of any body of water depend mainly upon its ability to maintain a certain amount of dissolved oxygen. This dissolved oxygen is what fish breathe. Without it they suffocate. If only a small amount of sewage is dumped into a stream, fish are not affected and the bacteria can do their work; the stream can quickly restore its oxygen loss from the atmosphere and from plants. Trouble begins when the sewage load is excessive. The sewage will decay and the water will begin to give off odors. If carried to an extreme, the water could lose all of its oxygen, resulting in the death of fish and beneficial plant life.

Vocabulary

dissolved oxygen 용해된 산소
suffocate 숨 막히게 하다(stifle)
sewage 하수(下水), 오물
decay 썩다, 부패하다(rot)
odor 냄새, 취기(臭氣)(smell)
concern
중요한 일(affair, matter), 관심사

(a) its ability → it is able

(b) *If carried* to an extreme, the water could lose all of its oxygen.
→ *If it were carried* to an extreme, the water could lose all of its oxygen

(c) oxygen, *resulting* in the death of fish and beneficial plant life.
→ oxygen, *and it resulted* in the death of fish and beneficial plant of life.

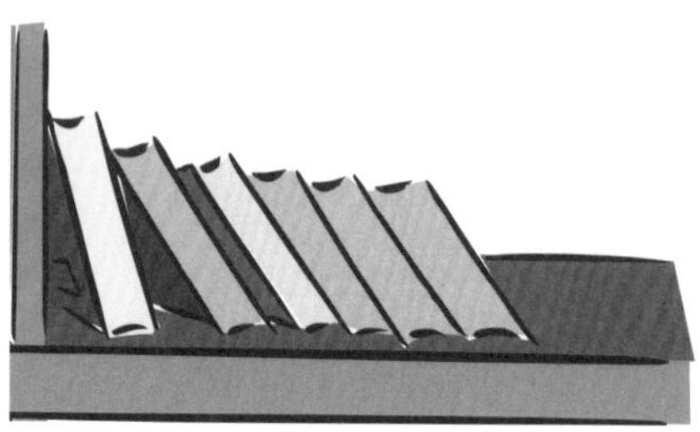

63

So abundant and fast did inventions come that by 1866 it was suggested that the Patent Office of the United States of America might soon be closed, since everything would surely have been thought of! Instead there came more and more new ideas. A rolling stone may gather no moss, but the wheel rolling down through the years has attracted more inventions, much as the rolling snowballs picks up more snow.

Vocabulary

abundant
많은, 풍부한(plentiful, ample)
the Patent Office 특허국
attract 끌어당기다, 끌다
years 오랜 세월, 긴 기간
much as ~ ~와 마찬가지로

자기의 주장을 강하게 펼치기 위해서 '속담' 이나 '관용표현' 을 인용하는 경우가 많다. 따라서 영국과 미국의 속담이나 관용표현 등에 대한 많은 이해가 필요하다.

(a) So abundant and fast *did inventions come* that…
→ *Inventions came* so abundant and fast that…

(b) A rolling stone *may* gather no moss, *but* the wheel…: "A rolling stone gathers no moss" (구르는 돌에는 이끼가 끼지 않는다)라는 속담을 원문에 인용하여 그 일부를 may ~ but(~일지도 모르지만) 구문을 넣어 바꾸어 표현한 경우이다.

(c) the wheel: (비유적으로) '세월이라고 하는 바퀴'

64

A few years ago a Walt Disney movie pictured a Through-the-Looking-Glass land in which trains stood still while the stations moved up and down the tracks, horses rode the jockeys in the races, horses rode the jockeys in the races, houses caught on water and were put out by fire, and the stork brought parents to babies. It was a delightful bit of nonsense. Westerners who go into other countries sometimes feel as if they were in some such topsy-turvy situation. Aside from any difference in physical type there is a sense of strangeness about everything.

Vocabulary

picture 영화화하다

put out (불을) 끄다(extinguish)

stork
황새(전설이 많은 새. 아기는 이 새가 그 가정에 데려다 준다고 한다.)

topsy-turvy
거꾸로(된), 뒤죽박죽인, 엉망진창으로

physical
육체의(corporeal), 신체의(bodily)

유명한 소설, 동화, 전설 등의 내용을 비유적인 형식으로 글 속에 인용하는 경우가 많다. 'a Through-the-Looking-Glass land' 도 Lewis Carroll의 'Alice in Wonderland(이상한 나라의 앨리스)' 와 어깨를 나란히 할 정도의 명작인 'Through the Looking-Glass' 에서 인용한 표현으로, 이 작품의 내용을 안다면 이것이 '뒤죽박죽의 세상' 을 의미하는 것 정도는 곧 이해할 수 있을 것이다. 문장 내용을 통해서도 어떤 상태의 세상이란 것을 유추할 수 있다.

(a) feel as if they were~ : '마치 ~처럼 느껴지다' (가정법 과거)

(b) Westerners *who* go… → When they[westerners] go…

65

What is sense of humour? It is very difficult to define. But humour is international. The best way to communicate with a foreigner is to make him laugh. I think laughter must have been the original language of the Garden of Eden. "Laugh, and the world will laugh with you: weep, and you weep alone" is one of the best-known English proverbs. This shows us the importance of laughter in society, and in international understanding.

Vocabulary

define 정의(定義)하다

communicate with~
~와 서로 이해하다, ~과 교신하다

영문에서는 글의 내용을 풍성하게 하면서 동시에 독자에게 강하게 어필하기 위해 성경, 세익스피어, 그리스 신화 등 유명 고전에서 좋은 구절을 인용하는 경우가 많다.

(a) This shows us the importance of laughter …: 무생물 주어 구문

(b) and in international understanding
→ and (the importance of laughter) in international understanding.

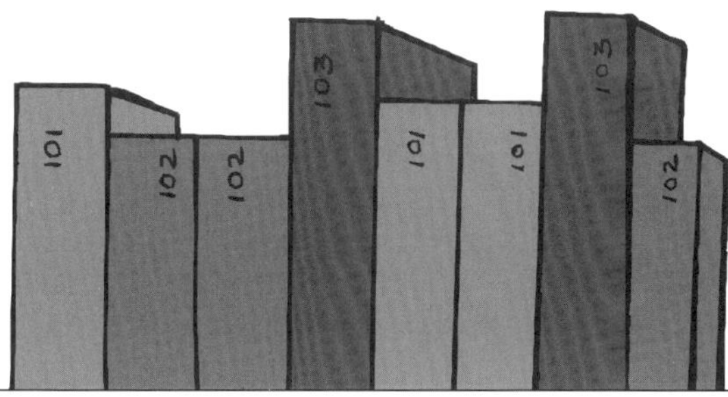

4장 번역 연습(2)

1. "Humility is very rare," said Spinoza; and as Cicero said, even the philosophers who write books in its praise take care to have their names printed on the title page in big, bold letter. (TCT 16회 2급 공통)

1
humility 겸손, 겸허(謙虛)
Spinoza 17세기 네덜란드의 철학자
Cicero 고대 로마의 철학자
bold 획이 굵은
take care to~ 주의해서 ~하다, ~하는 것을 잊지 않다
its praise '그것(겸손)을 칭송하다' (목적어를 나타내는 소유격)
have their names printed have(사역동사)+목적어+과거분사
the philosopher who write books… → the philosophers, even if he writes a book.

2. The real lower class are the people everyone else looks down upon. They usually leave school as soon as legally allowed, if not before. They work at unskilled tasks, and try to find their pleasures where they can. (TCT 18회 2급 공통)

2
look down upon 멸시하다 (despise)
unskilled 미숙한 , 특별한 훈련[숙련]을 필요로 하지 않는
if not before → if they don't leave school before.

3. Naturally alert and bright, he extracted from every experience in life all the lessons that it could teach him. His love of reading he satisfied whenever he found it possible, and was never happier than when absorbed in his books.(TCT 19회 2급 공통)

3
naturally 천성적으로(by nature)
alert 기민한, 민첩한(active, nimble)
extract 끌어내다(derive)
be absorbed in ~ ~에 몰두하다
Naturally alert and bright, he extracted…
→ Being naturally alert and bright, he extracted…
→ As he was naturally alert and bright, he extracted… (분사구문)
His love of reading he satisfied whenever he found it possible.
(목적어를 문두에 둔 강조구문)

4. Education is not simply a process of filing and storing facts and ideas in their appropriate cranial niches. Even more basic is the eradication of false ideas and unsound ways of thinking. Elimination is often more important than acquisition.(TCT 15회 2급 공통)

5. "Where do babies come from?" That age-old question is provoking some startling new answers as doctors begin manipulating life.

Today, some children are created in test tubes. Others are carried in the wombs of surrogate mothers. And with sound-wave scans, prospective parents can know if their baby will be a boy or a girl months before birth. Soon, they will even be able to choose the sex.

6. Whatever the arguments for and against war in the past may be, man has now reached a stage of development when war is as damaging to the intruder as to the victim. It is no longer an effective activity and it threatens the existence of all life on earth. Man has not yet outgrown war emotionally and it exerts a fascination for him as a flame has for a moth. The human race only weakens itself by strife.

4

filing (서류의) 정리 보관

storing 저장

appropriate 적절한, 해당되는

cranial niches 두뇌(頭腦)

eradication 근절, 제거

unsound
정상적인 상태가 아닌, 건전하지 않은

elimination 제거

acquisition 취득, 획득, 습득

Even more basic is the eradication of false idea and unsound ways of thinking
→ The eradication of false idea and unsound ways of thinking is even more basic. (보어가 문두로 나온 도치구문)

5

provoke
(감정 등을) 불러일으키다(evoke)

manipulating life 생명을 조작(操作)하다 (manipulate: 자신의 목적에 맞게 마음대로 손을 대다)

in test tube 시험관에서(in vitro)

surrogate mothers 대리모(代理母)

with sound-wave scans
초음파 검사의 기술로

prospective parents
부모가 되려고 하는 부부, 예비부부

"Where do babies come from?"
→ 아이들이 묻는 말투로 표현한다.

choose the sex 성을 선택하다
→ '성별(性別)을 선택하다, 남아(男兒)와 여아(女兒)를 선택하다'

6

argument for and against~
~에 대한 찬반(贊反) 논쟁

intruder 침입자

outgrow~ 자라서 ~을 벗어나다

exert a fascination for~
~에게 매력이 있다

moth 나방

strife 다툼, 싸움, 불화(discord)

7. I wonder if the mirror isn't the world's worst invention. The optimist looks into a mirror and becomes too optimistic, the pessimists too pessimistic. Thus mirrors increase conceit or destroy confidence. Far better is seeing ourselves as reflected in the expressions on the faces of people we meet during the day. The way you look to others is apt to be nearer to the truth than the way you may look to yourself.

7

I wonder if ~(부정문) ~이 아닐까 생각하다

optimist 낙관 주의자, 낙천자, 무사태평인 사람

pessimistic 염세적인

conceit 자만(vanity), 자부심, 자기 과대평가

confidence 자신, 확신, 안심 **(assurance)** **reflect** (거울이) 비추다

be apt to~ ~의 경향이 있는, ~하기 쉬운(inclined), ~할 것 같은(likely)

8. The true test of intelligence is not how much we know how to do, but how we behave when we don't know what to do. The intelligent person, young or old, meeting a new situation or problem, opens himself up to it; he tries to take in with mind and senses everything he can about it; he thinks about it, instead of about himself or what it might cause to happen to him; he wrestles with it boldly, imaginatively, resourcefully, and, if not confidently, at least hopefully; if he fails to master it, he looks without shame or fear at his mistakes and learns from them.

8

test 표준, 기준, 시금석

open oneself up to~ ~에 솔직하게 대하다

take in 이해하다, 마음에 받아들이다.

resourcefully 재치 있게, 기량이 풍부하게

wrestle with[against] 전력을 다하다, 싸우다, 씨름하다

… not how much we know how to do, but how we behave when we don't know what to do. → 'not A but B' 구문에서 A, B가 'how절로 병치됨.

he thinks about it, instead of about himself or what it might… → 'instead of' 다음에 about을 반복하여 thinks에 공통으로 걸리는 전치사(about)+목적어(it/himself)가 병치됨.

he wrestles with it boldly, imaginatively, resourcefully and, if not confidently at least hopefully;… → 양태부사(boldly/imaginatively/resourcefully/hopefully)가 접속사 and에 의해 병치되어 있는 구문에 'if not A(A는 아닐지라도)'가 삽입되면서 A도 양태부사로 병치됨.

9. Learn to concentrate as early in life as possible. Concentration is the ability to keep your thoughts and attention on one thing until you know it thoroughly. It is a habit that you must possess if you are really to succeed. I can't emphasize the importance of this too strongly. It could be the difference between your being a most successful man and an ordinary one. (TCT 20회 2급 공통)

10. "Are you man enough to send for a free book on a very delicate subject?" asks the ad in a men's magazine. Bad breath? Dandruff? Body odor? Not quite. The latest wrinkle in self-improvement for men is skin care. It seems that after kidding the wife about all that goo she put on her face, some husbands were sneaking the stuff themselves. Now many men are coming out of the water closet and openly buying pricey new shave creams and such exotic accompaniments as toners, bronzes and even under-eye cream.

9

concentrate 집중하다

keep A on B B에 A를 모으다

thoroughly 완전히, 철두철미하게, 철저히

emphasize 힘주어 말하다(stress), 강조하다

a most a very

an ordinary one 평범한 사람(an ordinary man)

It is a habit that you must possess if you are really to succeed → if절의 'be+부정사'는 주절에 조동사 'must'가 있을 경우 '의도(意圖)'를 뜻한다.
can't ~ too+형용사/부사=can't ~ 형용사/부사+enough=아무리 ~해도 지나치지 않다 [오히려 부족하다]

10

delicate 예민한, 민감한

the ad 광고(the advertisement)

send for 구하다, 주문하다(request for)

bad breath 구취(口臭)

wrinkle (구어) 좋은 생각, 명안(名案), 신안(新案) (device, innovation)

pricey 고가(高價)의, 값진

exotic accompaniment 색다른 보조 화장품

toner 토너(색조를 다듬는 화장품)

bronzer 갈색으로 만드는 것[얼굴이 탄 것 같이 보이게 색을 내게 하는 화장품]

under-eye cream 아이크림(눈 밑에 바르는 크림)

man '이 정도는 할 수 있는 남자다운' 정도의 뜻

self-improvement 자신을 잘 보이게 하다 → 이미지의 개선(改善)

goo 진득진득한 것 → 얼굴에 바르는 크림 등을 가리킴

coming out of the closet '지금까지 감추고 있던 것을 밝히는'

11. "What you don't know won't hurt you" is the most misleading maxim of all. What you don't know can hurt you terribly if it is something you ought to know. What we don't know, or want to know, leads us into wars and massacres that no individual would not countenance on his own. We have an innate drive for certainty and the emotional security it seems to bring, but to be certain of what we should still be in doubt about is a form of ignorance that is not only foolish but too often fatal.

12. I believe in the brotherhood of man and uniqueness of the individual. But if you ask me to prove what I believe, I can't. You know them to be true but you could spend a whole lifetime without being able to prove them. The mind can proceed only so far upon what it knows and can prove. There comes a point where the mind takes a leap—call it intuition or what you will—and comes out upon a higher plane of knowledge, but can never prove how it got there. All great discoveries have involved such a leap.

11

maxim 격언, 금언(金言)

massacres 대학살(wholesale slaughter)

countenance 용인하다, 지지하다, 묵인하다(approve, support)

innate drive for~ 타고날 때부터 ~에 대한 갈망이 있다

certainty 확신을 가지는 것(being certain)

emotional security 정서적인 안정

12

brotherhood 형제사이, 동기간, 형제임

uniqueness 독특함, 유일함

only so far 다만 그 정도로

take a leap 비약(飛躍)하다, 도약하다(jump, spring)

plane (발달의) 수준(level), 정도, 단계(stage)

the brotherhood of man and uniqueness of the individual 주격관계의 소유격

You know them to be true You → 총칭인칭

them to be true=(that) they are true

You could spend a whole lifetime without being able to prove them. → if-clause가 없는 가정법 구문

There comes a point where the mind takes a leap 도치구문. 주어는 a point, There는 의미 없는 허사(虛辭)

13. One of the interesting impressions I gained of the doctor was that of seeing him limping about our own town on crutches, his medicine case held in one hand along with a crutch, visiting his patients, when he himself appeared to be so ill as to require medical attention. He was suffering from some severe form of rheumatism at that time, but this, apparently, was not sufficient to keep him from those who in his judgment probably needed his services more than he did his rest. (TCT 16회 3급 공통)

14. Where do we start when we talk about the history of acting? Surely we have always acted; it is an instinct. Some of us are better at it than others, but we all do it. The child plays games. The child cries when tears are the order of the day, endears himself to avoid criticism, smiles when necessary; he predicts what reactions we require. Look behind those eyes which are giving the beholder the laughter he expects, and you will see the veil of the actor. We have all, at one time or another, been performers, and many of us still are—politicians, playboys, cardinals and kings. We wear the robes that we have designed for ourselves, and then act out other people's fantasies.

13

impression 인상(印象), 감명

limp out 다리를 절며 돌아다니다

on crutches 목발을 짚고

medical attention 진료(診療)

rheumatism 류머티즘

apparently 명백하게, 분명히, 명확히 (clearly, plainly)

keep (away) A from B B로부터 A를 떼어놓다, A를 B에 가까이 가지 않도록 하다

He limped about …, his medicine case held in one hand along → He limped about …, his medicine case being held in one hand along: 독립 분사구문

seeing him limping about our own town on crutches, his medicine … a crutch, visiting his patients → see의 목적격 보어인 현재분사 limping, visiting의 병치구문

14

acting 연기(演技), 연출, 실연(實演)

instinct 본능

be good at ~ ~을 잘하다, 능하다

the child plays games=the child acts

the order of the day 일정(日程), 순서→그 시점에서 요구되는 것, 적절한 행동

endear oneself 귀엽게[따르게, 사랑받게] 행동하다

criticism 비난, 책망

smiles when necessary=smiles when it is necessary

beholder 주시하는[바라보는] 사람

performer=actor

cardinal 추기경

robe 의상, 옷

act out 연기해 내다

fantasy 환상, 환각(illusion)

15. I seemed to have trouble convincing young Americans and others that I had that vision of the future that I believe I have. I was unable to appeal to independents and moderates, who were necessary for my victory. I was unable to make the case that the long-term, tough problems of our nation can only be solved by a President who masters the essential details and who's in command. It is also the case that I was running against an incumbent President who is very popular personally in the midst of what is perceived as good economic times and with diminished international tensions. We've had this long history of one-term Presidents, and I believe the American people were strongly inclined to give the benefit of the doubt to the incumbent. (TCT 14회 2급 공통)

16. The dreams of childhood have the power to transform our world. They can shape the future of science, business and society. But only when they're given the chance. Thousands of kids have dreams to share. But before they can improve the quality of life in our world, we must help improve the quality of their lives in the inner city. And the odds are against them even in graduation from high school. Sixty percent of their classmates are predicted to drop out. It's an American tragedy. Potentially productive young people lose interest or hope and join the rolls of the uneducated and unemployed.

17. Hail can destroy one farmer's prospects of a harvest in a matter of seconds; it can leave his neighbor's unimpaired. It can

15

independents and moderates (특정 정당에 포함되지 않은) 무소속과 중도파

incumbent 현직(現職)

be inclined to~ ~하기 쉽다, ~경향이 있다

give A the benefit of the doubt 의심스러울 경우 A를 유리하게 해석해 주다

of the future that I believe I have '나는 그렇게 믿고 있는데' 라는 '애석함, 분함' 같은 뜻이 내재된 표현

… was unable to make the case that … '주장의 정당성을 피력할 수 없었다' → '…라는 사실을 이해시킬 수 없었다'

16

transform 변형[변화]시키다, 바꾸어 놓다

inner city 대도시의 중심지역

the odds are against ~ ~의 가망이 적다

drop out 낙오되다, 중퇴하다

potentially productive 잠재력이 있는, 생산적일 수 있는

join the rolls 대열에 합류하다

the uneducated and unemployed 교육을 받지 못한 사람들과 실업자들

But only when they're given the chance → But they can shape the future of science, business and society only when they're given the chance.

slay a flock of sheep (it has killed children before now) in one field, while the sun continues to shine in the next. To the harassed meteorologists its behavior is even more Machiavellian than that of an ice storm. Difficult as it undoubtedly is for him to forecast the onset of an ice storm, he knows pretty well what its course and duration will be once it has started; just about all he can do with a hailstorm is to measure the size of the stones.

18. The best-known current example of external influence causing language change is the 'Americanization' of world culture. The American way of life is considered modern, fashionable, and desirable to the younger, trend-setting generations of society found in all countries, and the language associated with these trends is eagerly taken up. The effect is most noticeable in popular music. Foreign groups (such as the Swedish pop-stars Abba) often record in English, and the words are picked up and repeated in the same language everywhere, even by children who otherwise have little or no command of the language. And also, commercial firms and advertisers are well aware of the potential selling power that the use of English vocabulary can bring. There have been several reports of an increase in sales once a firm has given a product an English name (in much the same way as some products are given foreign names in Britain—such as the French names given to perfume). In Japan, English is even used in television commercials, despite the fact that the majority of viewers would not understand exactly what was being said. Nor is it purely a matter of commerce. (TCT 15회 3급 공통)

17

hail 우박

a matter of 약, 대개(about)

unimpaired 손상되지 않은

slay 살해하다(kill)

harass 괴롭히다, 지치게[시달리게] 하다(worry, vex, harry)

meteorologist 기상학자

Machiavellian 권모술수의, 목적을 위해서는 수단을 가리지 않는, 교활한(crafty) **ice storm** 얼음 보라(폭풍우)

onset 습격, 개시 **duration** 지속시간

just about 대강, 대체로, 이럭저럭

the stones 우박(hailstones)

It can leave his neighbor's unimpaired. → leave의 목적어(neighbor's)와 목적보어(unimpaired)는 주술관계(nexus)이다. 'his neighbor's prospects of harvest are left unimpaired'가 된다.

Difficult as it … is … → Though it is difficult …

for him to forecast the onset of an ice storm → for him 과 to forecast는 주술관계 (he forecasts)

18

current 현재의, 오늘[금주 → 이달 → 금년]의

desirable 소망스러운, 마음에 드는, 매력 있는(attractive)

trend-setting 유행을 낳게 하는

associate with~ ~와 관련되는

take up 받아들이다, 응하다(accept), 주의를 끌다 **be picked up** 들리다

have a command of (words) (말을) 자유롭게 구사하다

potential 잠재력이 있는, 잠재적인, 가능한(possible, latent)

selling power 구매력(購買力)

in much the same way as ~ ~와 거의 동일하게

despite the fact that ~ ~임에도 불구하고 **viewer** 시청자(televiewer)

Nor is it purely a matter of commerce Nor가 문두에 나오면서 it is가 도치되면서 앞 문장을 거듭 부정함.

19. He had discovered a great law of human action, without knowing it ... namely, that in order to make a man or a boy covet a thing, it is only necessary to make the thing difficult to attain. If he had been a great and wise philosopher, like the writer of this book, he would now have comprehended that work consists of whatever a body is obliged to do, and that play consists of whatever a body is not obliged to do. And this would help him to understand why constructing artificial flowers or performing on a treadmill is work, whilst rolling nine-pins or climbing Mont Blanc is only amusement. There are wealthy gentlemen in England who drive four-horse passenger-coaches twenty or thirty miles on a daily line in the summer; but if they were offered wages for the service, that would turn it into work, and then they would resign. (TCT 22회 2급 인문과학)

19
hollow 공허한(empty), 속이 빈
covet 몹시 탐내는(desire eagerly)
whatever = anything that
comprehend=understand
a body=a person
be obliged to~ ~하도록 강요당하다, ~하지 않을 수 없다(be forced to~=be compelled to~)
artificial flower 조화(造花)
treadmill 발로 밟는 수차(水車), 단조로운 일
whilst=while
nine-pins 9주희(柱戱)
a daily life 매일의 노선(路線)
resign 단념하다, 사직하다
it is only necessary to make the thing difficult to attain. → the thing is difficult to attain → it is difficult to attain the thing.

20. The crime was sabotage, the sentence was life plus five years. In 1964, Nelson Mandela was locked up in a prison on Robben Island, in the frigid South Atlantic off Cape Town. For years, he broke rocks in a limestone quarry. He was allowed only brief visits with his young wife, Winnie-barely time to talk, no opportunity to touch. He wrote to her that he felt like someone "who has missed life itself." But Nelson Mandela never gave up. He taught himself law, history, economies—and Afrikaans, the better to understand his enemy. He taught the young revolutionaries who were thrown into prison with him; the island became known as "Mandela University." In letters

20
sabotage 사보타지, 생산설비 파괴, 생산방해
lock up 가두다
frigid 혹한의, 몹시 추운
limestone 석회석
quarry 채석장
Afrikaans 아프리카의 공용 네덜란드어
revolutionary 혁명론자, 혁명가(revolutionist)
inhibit 거주하다
chasm 깊이 갈라진 틈(abyss, crevasse, gap, rift, hiatus)
apartheid (남아프리카의) 인종차별[흑백분리]정책[제도]

and later in secrete meetings, he conducted a long dialogue with officials of the white government, trying to find out if there was a South Africa they could both inhabit. And last week, at 75, Mandela finally had his moment. For the first time, all South Africans could vote in a national election, leaping across the chasm from apartheid to majority rule. "Today is a day like no other before it," Mandela said as the voting began.

21. Consume, consume, consume! Our society is consumer oriented — dangerously so. To keep the wheels of industry turning, we manufacture consumer goods in endless quantities, and, in the process, are rapidly exhausting our natural resources. But this is only half the problem. What we do with manufactured products when they are worn out? They must be disposed of, but how and where? Unsightly junkyards full of rusting automobiles already surround every city in the USA. Americans throw away 80 billion bottles and cans each year, enough to build more than ten stacks to the moon. There isn't room for much more waste, and yet the factories grind on. They cannot stop because everyone wants a job. Their standard of living, one of the highest in the world, requires the consumption of manufactured products in ever-increasing amounts. Man, about to the buried in his own waste, is caught in a vicious cycle. "Stop the world, I want to get off," is the way a popular song put man's dilemma. (TCT 20회 2급 사회과학)

21

consumer oriented 소비자 지향적

wear out 닳아 없어지게 하다[닳다], 다(하게) 하다, 다 써버리다(exhaust)

dispose of~ 처분하다, 처리하다, 정리하다

unsightly 꼴불견의, 눈에 거슬리는, 추한 (ugly)

junkyard 고물 집적소, 폐품 처리장

stack 무더기(heap), 더미

ever-increasing 항상 증가하는

vicious cycle 악순환

— dangerously so

→ —dangerously consumer oriented.

the way a popular song put…

→ …the way in which[that] a popular song…

22. It seems that the real motherly love lies not in the mother's love for the small infant, but in her love for the growing child. Actually, the vast majority of mothers are loving mothers as long as the infant is small and still completely dependent on them. Most women want children, are happy with the new-born child, and eager in their care for it. This is so in spite of the fact that they do not, 'get' anything in return from the child, except a smile or the expression of satisfaction in his face. It seems that this attitude of love is partly rooted in an instinctive equipment to be found in animals as well as in the human female. But the child must grow. It must emerge from mother's breast; it must eventually become a completely separate human being. The very essence of motherly love is to care for the child's growth, and that means wanting the child's separation from herself.

23. We may suspect that a great many women have taken refuge in the cloister because Cupid has left them alone, and a great many men because Cupid will not leave them alone. Nor is Cupid the only enemy of peace. Greed, injustice and cruelty have made life in the world so unpleasant that the opportunity to escape from it altogether seems to many very attractive. The rule of silence cannot be very onerous, for what is there to talk about in a monastery? Meditation, difficult at first, may become delightful; and we must not forget that every year spent in a monastery or convent makes its inmates more unfit to live anywhere else. They would be like snails without their shells. (TCT 16회 3급 공통)

22

lie in~ ~에 있다, 찾을 수 있다, ~으로 이루어지다(consist in)

the vast of majority 대다수의

loving mother 자식을 사랑하는[애정이 깊은] 어머니

in return 답례로, 답으로서, 앙갚음으로

be rooted in~ ~에 원인이 있다.

instinctive equipment 본능적으로 갖추고 있는 소양[자질, 기능]

emerge from~ (무지, 무명, 곤궁)에서 벗어나다, 일어서다

the very 바로 그

The real majority love lies not in the mother's love for …, but in her love for … not A but B 구문의 but 다음의 전치사 in으로 보아 lies에 걸리는 부사구의 병치구문

23

take[seek] refuge in[at, behind]~ ~으로[의 뒤로] 도망치다, 은신하다

cloister 수도원(생활), 은둔생활

Cupid 큐피드, 사랑의 사자(使者)

greed 욕심, 탐욕(avarice)

injustice 부정(不正), 불공평, 불법, 권리침해

onerous 귀찮은, 성가신, 부담스러운(troublesome, burdensome)

monastery (주로 남자) 수도원

convent (주로 여자) 수도원, 수녀원(nunnery)

inmate 수용되어 있는 사람, 수감자, 입원자(入院者)

…because Cupid will not leave them alone. 조동사 will은 '현재의 고집'을 나타냄

Nor is Cupid the only… →And Cupid is not the only… (도치구문)

what is there to talk about in a monastery?→there is nothing to talk about in a monastery. (수사의문문: 부정의 의미를 담은 문장을 수사상(修辭上) 효과를 노려 의문문의 형태로 만든 것)

24. A good statesman, like any other sensible human being, always learns more from his opponents than from his fervent supporters. For his supporters will push him to disaster unless his opponents show him where the dangers are. So if he is wise he will often pray to be delivered from his friends, because they will ruin him. But, though it hurts, he ought also to pray never to be left without opponents; for they keep him on the path of reason and good sense. The national unity of a free people depends upon a sufficiently even balance of political power to make it impractical for the administration to be arbitrary and for the opposition to be revolutionary and irreconcilable. Where the balance no longer exists, democracy perishes. For unless all the citizens of a state are forced by circumstances to compromise, unless they feel that they can affect policy but that no one can wholly dominate it, unless by habit and necessity they have to give and take, freedom cannot be maintained. (TCT 21회 2급 사회과학)

24

statesman 정치가

opponent 적(adversary), 반대자(antagonist)

fervent 열렬한, 열심인(ardent), 강렬한(intense)

push A to disaster A를 재난에 빠뜨리다

keep A on the path A를 길[도상]에 머물게 하다

even 평등한, 대등한, 동일한(equal, identical), 공평한(just, fair)

impractical 실용적이 아닌(unpractical), 실행할 수 없는(impracticable)

arbitrary 제멋대로의, 독단적인

irreconcilable 협조할 수 없는, 양립할 수 없는(incompatible)

by habit and (by) necessity 관습상 어쩔 수 없이

to make it impractical for the administration to be arbitrary and for the opposition to be revolutionary and irreconcilable
가목적어(it)를 두고, 긴 진목적어(to be arbitrary/to be revolutionary and irreconcilable)를 후치(後置)시킴.

25. Man is the only creature that consumes without producing. He does not give milk, he does not lay eggs, he is too weak to pull the plough, he cannot run fast enough to catch rabbits. Yet he is lord of all the animals. He sets them to work, he gives back to them the bare minimum that will prevent them from starving, and the rest he keeps for himself. Our labour tills the soils, our dung fertilizes it, and yet there is not one of us that owns more than his bare skin. You cows that I see before me, how many thousands of gallons of milk have you given during

25

creature 인간, 동물, 피조물

lay eggs 알을 낳다

plough 쟁기

set A to B A가 B하게 하다

the bare minimum 최소한도

till 갈다, 경작하다(cultivate) 경작하다)

dung (주로 가축의) 똥, 거름(manure)

fertilize 기름지게 하다

sturdy 튼튼한

hatch 부화하다, 알에서 깨다

this last year? And what has happened to that milk which should have been breeding up sturdy calves? Every drop of it has gone down the throats of our enemies. And you hens, how many eggs have you laid in this last year, and how many of those eggs ever hatched into chickens?

26. We are apt to forget that the man who owns land and cherishes it and works it well is the source of our stability as a nation, not only in the economic but the social sense as well. Few great leaders ever came out of the city slums or even suburbs. In France, in England, in America, wherever you choose to turn, most of the men who have molded the destinies of the nation have come off the land or from small towns. The great majority of leaders, even in the world of industry and finance, have come from there. As a nation we do not value our farmers enough; indeed I believe that good farmers do not value themselves highly enough. I have known all kinds of people, many of them celebrated in many countries, but for companionship, good conversation, intelligence and the power of stimulating one's mind there are none I would place above the good farmer. (TCT 22회 2급 공통)

26

be apt to~ ~의 경향이 있는, ~하기 쉬운(inclined), ~할 것 같은(likely)

cherish 소중히 하다, 귀중히 여기다

work 경영하다(manage), 경작하다(cultivate)

mold 형성하다

not ~ enough 아무리 ~해도 지나치지 않다

place 평가하다, 판단하다(estimate)

Few great leaders ever came out of … few가 있는 문장에서 ever는 '어느 때라도 거의 없다' 라는 뜻이 된다.

many of them celebrated in many countries → Many of them being celebrated in many countries → and many of them are celebrated in many countries.

27. Despite the lack of notoriety, confidence scheme crimes are among the most devious, the most harmful, and the most disruptive for society, because they break down the major values of social order—honesty and trust. The con games themselves are simplistic, almost infantile. But they work because the criminal can win complete confidence, talk fast enough to keep the victim slightly confused, and dangle enough temptation to suppress any suspicion or skepticism. Traditionally, the primary targets of these confidence artists have been the elderly and women. Their primary target locations appear to be inner-city core areas, shopping centers, schools, and transit systems. Thus, huge gatherings of people appear very attractive to the con artist. Deception and misrepresentation are the survival skills of the con artist, and like any other craftsman, he continually strives to improve his "street smart" skills. Though many of the schemes would appear suspect to a reasonable and prudent person, the con's ability to deceive and fool must not be understood.

27

confidence scheme 신용사기, 사기행위
notoriety 악평, 악명, 평판
devious 정도를 벗어난, 부정한(deceitful), 교활한
disruptive 분열[분할, 파열, 파괴]을 가져오는, 분열[파괴]적인
con game=confidence game(신용사기, 남의 호의를 등쳐먹는 협잡)
victim 피해자, 희생자
dangle 매달다, 일부러 내보이다
suspicion 의심(doubt), 불신(mistrust)
skepticism 회의(懷疑), 의심하는 태도, 의심(doubt)
core 중심부, 가장 중요한 부분
transit 운송, 수송(conveyance), 통과, 통행(passage)
misrepresentation 잘못된 설명, 허위설명, 거짓
street-smart 세상물정에 밝은, 도시생활의 요령이 있는(streetwise)
underestimate 얕보다, 과소평가하다

28. Television was not invented by any one person. Nor did it spring into being overnight. It evolved gradually, over a long period, from the ideas of many people—each one building on the work of their predecessors. The process began in 1873, when it was accidentally discovered that the electrical resistance of the element selenium varied in proportion to the intensity of the light shining on it. Scientists quickly recognized that this provided a way of transforming light variations into electrical

28

predecessor 전임자, 선임자
selenium 셀렌, 셀레늄(비금속 원소; 기호 Se)
envision (마음속에) 그려보다, 상상해보다(envisage, imagine)
transmit 보내다, 발송하다, 전하다, 전도하다(conduct), 송신하다

signals. Almost immediately a number of schemes were proposed for sending pictures by wire (it was, of course, before radio). One of the earliest of these schemes was patterned on the human eye. Suggested by G. R. Carey in 1875, it envisioned a mosaic of selenium cells on which the picture to be transmitted would be focused by a lens system. (TCT 14회 과학기술)

29. The small child who has hurt himself weeps as if the world contained nothing but sorrow, because his mind is confined to the present. A man who has learned wisdom from Spinoza can see even a life time of suffering as a passing moment in the life of humanity. And the human race itself, from its obscure beginning to its unknown end, is only a minute episode in the life of universe. With the increase of wisdom our thoughts acquire a wider scope both in space and in time. The child lives in the minute, the boy in the day, the instinctive man in the year. The man imbued with history lives in the epoch. Spinoza would have us live not in the minute, the day, the year of the epoch, but in eternity.

29

be confined to~ ~에 한정[국한]되어 있다

obscure 분명치 않은, 애매한 (abstruse, vague)

imbued with history 역사의식이 있는, 역사의식을 갖춘

A would have B ~(do) A는 B가 ~하기를 원하다(want A to~))

epoch 시대, (특색 있는) 획기적 시대, 신기원

With the increase of wisdom our thoughts … with+추상명사(동작동사파생)~함에 따라

30. Many people, I find, have a strange idea of what constitutes competence. They seem to imagine that having studied or even attained a degree in a subject gives them a kind of expertise for life. More than once have I engaged in conversation with someone who announces at the outset that he or she majored in English, or took Shakespeare, as credentials for discussing such matters. We must have an extremely low opinion of what learning or education consists of if we suppose that a year or two of brushing against a subject in college gives us any more than a shallow introduction to it. We are then not even at the threshold of knowledge, which marks the point at which we actually know how little we know. In knowledge, unlike economics, there is no such thing as "unearned increments." Knowledge increases only in small, painful increments, and if it is not earned it is not handed us. (TCT 15회 1급 공통)

31. After a short period of decline, while wishy-washy writers in passive voice lolled around in dull, bureaucratic constructions ("the program was implemented"), the verb is back with a vengeance. Sixty-second managers shift to the active voice to snap, "Implement this," and their bosses, two-second managers, bark a gustier action word: "Do that!" The superboss, or split-second manager says, "Dotted line the responsibility to him, and straight-line the reporting to the other guy." Huh? A dotted line denotes a non-hierarchical relationship, as between two executives in the same echelon or on different levels exchanging information rather than direction, but a vogue verb in executive suites is "to dotted-line it," which is a verb meaning "tell him, but it's not an order." (TCT 20회 1급 공통)

30

what constitutes competence (사람은) 무엇으로[어떻게 해서] 능력을 갖게 되는가[능력이 생기는가].

degree 학위

expertise 전문적 지식, 기능

majored 전공한

credentials 신임장→ 자격이 충분하다

have an…low opinion of ~ ~을 낮게 평가하다

what learning…consists of 공부란 무엇인가, 학문의 내용

brushing against 가볍게 접촉하다, 조금 알다

unearned increments(토지, 자산의) 자연증가

31

denote (낱말, 문자, 부호, 상징 따위가) 의미하다, 나타내다(mean)

wishy-washy (이야기, 글, 사람)시시한, 싱거운, 알맹이 없는, 흐리멍덩한

loll around[about] 빈둥빈둥 지내다

with a vengeance 격심하게, 예상 이상으로

gusty 바람이 몰아치는, 폭발적인, 돌발의

non-hierarchical 비(非)계급제도의

echelon (명령 계통 상 따위의) 계급, 단계

a vogue word 유행어

executive suites 중역실들

sixty-second manager/two-second manager/split-second manager 이들이 바로 superboss가 된다.

manager는 '관리직' '경영자' 인데 여기에 왜 60초, 2초 등이 붙어있는가? 이것은 결정이나 판단을 내리는데 소요되는 시간을 가리키는 것이다.

dotted-line/straight-line은 직접적으로 관계가 있는 부서(部署)는 직선으로 연결되고, 간접적인 경우는 점선으로 연결된다는 것을 나타냄.

32. Individuals may occupy a wide array of statuses and be expected to do a number of things called for by each role. Each of us occupies many statuses—male, female, son, daughter, student, friend, etc. Attached to each of these statuses is a set of expectations about what one is supposed to do in each status—in other words, what one's role is. Since we each occupy many positions with many expectations attached to each position, the possibility of role conflict always exists; that is, conflicting behaviors may be expected of us. One of the ways role conflict occurs is a result of occupying more than one status. As a student you may be expected to read this chapter, but as a friend you may be expected to go to a party. This is an example of conflict between expectations connected to the two different statuses of student and friend.

33. It was Schopenhauer who first said that all arts aspire to the condition of music; that remark has often been repeated, and has been the cause of a good deal of misunderstanding, but it does express an important truth. Schopenhauer was thinking of the abstract qualities of music; in music, and almost music alone, it is possible for the artist to appeal to his audience directly, without the intervention of a medium of communication in common use for other purposes. The architect must express himself in buildings which have some utilitarian purposes. The poet must use words which are bandied about in the daily give-and-take of conversation. The painter usually expresses himself by the representation of the visible

32

occupy 차지하다, 점유하다(take up), ~에 취임하다

a wide array of 여러 종류의, 갖가지의 **status** 지위, 신분

attached to~ ~에 소속된

role conflict 역할 간의 갈등

chapter (책, 논문 따위의) 장(章)

Attached to each of these statuses is a set of expectations about what one is supposed to do in each status. → A set of expectations about what one is supposed to do in each status is attached to each of these statuses. (도치구문)

One of the ways role conflict occurs is a result of… → One of the ways in which [that] role conflict occurs is a result of… (in which=관계부사 how)

33

aspire 열망하다, 동경[갈망]하다(long, desire eagerly, seek some high aim) **abstrac** 추상적인, 이론적인(theoretical), 관념적인(ideal), 난해한, 심오한(abstruse, difficult)

qualities 성질(nature), 특성(characteristics), 속성(attribute)

intervention 개재, 중재, 조정(mediation), 간섭(interference)

utilitarian (미적(美的)이기보다는) 실리적인, 실용적인, 공리주의적인

bandy (말 따위를) 주고받다, 응수하다 (give and take, exchange), (소문 따위를) 퍼뜨리고 다니다(spread), 논하다(discuss)

representation 표시, 표현, 기술(記述), 묘사

It was Schopenhauer who first said … 강조구문

but it does express an important … 강조구문

in music, and almost music alone,… 강조구문(문두의 부사구, 유어반복(tautology)) world. Only the composer of music is perfectly free to create a work of art of his own consciousness, and with no other aim than to please. But all artists have this same intention, the desire to please; and art is most simply and most usually defined as an attempt to create pleasing forms. (TCT 20회 2급 인문과학)

34. Among other groups eyeing the Constitutional Court are ultra conservative Confucian scholars who have strongly opposed the years-old movement among civic groups to abolish the male-oriented family head system through revision of the Civil Code. Their interpretation is that Korea's Constitution is founded on Confucian ethics even if it is not specified in its 130 articles. On the more mundane side of society, brothel owners and their employees, who have formed action groups to protest against recent legislation to crack down on the "sex trade," are advocating legalization of their business in Internet messages, asserting the "customary constitution" must guarantee their right to survival as the oldest profession. They are as dead as serious as any politician about bringing their case to the Constitutional Court. These and other moves may be seen as signs of healthy development of legal consciousness or the growth of social faith in the rule of law, the bastion of democracy. (TCT 22회 2급 사회과학)

34
eye 눈여겨[살펴]보다, 예의(銳意) 주시하다
the Constitutional Court 헌법재판소
ultra-conservative Confucian scholars 극보수(極保守)유학자(儒學者)들
years-old 수년 동안, 오랜 세월
the family head system 호주제도
male-oriented 남성중심의
the Civil Code 민법
interpretation 설명(explanation), 판단
Confucian ethics 유교윤리
mundane 세속적인
customary constitution 관습헌법
dead serious 매우 진지한

35. Does history give us any information about our own prospects? And if it does, what is the burden of it? Does it spell out for us an inexorable doom, which we can merely await with folded hands—resigning ourselves, as best we may, to a fate that we cannot avert or even modify by our own efforts? Or does it inform us, not of certainties, but of probabilities, or bare possibilities, in our own future? The practical difference is vast, for, on this second alternative, so far from being stunned into passivity, we should be roused to action. On this second alternative, the lesson of history would not be like an astrologer's horoscope; it would be like a navigator's chart, which affords the seafarer who has the intelligence to use it a much greater hope of avoiding shipwreck than when he was sailing blind, because it gives him the means, if he has the skill and courage to use them, of steering a course between charted rocks and reefs. (TCT 22회 2급 인문과학)

36. With Mozart mania engulfing the world in the Bicentenary year of his death many people believe that no one has yet matched this towering musical genius. Concert halls from London to Berlin and San Francisco to Tokyo are brimming with Mozart. A 19-month festival at New York's Lincoln Center covers every single note of his 626 compositions, which include 41 symphonies, 48 concertos, 18 operas and 19 masses. Focus of the global homage is, of course, his native Austria. Salzburg, where I am a concert musician, is overflowing. To celebrate the city's most famous son, we've

35

prospect
전망, 전도(outlook), 예상(anticipation)

burden 주지(主旨)(principal idea), 주제(theme), (노래의) 후렴(refrain)

spell out 자세히 말하다

inexorable 냉혹한, 가차 없는, 용서 없는(relentless), 변경할 수 없는

resign oneself
자신의 운명을 감수하다

at best one may[can]
할 수 있는 한, 최선을 다하여

avert 막다, 피하다(prevent, avoid)

probability 개연성, 확률

bare
가까스로, 빠듯한, 다만 ~뿐인(mere)

alternative 양자택일, 대안(代案)

so far from ~ing
~하기보다는 차라리

stun 기절시키다, 멍하게 만들다 (shock, daze)

rouse 분발하다, 깨어나다

passivity 수동성, 수동적 행위

astrologer 점성술사, 점성가

horoscope (별점용의) 천궁도(天宮圖)

navigator 항해사(seafarer)

blind 무턱대고 하는, 되는대로 하는 (random), 맹목적인(reckless)

stee (배의) 키를 잡다, 조정하다

char 해도(海圖)로 나타내다

reef 암초(暗礁)

who has the intelligence to use it… → who intelligently uses it…

he has the skill and courage to use them… → he skillfully and courageously uses them.

organized daily Mozart performances from January to December. "Don't you get tired of so much Mozart?" People ask. On the contrary, I consider myself truly fortunate to interpret Mozart. What other composer could survive such exposure? No matter how often you hear the music, the wealth of melody always amazes. During Mozart's time ordinary folk sang and whistled tunes from The Magic Flute in the streets.

37. The founders of the Republic talked about education as essential to the public good, a goal which took precedence over knowledge as occupational training or as a means to self-fulfillment or self-improvement. Over and over again, the Revolutionary generation, both liberal and conservative in outlook, asserted its conviction that the welfare of the Republic rested upon an educated citizenry and that schools, especially free public schools, would be the best means of educating the citizenry in civic values and the obligations required of everyone in a democratic Republican society. All agreed that the principal ingredients of a civic education were literacy and the inculcation of patriotic and moral virtues, some others adding the study of principles of the Republican government itself. Texts in American history and government appeared as early as the 1790s. The Textbook writers turned out to be very largely of conservative persuasion and almost universally agreed that political virtue must rest upon moral and religious precepts. Since most textbook writers were New Englanders, this meant that the texts were infused with Protestant, and above all, Puritan outlooks.

36

mania 광(狂) **engulf** 휩쓸다, 집어삼키다 **bicentenary year** 200주년

match ~ ~에 필적(匹敵)하다 ~의 상대가 될 수 있다 **towering** 뛰어난, 비상한, 비범한, 우뚝 솟은

brim with~ ~으로 넘치다, ~으로 그득하다, ~으로 가장자리까지 차다

note 음표 **concerto** 협주곡

composition (음악, 미술의) 작품, 작곡 **mass** 미사곡 **homage** 경의(敬意), 존경 **on the contrary** 그와 정반대로, 오히려 **interpret Mozart** 모차르트의 음악을 연주하다

composer 작곡가

the wealth of A 풍부한 A

The Magic Flute 마적(魔笛), 요술피리〈모차르트의 가극 이름〉

What other composer could survive such exposure?→어떤 작곡가가 그렇게 많이 노출[연주]되고도 살아남을 수 있는가?→그렇게 많이 연주되고도 사람들이 싫증을 느끼지 않을 작곡가가 모차르트 말고 누가 있을 것인가?[모차르트 밖에 없다] **the city's most famous son**→Mozart

37

founder 설립자 **the public good** 공공의 이익

take precedence over~ ~보다 우위를 차지하다 **occupational** 직업 **conservative** 보수적인

outlook 견지, 견해(viewpoint), 관(觀), 사고방식 **civic** 공민의, 시민의

rest upon~ ~에 의존하다, 달려있다

citizenry (집합적) 시민, 일반대중

ingredient 성분, 요소, 재료

literacy 읽고 쓰는 능력, 문자해독능력

inculcation 반복해서[알아듣도록] 타이르기, 가르치기, 깨우침 **patriotic** 애국적인 **persuasion** 설득, 확신, 신념 **precept** 가르침, 교훈

infuse 주입하다, 불어넣다

Protestant 개신교의

Puritan 청교도의

38. Archaeologists have excavated ancient pyramids in Egypt and more recent ones in Central and South America. Similarities have been noted in the design and construction of these structures found thousands of miles apart. Some researchers have wondered if contact could have existed between these pyramid builders. Thor Heyerdahl, the Norwegian explorer, put together a ship based on ancient Egyptian drawings and set sail for Barbados to lend support to the theory of cultural contact. Heyerdahl ran into various problems in his first attempt to reach Barbados and had to abandon his efforts. On a second try he did reach Barbados, as the ancient Egyptians might have done.

38

archaeologist 고고학자

excavate
파내다, 발굴하다, 파 일으키다

note
면밀히 조사하다, 주의하다, 주목하다

put together 조립하다

drawing 도면(圖面)

set sail for~ ~를 향해 항해하다

lend support to 뒷받침해주다

run into~ ~에 부딪치다

Barbados, as the ancient Egyptians might have done.
as는 목적격 관계대명사로 comma 앞의 선행사를 받는다.

39. Law gave birth to the concept of freedom. It is true that you can have no security in a situation in which every person and everything around you acts capriciously, unpredictably, or, in other words, lawlessly; but the point I wish to make is that while you would have no security in such an environment, it is more significant that you would have no freedom in such a situation. The reason you could not be free in such a situation is that you could not get anywhere you wanted to go or successfully do anything you wanted to do.

39

give birth to~ ~을 낳다, ~을 생기게 하다, ~의 기원이 되다

concept 개념, 관념

security 안정, 안전, 무사(safety)

capriciously
변덕스럽게, 믿을 수 없게

unpredictably 예언[예측]할 수 없게

make[score] a point 주장[강조]하다

while
~인데, ~하면서도(though, although, whereas)

The reason you could not … that you could not get anywhere you wanted …
→ The reason why/that you could not get anywhere…

get anywhere(장소부사) → go (이르다)

총칭인칭 **you**는 번역문에 나타내지 않는다.

40. Is there any reason why women should ever have been called the "weaker" sex? Yes and No. Naturally the woman is not as powerful as her mate, for her musculature is far weaker, her bones more fragile, and her physical potential lower. But strength should not be confused with toughness: a woman's power of resistance to adversities of all kinds is actually far greater. There are scores of anecdotes on the well-known theme that men dramatize the smallest cold in the head whereas the average woman ignores it. Possibly this much-ridiculed behavior has something to do with the greater sensitivity of the male sex. Women bore privation and the nights of bombing during the Second World War more stoically than men, or at least they recovered more quickly from the effects. They are usually less prone to psychological shock and make a speedier recovery from such afflictions. (TCT 15회 3급 공통)

40
mate 배우자
musculature 근육조직
fragile 깨지기 쉬운, 약한
toughness 강인함
adversity 역경
anecdote 일화
dramatize 과장하다
cold in the head 코감기
privation 궁핍, 고난
stoically 자제력 있게, 인내심 있게
affliction 고통, 고난, 고뇌

41. Air pollution produces something that can be seen and smelled—smog, haze, dust on the tabletop, dirt on hands and hair. Water pollution makes lakes, rivers, bays, and oceans, filthy and foul-smelling. But noise is here and is gone. Who can even say what it is? The standard definition is 'unwanted sound,' but unwanted by whom and when? Clearly, one man's joyful sound is another's noise. Technical terms for the measurement of noise are unfamiliar. Anyone can grasp the facts of air pollution as measured by the number of parts per million(ppm). But noise is measured in decibels(db), a unit not in everyday usage. The basic unit is named after Alexander

41
detect 탐지하다, 찾아내다
haze 아지랑이, 엷은 안개
filthy 더러운, 불결한, 매우 더럽혀진
foul-smelling 악취가 나는
air pollution 대기오염
parts per million(ppm) 백만분의 일, 백만분율(대기 중의 아황산가스 따위의 농도를 표시함)
name after~ ~의 이름을 따서 이름 짓다
arbitrarily 제멋대로, 독단적으로, 변덕스럽게
wilderness 황야, 황무지(막막한 산림지대 또는 불모지)
rustle of leaves 나뭇잎 스치는 소리
aside from~ ~을 제쳐놓고, ~은 별개로 하고
thunderclap 천둥소리, 우레(crash of thunder)

Graham Bell. Zero decibel is arbitrarily set as the softest sound the ear can hear. The sound of breathing as one sits quietly reading is 10 decibels. The sound level of a wilderness area where the silence is broken only by the rustle of leaves of the cry of a bird or small animal is about 20 to 30 decibels. (TCT 13회 과학기술)

42. Real civilization is an attitude to life; a mind that is open to new ideas, willing to see its own ignorance and overcome it; a tolerance for people and countries with a different approach to life from our own. If developing countries are uncivilized, this is not just because their lacks—money, food, education, factories, medicine—prevent them from being as comfortable and materially prosperous as we are, but because their undeveloped state allows them no leisure to expand their view of the world or of themselves. But how truly civilized are we in the so-called developed countries? Can we call ourselves civilized when we pollute the air with smoke from our factories and motor-cars, when we eat too much rich food and spend a fortune on fine imported clothes, and regard education as a path to well-paid employment rather than as a tool for increasing our awareness of the world and its problem? Maybe it is better to say "I am trying to become more civilized" than to boast "I am civilized"—for perhaps nobody has ever been, or ever will be, perfectly in that condition. (TCT 16회 2급 공통)

42

tolerance 묵인(하는 태도), 관용, 관대

not just~ ~뿐[만이] 아니라(not only)

view of the world 세계관

rich food 맛좋은 [영양가 있는] 음식

well-paid employment 보수가 괜찮은 일자리

a tool for ~ing ~하기 위한 연장, 도구

in that condition 문명화된(civilized) 상태에 있는

Can we call ourselves civilized … 목적어 ourselves와 목적보어 civilized는 주술관계(nexus)

when we pollute…, when we eat too much… when은 양보부사절의 접속사(~임에도 불구하고)

43. One world you are certain to touch in college is that of books. Have you considered the nature of books? Their magic is one blessing available to all men, but only a few can accept it. A modern tragedy is that many persons, far from learning to appreciate books, actually turn their backs upon them. This is tragic, because books are more than useful tools, far more. They hold keys to other worlds, opening the way to exciting new realms of experience. They can be wondrously enlightening and stimulating, deliciously amusing, or deeply refreshing. But this has been better expressed by one of the famous man of letters: "the world of books is the most remarkable creation of man. Nothing else that he builds ever lasts. Monuments fall, nations perish, civilizations grow old and die out; and, after an era of darkness, new races build others."

43

nature 성질, 본질, 특질(quality, essence)

available 이용할 수 있는, 유용한 (useful), 이용가치가 있는

far from learning
알기는커녕, 아는 것은 고사하고

new realm of experience
새로운 경험의 영역(領域)

wondrously 놀랍게(surprisingly), 엄청나게(extraordinary)

enlighten 계발하다, 계몽하다

stimulate 자극하다

amuse 재미나게 하다, 기쁘게 하다

refresh
기분을 상쾌하게 하다, 기운 나게 하다

man of letters 문학자, 문학가

remarkable 뛰어난, 눈에 띄는, 두드러진(conspicuous), 보기 드문 (uncommon)

monument 기념비[상 → 탑 → 관]

race 민족(nation), 종족(tribe)

44. Atmospheric scientists have long known that there are broad historical cycles of global warming and cooling; most experts believe that the earth's surface gradually began warming after the last ice age peaked 18,000 years ago. But only recently has it dawned on scientists that these climatic cycles can be affected by man. Says Schneider, of the National Center for Atmospheric Research in Boulder: "Humans are altering the earth's surface and changing the atmosphere at such a rate that we have become a competitor with natural forces that maintain our climate. What is new is the potential irreversibility of the changes that are now taking place."

44

atmospheric
대기(중)의, 공기의, 공중의

peak 최고도[절정]에 이르게 하다

alter 변경하다, 개조하다(change, modify)

potential 장차 가능성이 있는, 가능한 (possible, latent)

it dawns on A that B A가 B라는 것을 깨닫기 시작하다, B가 A에게 점차 분명해지기 시작하다

irreversibility 철회[폐지, 변경]할 수 없음, 반대로[거꾸로] 할 수 없음, 뒤집을 수 없음(irrevocability)

45. Four out of five middle-aged men in America run the risk of dying prematurely from a coronary — including many with cholesterol levels most doctors would consider only moderately elevated, the Journal of the American Medical Association reported in a special issue on the subject. "High risk is not just in the upper 1 percent or 10 percent," says Dr. Stamler, who conducted the study. "It involves 80 percent of the population." The new risk figures emerged from a large survey on the link between cholesterol and heart disease. Sponsored by the National Heart, Lung and Blood Institute and conducted from 1973 it included 356,222 men who were 35 to 57 years old. Stamler and his associates analyzed the relationship between cholesterol levels and deaths from heart attacks and came to a striking conclusion: an increased mortality risk began to appear at levels just above 180 milligrams per deciliter of blood, a level many cardiologists considered safe until now.

45

prematurely 너무 이르게, 너무 서둘러서, (자기의 수명보다) 일찍이

coronary (thrombosis) (심장의) 관상동맥의 혈전증(血栓症)

moderately elevated 적당히 높은, 그다지 높지 않은

a special issue 특별 기획물

conduct the study 연구하다

risk figure 위험수위의 숫자

emerge (사실 → 문제 따위가) 나타나다, 나오다, 일어나다(arise)

associate 동료(colleague), 친구(companion)

deciliter 0.1리터

cardiologist 심장전문의(心臟專門醫)

Sponsored by the National Heart, Lung and Blood Institute and conducted from 1973 to 1975, it included 356,222 men who… → Being sponsored by the National Heart , Lung and Blood Institute and being conducted from 1973… (분사구문: 주절의 주어와 수동관계인 과거분사)

46. Philosophy presupposes such contemplation, a survey of phenomena; and in order to make his survey, the philosopher must remain a spectator, taking no part in the action; he must, like the spectator at the games, watch them outside the arena. But the objective judgment which the philosopher's contemplation of the scene calls for, though it is facilitated, is not to be induced by spatial distance alone; temporal distance is equally essential; time in which to retreat from and consider the events, so that he may, as a serene spectator, an unimpassioned

participant, appreciate the passions which possess men in life, and perceive the motives or ideas that stir those passions. From this withdrawn attitude, mentally detached from practical and individual interests, he can survey and sum up the phenomena.

47. Unless more of us become environmentally active, both as individuals and in organized groups, the Environmental Revolution will not succeed. Success depends on overcoming human inertia, vested economic interests in the status quo, and some of the structural impediments of society. The behaviors of corporate leaders are shaped by the pressures of short-term profit-making. Politicians are influenced by short-term reelection concerns and by special interest groups. But environmental groups can take the long view, speaking for the future generations. Without a much stronger public interest, there is a risk of sacrificing the future on the altar of short-term profits and reelection worries. Individuals can do many things acting independently, including voting for environmentally sensitive candidates, but the Environmental Revolution depends on systematic change, and that requires a means of concentrating and sustaining pressure for change. Individuals can sort beverage containers for recycling, but they cannot replace throwaway containers with refillable ones. That requires an organized effort to change public policy: either an outright ban on their use, as in Denmark, or a stiff tax on throwaways, as in Finland.

46

presuppose 전제조건으로 하다, 필연적으로 의미하다(imply)

arena 활동 무대, 경쟁의 세계(sphere of action), 경기장

contemplation (심사)숙고, 명상, 사색, 묵상(meditation)

survey 내려다보다,(look over), 전체적으로 보다[생각하다, 논하다], 개설하다, 개관하다

facilitate 용이[쉽게]하게 하다, 가볍게 하다, 돕다(help) **induce** 설득해서 …하게 하다(persuade), 유인[유도]하다

spatial 공간의, 공간에 존재하는

temporal 일시적인, 순식간의, 덧없는(temporary, transitory), 현세의(worldly, earthly), 세속의(secular)

serene 온화한, 차분한, 안온한(undisturbed), 평온한, 편안한(peaceful) **unimpassioned** 감정에 좌우되지 않는, 욱하지 않는, 냉정한

sum up 요약하다(summarise), 평가하다

47

inertia 굼뜸, 활발하지 못함(inactivity),타성(惰性)

vested 〈법률〉확정의, 기정(旣定)의, 기득(旣得)의, (소유권이) 정해진

the status (in) quo 현상(現狀)

impediment 방해(물), 장애(물)(hindrance, obstacle)

corporate 법인 (조직)의, 조합의(incorporated), 단체의

concern 관심, 염려, 걱정(solicitude, worry ,anxiety)

altar 제단(祭壇) **sort** 분류하다, 골라내다 **recycling** 재생(再生)

throwaway 사용 후에 버리는, 일회용의 (제품)

outright 솔직한(straightforward), 분명한(downright), 철저한(thorough), 전적인(total), 전부의(whole)

stiff 엄한, 단호한(resolute), 강경한(stubborn), 엄청난, 비싼, 높은(high), 터무니없는

48. By the middle of the 1700's, newspapers had grown in size and variety. Previously all advertisements had been placed at the back of the newspaper. Now some appeared toward the front. In 1784, the first newspaper to become a daily became on largely because it had so much advertising. Advertising increased after the Civil War. Goods were no longer made in ones or twos at home. Instead they were being produced in large quantities at factories. It was cheaper to make them this way, but advertising was needed to help sell all that produced. The first American magazines appeared in the mid-1880's. They were literary publications with many essays and poems but not many readers. Their publishers resisted advertising in their pages until the need for additional money became great. Over a period of several years one publisher after another gave in and began to run ads. A man named J. Walter Thompson had a great deal to do with convincing publishers to accept advertising. The advertising agency that bears his name is the largest in the world today.

49. Some scholars have wondered whether the language we speak may not suggest or even determine the way we perceive the world. The idea that it may do so is known as the Sapir-Whorf hypothesis, after two linguists, Edward Sapir and Benjamin Lee Whorf, who proposed and popularized the concept. At the very least it seems probable that language calls our attention to some aspects of reality and away from others. Although the color spectrum is a continuum, we think of a rainbow as a series of stripes of red, orange, yellow, and so on, perhaps because we have names for those colors in our language.

48

toward the front 앞면 쪽으로

daily 일간지(日刊紙)

the Civil War 미국의 남북전쟁

in ones or twos 한 두 개씩

literary publication 문학 출판물

one (~)after another
차례차례로, 잇따라

give in 굽히다, 부러지다(yield, submit), 양보하다, 승낙하다(assent), 제출하다(deliver), 무너지다(collapse)

convince
설득하다, 납득시키다(persuade)

have a great deal to do with~
~에 많이 관여하다

advertising agency 광고대행사

bear
가지고 있다, 갖다(hold), 띠다(wear)

49

perceive
감지하다, 인지하다, 알아채다, 이해하다, 알다(apprehend), 식별하다(discern)

hypothesis
가설(假說), 전제(premise), 가정(assumption), 추정, 억측(guess)

after ~
~을 본떠서, ~식의(in imitation of)

linguist 언어학자

popularise 통속화하다, 대중화하다, 보급시키다, 퍼뜨리다

at (the very) least
아무튼, 적어도, 하다못해

It seems probable that ~
~일 것 같다

call our attention
우리의 주의를 환기시키다.

spectrum 스펙트럼, 분광(分光)

continuum (분할할 수 없는/분할적으로 인식할 수 없는) 연속체

50. Oscar Wilde said that work is the refuge of people who have nothing better to do. If so, Americans are now among the world's saddest refugees. Factory workers in the U.S. are working longer hours than at any time in the past half-century. America once led the rich world in cutting the average working week ... from 70 hours in 1850 to less than 40 hours by the 1950s. It seemed natural that as people grew richer they would trade extra earnings for more leisure. Since the 1970s, however, the hours clocked up by American workers have risen, to an average of 42 in 1944 in manufacturing. The puzzle is why Americans work so hard. Are workers forced by cost-cutting firms to toil harder just to keep their jobs? A recent study suggests that, given a choice, most Americans would prefer to work more, not fewer hours. Most German workers, in contrast, would rather work less.

51. The oldest tradition and basis of the entire Japanese value system was respect for and even worship of the Emperor. During the early centuries of Japanese history, the Shinto cult, in which the imperial family traced its ancestry to the Sun Goddess, became the people's sustaining faith. Although later subordinated to imported Buddhism and Confucianism, Shintoism was perpetuated in Ise and Izumo, the great shrines of the imperial family, until the Meji modernizers established it as a quasi-state religion to unify the people and restore the Emperor as the symbol of national unity and the object of loyalty for the Japanese. The inherited value of Shinto emperor

50

refuge 피난(shelter), 피난처, 은신처(sanctuary)

refugee 피난자, 망명자

cost-cutting 경비절감하는

working week 주당 노동시간

toil 애써 일하다, 힘쓰다, 수고하다

clock up 기록을 내다. 이루어내다

in contrast 대조적으로

51

cult 예배, 제사(cultus), 숭배(worship), 예찬(admiration)

ancestry 조상, 선조, 계통, 혈통(descent, lineage), 가계, 가문

subordinate 하위에 두다, 경시하다, 종속시키다

Confucianism 유교

Shintoism 신도(神道)

perpetuate 영속시키다(make perpetual), 불후(不朽)하게 하다, 불멸하게 하다 **shrine** 성(聖)유물상자(reliquary), 성당묘(聖堂廟), 사당, 제단

until and at last

Meiji modernizer 메이지 유신자(維新者)

quasi 겉보기만으로, (좀) 유사한, 준하는

loyalty 충절, 충실, 충성

a position of eminence 높은 지위, 고위직(高位職)

hierarch 계층적인, 계급조직의

reinforce 강화하다, 보강하다

official 공적인, 공식의(authorized)

prescribe 규정하다(ordain), 명령하다, 처방하다

ethical 윤리의, 올바른, 도덕적인(moral)

vertical 수직의, 세로의

obedience 복종, 순종

benevolence 자비, 친절(kindness), 자선심(charitableness)

necessitate 필요하게 하다, 강요하다, 필연적으로 수반하다

worship was in this way revived and elevated to a position of eminence. Another enduring tradition was the hierarchical system of social relations based on feudalism and reinforced by Neo-Confucianism, which had been the official ideology of the pre-modern period. Confucianism prescribed a pattern of ethical conduct between groups of people within a fixed hierarchy. Four of the five Confucian relationships—those between ruler and subject, husband and wife, father and son, and elder brother and younger brother—were vertical, since they required loyalty and obedience from the inferior toward the superior, and benevolence and protection from the superior to the inferior. Only the fifth relationship, that between friend and friend, was horizontal, necessitating reciprocal duties. The emphasis on all five was on duty rather than rights.

52. Industrial growth has long been considered desirable, because of its contribution to health and happiness, for the creation of wealth, or simply for its own sake. Until recent times, progress was indeed identified with such quantitative growth. In contrast, modern societies have begun to question the desirability of certain innovations that are technologically feasible and economically profitable, but that have undesirable social aspects. The shelving of the American supersonic transport is a case in point, and so is the delay in the development of various nuclear technologies for the production of energy — such as the breeder reactor. The evaluation of potential long-range dangers for human beings and for the

52

health (사회, 문화 등의) 건전, 활력

simply 단지(merely), 오직(only), 전적으로(completely)

identify A with B=make A identical with B: A와 B를 동일시하다

quantitative 양(quantity)의, 양적인

feasible 실행할 수 있는, 실현 가능한(practicable)

innovation 개혁, 혁신, 새 고안, 신제도, 새로운 사물(novelty)

shelve (문제, 안건 등을)보류하다, 뒤로 미루다(pigeonhole)

in point 관계가 있는, 적절한(pertinent)

the breeder reactor (원자)증식로(增殖爐)

pesticide 살충제(insecticide)

exemplify 예시하다, 예증하다

fluorocarbon 불화탄소(에어로솔, 윤활유 등에 사용)

striking 이목을 끄는, 눈에 띄는, 두드러진(remarkable)

the ozone layer 오존층

magnitude 크기(size), 중요성(importance)

environment is becoming one of the crucial factors in the formulation of technological policies. The partial banning of pesticides exemplifies a situation in which a technology that had first been accepted with enthusiasm was brought under strict control once its dangers had been recognized. Even more striking is the case of the fluorocarbons used in spray containers. There are some indications that these substances may be directly harmful to human beings, and also indirectly harmful through possible effects on the ozone layer of the atmosphere. Although the information concerning the magnitude of these effects is still uncertain, and although there is as yet no legislation controlling the use of fluorocarbons, the sale of spray cans has greatly decreased, and several industrial firms are putting other kinds of spray pumps on the market.

53. Researchers duplicate a human embryo, provoking cries that technology has gone too far. The news that human embryos had been cloned flew around the world with the speed of sound bits bouncing off satellites. That afternoon the switch-board at George Washington logged 250 calls from the press. By the next day more calls and faxes were flooding in from as far as Spain, South Africa and Australia. The Vatican's L'Osservatore Romano warned in a front-page editorial that such procedures could lead humanity down "a tunnel of madness." It was the start of the fiercest scientific debate about medical ethics since the birth of the first test-tube baby 15 years ago. A line had been

53

duplicate 복제(複製)하다, 복사하다

embryo 배, 배아(胚芽), 태아(胎兒)

bit 비트(정보의 기본단위, 전신의 통신 속도를 나타내는 단위, 2진법에서 0 또는 1)

provoke (감정, 여론 등을) 불러일으키다

cry 여론, 아우성

switch-board (전신, 전화) 교환기

log (여정, 속도 등을) 기록하다

call up 생각해내다(recall), 상기시키다

clone 클론, 분지계(分枝系), 무성(無性)생식하다, 복제하다

bounce off 튀어나오다

cannibalize 조립하다

bioethical 생명 윤리학의

decry 비난하다((censure), 깎아내리다(run down), 분개하다

fertility 수정(受精)능력, 생식력

outrage 분개하게 하다

take to ~ ~로 향하다, 가다

poll 여론조사

substantial 실질상의, 대체적으로는(in the main), 사실상의(virtual), 실질적인

crossed. Ethicists called up nightmare visions of baby farming, of clones cannibalized for spare parts. Policymakers pointed to the vacuum in U.S. bioethical leadership. Critics decried the commercialization of fertility technology, and outraged protesters took the streets, calling for an immediate ban on human-embryo cloning. Indeed, the results of a TIME/CNN poll taken last week suggest that Americans find the idea of human cloning deeply troubling: 3 out of 4 disapprove. A substantial 40% would put a temporary halt on research, and 46% would favor a law making it a crime to clone a human being.

54. Science gives us power which can be used either constructively or destructively. It provides us with means which may facilitate our pursuit of bad ends as well as good. Science itself is not only morally neutral, that is, indifferent to the value of the ends for which the means are used; it is also totally unable to give any moral direction. Science, therefore, must be supplemented by philosophy if the means that science gives are to be used for worth-while ends. Many people today think that philosophy is useless as compared with science, because it cannot be applied in the production of things. But philosophical knowledge is useful in a quite different way.

54

provide A with B
A에게 B를 제공하다

means 수단, 방법, 기관

facilitate
용이하게[쉽게] 하다, 가볍게 하다, 돕다(help), 촉진하다(promote), 조장하다

pursuit 추적, 추격(pursuing), 추구(quest), 수행, 종사, 직업, 일(occupation), 학업, 연구

neutral 중립적인, 공평한, 불편부당의(impartial)

that is (to say) 즉, 다시 말해서

supplement 보충(하다), 증보(하다)

worthwhile
애쓸 보람이 있는, 가치 있는, 훌륭한

55. Some political philosophers have observed that conquest cannot serve as the stable base for the possession and exercise of political power. Rousseau said it: "The strongest man is never strong enough to be always master unless he transforms his power into right and obedience into duty." Conquest is achieved by force and violence, by armies wielding weapons, by invasion and occupation, but the transformation of might into right is achieved by persuasion, by persuasion of claim to legitimate rule. In Afghanistan, we see that rulers may achieve power by force, but that simple possession of power does not obligate submission—it may even obligate resistance. The Afghan people—invaded, overrun, murdered, occupied—resist. Their resistance is a modern legend. Slated for incorporation, absorption, secularization, the Afghan people refuse to acquiesce in the destruction of their society, culture, themselves as a nation.

55

political philosopher 정치철학자
observe 진술하다(remark)
stable base 안정된 토대[기초]
transform A into B A를 B로 변형시키다
obedience 복종, 순종, 준수
wield 휘두르다, 발휘하다
persuasion 설득(력), 설득을 잘함, 확신, 신념(conviction)
legitimate 적법한, 합법적인(lawful), 합리적인(reasonable)
by force 완력다짐으로, 억지로, 강제적으로, 무력(武力)으로
obligate 의무를 지우다, 강제하다
submission 항복, 복종, 굴복, 순종(obedience)
overrun 침략하다, 유린하다, 망치다, 범람하다, 넘치다(overflow)
incorporation 합체, 합동, 합병, 법인단체, (유한책임) 회사
absorption 흡수, 병합
secularization 세속화, 환속(還俗), 종교로부터 분리하기
slated for~ ~으로 예정되다
acquiesce in~ ~에 동조하다, 묵인하다, 묵종(默從)하다

56. It is the misery attached to our species which places one man in subjection to another; inequality is not the real grievance, but dependence. It is of little consequence for one man to be called his highness and another his holiness, but it is hard for me to be the servant of another. A family has cultivated a good soil, two small neighboring families to live on lands unproductive and barren. It will therefore be necessary for the poor families to serve the rich one, or to destroy it. This is easily accomplished. One of the two indigent families goes and offers its services to the rich one in exchange for bread, the other

makes an attack on it and is conquered. The serving family is the origin of domestics and laborers, the one conquered the origin of slaves. It's impossible in our melancholy world to prevent men living in society from being divided into two classes, one of the rich who command, the other of the poor who obey, and these two are subdivided into various others, which have also their respective shades of difference.

57. The U.S. Treasury Department finally announced that long overdue changes were planned for U.S. currency. The portrait of Franklin on the $100 Bill will be increased by half in size and shifted three quarters of an inch to the left. Fourteen other alterations in engraving and covert security features will also be introduced. The new design will eliminate the ease with which the notes can be copied, but Congressional experts are not impressed. They point out that the bills will not be issued until 1996, providing the Iranians a year to produce as many fakes as they wish. Additionally, there is no requirement that existing currency be replaced. Other steps that might be taken include laws that would impose tough sanctions on any country found to be counterfeiting and that would allow for the prosecution of anyone forging U.S. currency outside the country. Furthermore, the Clinton Administration should warn Teheran that it will consider military action against the printing and storage facilities for the superbills, if the flow of counterfeits continues. The international financial community and countries around the world whose economies are dependant on the integrity of the dollar await Washington's actions.

56

misery 불행, 고난, 비극, 고통

be attached to~
~에 수반되다, 부착되다.

in subject to~ ~에 복종하여

grievance 불만(의 씨), 불평(의 씨)

consequence (결과 등의) 중요성, 중대성(importance), (사람의) 사회적 중요성(influence)

barren
불모의, 쓸모가 없는(unprofitable), 열매를 맺지 못하는(sterile)

indigent 궁핍한, 가난한(needy)

domestic
가복(家僕)(식모, 청지기, 하인, 종 등의 법률용어, 고상한 표현=servant)

melancholy 우울(한), 울적함[한](gloomy, dejected, depressed, depression, dejection)

shade 극소, 미량(微量)(slight degree), 조금, 약간

57

the Treasury Department 미국 재무성 **overdue** 기한이 지난, (어음이) 미불의, 지연된, 늦은, 연착한

currency
통화(current money), 통용, 유통

shift 위치[주소, 방향]를 바꾸다, 바뀌다

alteration 변경, 바꿈, 개조, 개변

engraving 조판, (판형)도안

covert 감추어진, 숨은(hidden)

eliminate 제거하다(remove), 배제하다(exclude), 삭제하다

fake:모조품, 가짜 (물건) **impose** (부)과하다, 강요하다, 억지로 떠맡기다

sanction 제재(制裁), 벌칙, 처벌

counterfeit
모조품, 위작(僞作)(forgery)

prosecution 기소, 소추(訴追), 고소

forge 모조하다, 위조하다(counterfeit)

storage 보관, 저장소 **facilities** 편의시설, 설비 **the superbills** 위조달러화 **integrity** 완전, 무결(無缺), 하자(瑕疵)없음

58. Business education in the United States is divided into two major segments: secondary and collegiate. The primary objectives of the secondary school are twofold: (1) To train students who plan to enter a variety of business and occupational fields; and, (2) To give students competence in the use of business services as citizens and individuals. Before World War Ⅱ, business education used to offer typing, bookkeeping, and shorthand as three major subjects. Young women were found to be adept in secretarial work, and young men were needed in the field of accountancy. After World War Ⅱ, and 1950s, electronic data processing has become an integral part of the routine of many office work, and the field of technology and services. For this, both local and federal governments became aware of the need for improved patterns of curriculum and program for business education. With the passage of the Vocational Education Act in 1963, the specific federal and local aid was provided including new equipment, teacher re-education, cooperative work-experience programs of all types. As a result, business education offers a variety of improved curricula and specific programs such as computer operation; technical trade; medical & health services; hotel, restaurant & tourism; construction; auto mechanic; business institute; business & industrial technology; cooperative work-experience which are all geared to meet today's needs.

58

segment 부분(portion), 구획, 분야, 마디(section, division)
secondary education 중등교육 (초등학교와 대학의 중간단계의 교육)
collegiate 대학의
primary objective 일차적인 목적
twofold 두 겹의, 이중적인
occupational fields 취업[직업]분야(分野)
competence 재능, 능력, 역량 (ability), 적성(fitness)
bookkeeping 장부(帳簿)
shorthand 속기(速記)
adept 숙련된(highly skillful)
secretarial work 비서업무
accountancy 회계업무(accounting)
electronic data processing 전자정보처리
integral (전체를 이루는데) 꼭 필요한
curriculum 교육과정
be geared to~ ~에 맞게 조정되다 (be fixed in relation to~)

59. To restore and maintain a healthy world economy as a global unit, many economists, political leaders, bankers, and traders advocated to form an international organization "to promote international monetary cooperation by maintaining fixed exchange rates among the currencies of different nations." A British economist and monetary expert, John Maynard Keynes(1884~1946), and Harry Dexter White, Assistant Secretary of the U.S. Department of Treasury were the leading figures for the organization of the IMF, which was established on July 1, 1944 at Bretton Woods, New Hampshire with the delegates of 44 nations. The IMF was initially established to foster the fixed rate system, but when this failed, the IMF began to expand its role in helping the problem economies of the member countries. It is a lending institution for those member countries which have temporary payment problems. For example, when a member country spends more money than it takes in, or when the country's credit is used up, it faces a loss of buying power. The country can then turn to the IMF for financial support to stabilize its currency and strengthen its trading. Loans granted to only member countries must be paid back to the IMF in between 3 to 5 years (in certain cases, repayment can be extended to 10 years). Two frequently used loan mechanisms are (1) stand-by arrangements, and (2) extended arrangements. Stand-by arrangements are loans which must be repaid in 1 to 2 years, whereas the extended arrangements require repayment within 3 to 4 years.

59

advocate 옹호하다, 주장하다(plead for, support)

monetary cooperation 통화(通貨)협력

fixed exchange rate 고정 환율

Assistant Secretary of the U.S. Department of Treasury 미국 재무성 차관보

the leading figures 지도적인 인물들

foster 육성하다, 발전시키다. 조장하다, 촉진하다(promote)

delegate 대표자, 대의원(deputy)

initially 최초에, 모두(冒頭)에, 맨 처음에, 애초에

lending 빌려주기, 대여, 대부

take in ~을 받아들이다(accept)

use up 다 써버리다

pay back 돌려주다(repay)

mechanism 구조, 기구(機構)

stand-by arrangements 대기성 차관

extended arrangements 확장성 차관

60. I do not believe in Belief. But this is an age of faith, and there are so many militant creeds that, in self-defence, one has to formulate a creed of one's own. Tolerance, good temper and sympathy are no longer enough in a world which is rent by religious racial persecution, in a world where ignorance rules, and science, who ought to have ruled, plays the subservient pimp. Tolerance, good temper and sympathy—they are what matter really, and if the human race is not to collapse they must come to the front before long. But for the moment they are not enough, their action is no stronger than a flower, battered beneath a military jack-boot. They want stiffening, even if the process coarsens them. Faith, to my mind, is a stiffening process, a sort of mental starch, which ought to be applied as sparingly as possible. I dislike the stuff. I do not believe in it, for its own sake, at all. Herein I probably differ from most people, who believe in Belief, and are only sorry they cannot swallow even more than they do. My law-givers are Erasmus and Montaigne, not Mosses and St. Paul. My temple stands not upon Mount Moriah but in that Elysian Field where even the immoral are admitted. My motto is: 'Lord, I disbelieve—help thou my unbelief.'

60

creed 신조, 신념(belief)

self-defense 자기방위(自己防衛), 자기방어(自己防禦), (법률)정당방위(권)

formulate (이론을) 명확히 [계통적으로]조직화 하다

tolerance 관용, 관대, 묵인(하는 태도)

be rent by[with] - ~로 갈기갈기 찢어지다

the subservient pimp 비굴한 뚜쟁이

matter 중요하다(are important)

for the moment 당장, 우선

stiffening 굳어지게 하는 것, 강하게 하는 것

coarsen 거칠게 하다, (언동) 조잡하게 하다

sparingly 모자라게, 불충분하게

a sort of mental starch 일종의 정신적 풀(糊)

the stuff 그런 것, 즉

mental starch belief

law-giver 입법자, 법률제정자 (lawmaker, legislator)

61. The impulse to embody observation in durable phrase, in the happy rhythm and run of memorable words—this impulse, which has produced so large a store of proverbs in every language, is evidently a strong impulse in human nature: the aphorism is its flowering after it has been transplanted into the soil of cultivated minds. An aphorism has been defined as a proverb coined in a private mint, and the definition is a happy one; for the aphorism, like the proverb, is the result of observation, and however private and superior the mint, the coins it strikes must, to find acceptance, be made of current metal. In other words, the aphorist must draw for the most part on common experience; a main part of his task is to say in a more striking form what, in Pope's familiar words, Oft was thought but ne'er so well expressed. (TCT 22회 1급 공통)

61
impulse 충동
embody (사상, 감정 등을) 구체화하다, 구현하다(incarnate)
durable phrase 영속성 있는 문구[어구, 글귀, 성구, 관용구]
the happy rhythm and run 적절한 리듬과 어투
a private mint 사설(私設) 화폐주조소(鑄造所)
strike 주조하다, (거푸집으로) 찍어내다, 두들겨 만들다 (make coin by stamping)
draw on 이용하다, 의지하다 (make demands on)
aphorism 경구(警句), 격언, 금언(maxim), 속담
aphorist 경구(警句)를 말하는 사람
oft (시어(詩語)) 자주(often)

62. Life for most of us is not a heroic matter; it is an everyday business made up of eating and sleeping, of meeting and saying good-bye to friends, of reunions and farewell parties, of tears and laughter, of watering a potted flower and watching one's neighbor fall off his roof. The Chinese recognize this, and as a result, have developed a light, an almost gay philosophy of living. Culture is essentially a product of leisure. From the Chinese point of view, the man who is wisely idle is the most cultured man. For there seems to be a contradiction between being busy and being wise. Those who are wise won't be too busy, and those who are too busy can't be wise. Besides the noble art of getting things done, there is the noble art of leaving

62
view of life 인생관
reunion 재 상봉, 재회, 재결합
farewell party 송별회
a potted flower 화분의 꽃
cultured 교양 있는
contradiction 모순, 부정(否定)
elimination 제거(除去), 배제(排除)
nonessentials 비본질적인 요소
on the whole 대체로
promptly 즉각, 신속히(promptly)
drawer(s) 서랍

things undone. The wisdom of life consists in the elimination of nonessentials. On the whole, if one answers letters promptly, the result is about as bad or as good as if one had never answered them at all. If you keep most letters in your drawer for three months and then read them you realize what a waste of time it would have been to reply. (TCT 23회 2급 인문과학)

63. Under the Auburn system, prisoner stayed in solitary confinement at night and worked together during the day. It emphasized silence. Prisoners could not speak to, or even look at, one another. Prison officials hoped that this silence and isolation would cause inmates to think about their crimes and reform. They believed that the prisoners' spirit must be broken before reform could take place. However, the system failed partly because the rigid rules and isolation drove inmates insane. The Elmira (N.Y.) Reformatory opened as a model prison for offenders between the ages of 16 and 30. The Elmira System made use of indeterminate sentences and allowed prisoners to earn parole for good behavior. It also offered physical and military training and an educational program. The reformatory's emphasis on rehabilitation through education through education became its major contribution. But the institution did not fully achieve its high expectations, largely because it judged inmates on their prison behavior instead of on their actual fitness for release. Studies showed that most reformatory inmates committed new crimes after their release. (TCT 21회 2급 사회과학)

63
solitary confinement (죄수의) 독방 감금
inmate 수형자(受刑者), 수감자
reform 감화, 개심(改心)
reformatory 감화원, 소년원
offender 범법자, 위반자
indeterminate sentence 부정기형(不定期刑)
parole 가석방, 가출옥
rehabilitation 사회복귀, 명예회복
institution 제도(system)
commit 범하다, 행하다

64. Anxiety prevails when a person is at odds with himself or herself. It results in a persistent, distressful psychological state arising from inner conflict. The distress may take many forms, including fear, anger, restlessness, irritability, and depression. The inner conflict springs from incompatible impulses, desires, or values. Thus there is a clash. Such a conflict is exemplified by the individual who is eager to be popular but has strong scruples against doing what is necessary to become popular. Neither impulse results in positive feelings. This conflict creates anxiety. The anxiety exists as a conscious state when the anxious person is aware of both the nature of the inner conflict and the ways in which the conflict affects feelings and behaviors. But there are times when the person is not aware. The anxious person does not recognize what the trouble is, does not realize why he or she feels certain way, or is unaware of its influence on behavior.

64
anxiety 불안, 걱정염려, 근심 (uneasiness, concern)
prevail 만연하다, 유행하다
be at odds with~
~와 싸우다, ~와 사이가 좋지 않다
result in~
~로 끝나다, 에 귀착[귀결]하다
persistent 완고한, 끊임없는
distressful 고통스러운, 고민이 많은
distress 고통, 고민
restlessness
침착하지 못함, 들뜸, 안절부절
irritability 성마름, 민감, 성미가 급함
depression 의기소침
incompatible 서로 맞지 않는, 양립할 수 없는, 조화되지 않는
scruple 망설임, 주저 (hesitancy)
clash 충돌
unaware of~
~을 의식하지 못하는, 알지 못하는

65. Since from August 1914 to November 1918 Great Britain and her Allies were fighting for civilization it cannot, I suppose, be impertinent to enquire what precisely civilization may be. 'Liberty' and 'Justice' have always been reckoned expensive words, but that 'Civilization' could cost as much as I forget how many millions a day came as a surprise to many thoughtful tax-payers. The story of this word's rise to the highest place amongst British war aims is so curious that, even were it less relevant, I should be tempted to tell it; and in fact only by telling can I explain how this essay took final shape. You are fighting

for civilization, cried the wisest and best of those leaders who led us into war, and the very soldiers took up the cry, 'Join up, for civilization's sake.' Startled by this sudden enthusiasm for an abstraction in which till then politicians and recruiting-sergeants had manifested little or no interest, I, in my turn, began to cry: 'And what is civilization? I did not cry aloud, be sure: at that time, for crying things of that sort aloud, one was sent to prison. But now that it is no longer criminal, nor unpatriotic even, to ask questions, I intend to enquire what this thing is for which we fought and for which we pay. I propose to investigate the nature of our leading war-aim. Whether my search will end in discovery and—if it does—whether what is discovered will bear any likeness to the Treaty of Versailles remains to be seen. (TCT 1급 25회 공통)

65

reckon (구어) 생각하다, 상상하다 (think, suppose)

impertinent 적절하지 않은 (inappropriate), 관계없는(irrelevant), 무의미한(pointless)

even were it less relevant even if it were less relevant

took up the cry 그 외침에 응해서 외치다

Join up join the army

an abstraction an abstract word

recruiting-sergeant 징병담당 하사관

my search will end in discovery 검토의 결과 어떤 발견을 하다

if it does if my search ends in discovery

bear any likeness to~ ~와 조금이라도 닮다

remains to be seen → 해보지 않으면[아직] 알 수 없다, 결국 나중에 되어 봐야 알 수 있다, 이제부터 밝혀야한다

66. Nothing has upset the public more or done more to alter the currents of economic theory than the economists inability to predict or control inflation. Few people outside the profession know that inflation does not matter in the standard model of economic behavior. Only relative prices—the price of one kind of goods in terms of another—matter. Accordingly, because a general increase in the price level does not affect relative prices in the equilibrium price-auction model, there is no theoretical reason for eschewing inflation. Yet the same price-auction economists are often the foremost proponents of the position that society should undertake drastic action to stop inflation. Since the concern of economists cannot be derived from the

66

alter 고치다, 변화시키다, 개조하다 (change, modify)

the profession economist

matter 중요하다, 크게 관계가 있다

in terms of~ ~(을 기준)으로 환산하여, ~의 견지에서

eschew (나쁜 것, 해로운 것 따위를) 피하다(shun, avoid), 포기하다

discrepancy 불일치, 차이(difference), 모순

foremost proponent 선도 주창자

derive from~ ~에서 나오다, 파생하다, 유래하다

win out 승리하다

economic theory in which they profess to believe, the concern reveals the profession's behavior when confronted with a discrepancy between economic theory and popular beliefs. In this case, as in most others—such as the importance of balanced budgets—popular beliefs win out.

67. Learning another language is important, because it enables us to communicate with people in a different country and to learn more about that culture. But the real importance of learning another language goes even deeper. It makes us realize the relativity of our values, be they cultural or linguistic. In this way, we come to understand that our way of looking at reality is not the only way, that our values may not be the only ones. Learning a foreign language is a double experience: as we learn about the new language, this new knowledge makes us discover more about our own language. Speaking only one language can be compared to living in a room with no windows and no doors. It is safe, but it is dark and closed. A foreign language brings new light into the room. With an elementary knowledge, we can look out the windows and see a new, different world. With a through knowledge, we can walk out the door and explore this new, different world. The discoveries we make add richness and depth to our lives. As we explore this new world, we begin to understand the magnitude of language, the greatest of man's creations. (TCT 23회 2급 공통)

67
relativity 상대성
linguistic 언어의, 언어학의
through 완전한
explore 탐험하다
add A to B
B에 A를 첨가하다, 덧붙이다
magnitude 중요함
be they cultural or linguistic
whether they are cultural or linguistic

68. The story promises us a resolution, and we wait in suspense to learn how things will come out. We are in suspense, not only about what will happen, but even more about what the event will mean. We are in suspense about the story in fiction because we are in suspense about another story far closer and more important to us—the story of our own life as we live it. We do not know how that story of our own life is going to come out. We do not know what it will mean. So, in that deepest suspense of life, which will be shadowed in the suspense we feel about the story in fiction, we turn to fiction for some slight hint about the story in the life we live. The relation of our life to the fictional life is what, in a fundamental sense, takes us to fiction. Even when we read, as we say, to "escape," we seek to escape not from life but to life, to a life more satisfying than our own drab version. Fiction gives us an image of life—sometimes of a life we actually have and like to dwell on, but often and poignantly of one we have had but do not have now, or one we have never had and can never have. (TCT 16회 2급 인문과학)

68

resolution 해결, 해답, 결말

in suspense 마음 졸이는

come out (어떤 결과로) 끝나다

shadow
덮다, 그늘지게 하다, 가리다, 드리우다

turn to~ ~에 호소하다, ~에 의지하다

as we[they] are
이른바, 이를테면, 소위(所謂)

drab version 단조로운 생활을 말함

dwell on[in, at] 살다, 거주하다

poignantly 통절한(비애 따위), 쓰라린(bitter), 뼈에 사무치는, 마음에 강력히 호소하는(touching)

69. That would be the case if our schools and colleges were at their best, which they certainly are not, and even if the students were among the best and the brightest as well as conscientious in the application of their powers. The reason is simply that youth itself—immaturity—is an insuperable obstacle to becoming educated. Schooling is for the young. Education comes later, usually much later. The very best thing for our schools to do is to prepare the young for continued learning in

later life by giving them the skills of learning and the love of it. Our schools and colleges are not doing that now, but that is what they should be doing. To speak of an educated young person or of a wise young person, rich in the understanding of basic ideas and issues, is as much a contradiction in terms as to speak of a round square. The young can be prepared for education in the years to come, but only mature men and women can become educated, beginning the process in their 40's and 50's and reaching some modicum of genuine insight, sound judgment and practical wisdom after they have turned 60. This is what no high school or college graduate knows or can understand. As a matter of fact, most of their teachers do not seem to know it. In their obsession with covering ground and in the way in which they test or examine their students, they certainly do not act as if they understood that they were only preparing their students for education in later life rather than trying to complete it within the precincts of their institutions. There is, of course, some truth in the ancient insight that awareness of ignorance is the beginning of wisdom. But, remember, it is just the beginning. From there on one has to do something about it. And to do it intelligently one must know something of its causes and cures—why adults need education and what, if anything, they can do about it. When young adults realize how little they learned in school, they usually assume there was something wrong with the school they attended or with the way they spent their time there. But the fact is that the best possible graduate of the best possible school needs to continue learning every bit as much as the worst. (TCT 18회 2급 사회과학)

69

conscientious 성실한(honest), 신중한(scrupulous), 양심적인

insuperable 극복하기 어려운, 이겨내기 어려운(insurmountable)

rich in~ ~이 풍부한

a contradiction in terms 용어상의 모순

some modicum of~ 어느 정도의 ~

turn 60 나이가 60이 되다

in their obsession with covering ground 될 수 있으면 많은 것을 가르쳐야 한다는 집착 때문에

precincts (건물의)구내(enclosure), (학교의)구역[범위] 내

if anything if they can do anything about it at all

the worst 가장 열등한 졸업생

70. Criticism of the press is as old as the press itself. A free press that does its job is bound to irritate segments of society. The peril we face is that some of these critics attempt to translate their irritation into action that would limit our rights. We see this threat in ever-increasing libel judgments around the country and in continuing efforts to restrict press access to judicial proceedings and to government information. We have earned come of this response through occasional lapses in editorial judgment, and our occasional failure to meet reasonable standards of accuracy and commitments. Not long ago the Los Angeles Times conducted a national poll on the public's perception of the press. Nearly 40 percent of the respondents said they think that the mass communications industry misuses its great power by acting irresponsibly. Nearly 20 percent said that abuses by the media should be dealt with more sternly by government regulators. Only one in four thought the media to be essentially ethical; one in three said we are fair in our handling of the news. Such perceptions suggest that a considerable segment of the public sees the press as an artful dodger—darting out from the sanctuary of shield laws and the First Amendment, using our powers over public opinion to do mischief, and then darting back to shelter to escape retaliation. Such a characterization is unfair and inaccurate, and it misrepresents the reasons for the Constitution's protection. But it is not entirely unexpected: the argument that people resent the bearer of bad news has considerable merit, and the news is by no means always good. The press is the institution we love to hate, and its role as public watchdog and advocate is not likely to make it consistently popular. (TCT 18회 2급 인문과학)

70

be bound to~ (~하는 것은)확실하다, 분명히 ~하다, ~하기 마련이다

libel
명예 훼손(죄), 중상(中傷)(slander)

lapse (사소한)잘못, 실책, 실패(slip, failure)

lapse in editorial judgment
사설(社說)의 방향을 판단하는 데 있어서의 사소한 실수

ethical 도덕상의, 윤리의

reasonable standards 합당한 기준

ethical commitments 윤리 공약

perception 인지, 알아챔, 이해, 인식

irresponsibly 무책임하게, 책임을 지지 않고

respondent 응답자

abuse 남용, 악용

regulator 조정자(調停者)

segment 부분(portion)

artful 빈틈없는, 기교를 부리는, 교활한(cunning, crafty); artful dodge: 교묘한 속임수

sanctuary 성역(聖域), 성소

retaliation 보복, 앙갚음

bearer
(편지, 전갈, 소문을)전하는 사람

by no means 결코 ~않다[아니다]

watchdog 감시자, 파수꾼

71. Q: I think you look upon death is with great serenity. Has the idea of the survival of the soul, of a spiritual principle in us, a survival such as the Christians think of, for example—has that ever crossed your mind?

A: I think it has, but rather as an almost nature fact. I had difficulty, because of the very structure of consciousness, in imagining a time when I should no longer exist. For example, if I imagine my funeral, it is I who am imagining my funeral: I am therefore hidden at the corner of street, watching it pass. But in fact, as an atheist I've always thought there was nothing after death, except for the immortality that I saw as a quasi-survival.

Q: When you grew older, did your atheism change? Was it ever shaken? Did it become stronger?

A: You might say it became stronger. Above all, I think it changed from an idealist to a materialist atheism, and that was chiefly during my conversations with Nizan. Idealist atheism is difficult to explain. But when I said "God doesn't exist" it was as though I had got rid of an idea that was in the world and in its place I had set a spiritual void, a certain abortive idea, in the framework of my ideas as a whole. And the result was that this had little direct connection with the streets, the trees, the benches people sat on. It was a great synthetic idea that vanished without directly affecting the world at all. And gradually my conversations with Nizan and my own reflections led me to something else, to a different concept of the world, which was not something that was to vanish, putting me in touch with a Paradise where I should behold God, but which was the sole reality. The absence of God was to be read

71

serenity (마음, 생활의) 안정, 평온 (tranquility)

cross one's mind 생각이 떠오르다, 마음속을 스쳐지나가다

atheist 무신론자

subservience 순종, 추종, 비굴(servility)

immorality 불후의 명성

atheism 무신론

be shaken 동요되다

idealist (철학) 관렴(론)자(의), 유심론자(의)

materialist 유물론자, 실리주의자

in its place 그 대신에

void 공허감, 허전함

synthetic 종합의, 종합적인

put me in touch with A 내가 A와 알게 하다, A와 접하게 하다

absolute 절대자

consciousness 의식, 지각

everywhere. Things were alone, and above all man was alone. Was alone like an absolute.

Q: Somewhere you said that atheism was a long-term task and that you had carried it through to the end, though not without some labor. Just what did you mean by that?

A: Just that moving on from idealist atheism to materialist atheism was difficult... Materialistic atheism is the world seen without God, and obviously it's very long-term affair, passing from that absence of an idea to this new conception of the being—of the being that is left among things and is not set apart from them by a divine consciousness that contemplates them and causes them to exist.

Q: You mean that even if one does not believe in God there is a way of viewing the world...

A: Even if one does not believe in God, there are elements of the idea of God that remain in us and that cause us to see the world with some divine aspects. (TCT 20회 1급 인문과학)

72. In order to understand Communism there is no need to ascribe particular significance to its "national modifications"; the focus should rather be on the ideology itself and its 135-year-old history. All present-day Communists are descended from the 1848 Communist Manifesto of Marx and Engels, and even those among them who today cloak themselves in democratic European attire remain, in their most fundamental aspirations, firmly committed to the Marxist principle that violence is the primary means of attaining and retaining power. This has been a feature of Marxism since its inception. The correspondence between Marx and Engels (but only in the Russian-language edition of their collected works) presents details that reveal them to have been conspirators and unprincipled swindlers from the start. (TCT 20회 2급 사회과학)

73. Almost from the beginning, as the English settled along the Atlantic coast of America, there were important differences between the Southern and the New England colonies. In the South, enormous farms or "plantations" used the labor of black slaves to grow tobacco. The rich and powerful plantation owners were slow to develop literature of their own. They preferred books imported from England. But in New England, the Puritan settlers had come to the New World in order to form a society based on strict Christian beliefs. Like the puritans in England, who were fighting against the England king (in a war that lasted from 1642 to 1652), they believed that society should be based on the laws of God. Therefore they had a far stronger

72

ascribe significance to~
~에 중요성을 부여하다, 중시하다

national modification
국가적 여러 변형(變形) 형태

be descended from~
~의 자손이다, ~의 자손이다

Communist Manifesto
공산당 선언

cloak 외투를 입다, 위장하다, 감추다 (conceal, hide)

attire 복장, 의상(clothes)

aspiration
갈망, 열망(ardent desire), 야심

firmly committed to~
~을 고수(固守)하다

feature 특징, 특색(characteristic)

inception 시초, 처음, 발단 (beginning, start)

conspirator 공모자, 음모자(plotter)

works 작품, 저작

unprincipled swindlers
파렴치한[무지막지한] 사기꾼들

73

plantation 대농장, 조림지, 플랜테이션

slow 게으른(sluggish), 소극적인

Puritan 청교도, 퓨리턴

the New World 아메리카 신대륙

minister 목사(clergyman, pastor)

printing press 인쇄기, 인쇄소

sense of unity and of a "shared purpose." This was one of the reasons why culture and literature developed much faster than in the South. Harvard, the first college in the colonies, was founded near Boston in 1636 in order to train new Puritan ministers. The first printing press in America was started there in 1638, and America's first newspaper began in Boston in 1704. (TCT 24회 2급 인문과학)

74. Anyone who says they haven't at some stage of their life secretly rejected the prospect of old age and death is a liar. We take health for granted until illness intervenes. I've never had any doubt that I was immortal—until a few years ago. The pain was minor, an annoying little ache, but it was there just the same, the last thing I was conscious of before going to sleep and the first thing I felt on waking. A year before I would have laughed at the idea of being a reluctant patient, having seen too many in my time, people who delay having a check-up until dangerously late. In my case, knowing the symptoms from the inside out, as it were, what better person than myself to appreciate that I needed skilled attention? But I found a hundred reasons for not making an appointment. Suddenly my calendar filled up with urgent meetings, trips, lunches, dinners and lectures—all of them engagements too important to break. I will make an appointment soon, I thought, but not just now. I don't have the time. It was a direct contradiction of my belief that nothing is more important than personal health.
(TCT 18회 2급 공통)

74

secretly
내밀히(in secret), 몰래(covertly)

prospect (장래에 대한) 전망, 전도(outlook), 예상(anticipation)

take A for granted
A를 당연한 일로 생각하다

intervene 개입하다, 끼어들다

annoying
귀찮은, 성가신, 짜증이 나는(vexation)

reluctant 마음이 내키지 않는, 꺼리는

in one's time 한창 때, 젊은 시절에

symptom 증세, 징후

from the inside out
철저히, 속속들이

appreciate (올바르게) 판단하다

engagement
약속, 예약(promise, pledge)

contradiction 모순

Anyone who says … → If there is anyone who says …

A year before I would have laughed at … A Year before(부사구)에 if 절이 들어 있는 가정법 과거완료 구문

75. The science enables us to exercise a certain degree of mastery or control over the physical and social phenomena of the world in which we live. It enables us to produce things. Applied by the engineer or the physician, it helps him to build bridges or to restore health. But the same knowledge can also be used, as we know, to destroy things and to maim or kill men. In other words, science gives us power which can be used either constructively or destructively. It provides us with means which may facilitate our pursuit of bad ends as well as good. Science itself is not only morally neutral, that is, indifferent to the value of the ends for which the means are used; it is also totally unable to give any moral direction. You are quite right, therefore, in suggesting that science must be supplemented by philosophy if the means that science gives us are to be used worthwhile ends. Many people today think that philosophy is useless as compared with science, because it cannot be applied in the production of things. But philosophical knowledge is useful in a quite different and, in my judgment, superior way. Its utility or application is moral or directive, not technical or productive. Where science furnishes us with means we can use, philosophy directs us to ends we should seek. (TCT 17회 2급 인문과학)

75

exercise 행사하다, 수행하다

mastery 정복, 숙달

physical 물리적인

physician 의사(doctor), 내과의사

restore (체력, 건강을) 회복하다

supplement 보충하다, 보완하다

worthwhile 가치 있는, 훌륭한

maim (손, 발을 잘라) 불구로 만들다, 쓸모없이 만들다

facilitate 용이하게 하다

(as) compared with ~ ~와 비교하여

directive 방향지시적인, 지도적인

superior 보다 뛰어난, 보다 우수한(better)

furnish A with B A에게 B를 제공하다(provide A with B)

Applied by the engineer or the physician, it helps… → As it is applied by…

76. Each generation, it is said, rewrites history in the light of its own experience. But when the historical event is defeat in war, as Japan experienced in World War Ⅱ and the United States experienced in Vietnam, the impulse to ignore or explain away or tidy up the defeat is particularly strong. In such cases, history is an embarrassment. If the defeat is marked by wide-scale atrocity on the battlefield or by initial aggression of the defeated power—as in Japan's case—the embarrassment is that much more humiliating, and the impulse to sanitize it is that much stronger. A country is apt to go through a period of amnesia, when its citizens simply do not want to think about the downbeat side of its recent past. The loss of memory can go on for years. Sometimes, after the period of amnesia, history re-emerges in a distorted fashion. Its embarrassments are not as clearly recalled as its heroics or its near-victories. A country's own suffering is better remembered than the suffering it caused. Inevitably, there are questions: what should succeeding generations be taught about the darker periods, what weight should those times be given? (TCT 19회 2급 인문과학)

76

impulse
충동, 마음의 자극, 일시적인 감정

explain away ~ ~을 교묘히 둘러대어 모면하다, 변명하다

tidy up~ ~을 말끔히[깨끗이] 하다, 정돈하다, 치우다, 죄책감 → 비행의 흔적을 없애다

embarrassment 당황, 당혹, 곤혹, 난처함, 거북함, 어색함(perplexity)

atrocity 극악, 흉악, 악행, 잔학행위(atrocious deed)

humiliating 치욕적인, 굴욕적인

sanitize (청소, 소독 등을 하여) 위생적으로 하다, (역사의 기록으로부터) 범죄의 흔적을 모두 없애다

be apt to~ ~하기 쉽다

amnesia 건망증, 기억상실

simply 전연, 아예, 전혀(really)

downbeat
우울한, 불행한, 비관적인(pessimistic)

in a distorted fashion
왜곡된 방식으로

inevitably 불가피하게, 필연적으로

77. As for me, I don't see myself as so much dust that has appeared in the world but as a being that was expected, prefigured, called forth. In short, as a being that could, it seems, come only from a creator; and this idea of a creating hand that created me refers me back to God. Naturally this is not a clear, exact idea that I set in motion every time I think of myself. It contradicts many of my other ideas: but it is there, floating vaguely. And when I think of myself I often think rather in this way, for want of being able to think otherwise. What is the benefit to me of not believing in God? It has strengthened my freedom and made it sounder: at the present time this freedom is not there to give God what he asks me for; it is there for the discovery of myself and to give me what I ask of myself. That's essential. And then my relations with others are direct: they no longer pass through the intermediary of the Omnipotent; I don't need God in order to love my neighbor. It's a direct relation between man and man; I don't have to pass by the infinite at all. (TCT 19회 2급 인문과학)

78. In the United States, judicial decisions are often made based on 'precedent,' or past decisions in similar cases. In civil law countries, judges must decide cases according to written codes established by the government. Juries are rarely used in civil law countries. In a civil suit, the court must decide which person is right. For example, if one person signs a written promise to pay money to another, the second person has a right to expect payment. If the first person fails to pay, the second person may sue the first in civil court. Other civil suits arise

77

dust 흙

prefigure 미리 모양으로 나타내다, 미리 보이다(foresee)

call forth
끌어내다, 나오도록 촉구하다

in short 요컨대, 결국

refer me back to God → cause me to think about God again

set in motion
움직이게 하다, 시동시키다

for want of~ ~이 부족하여, 없어서

intermediary 중개자, 매개자

pass through~
~을 경험하다, 겪다(experience)

78

judicial decision 사법결정, 판결

be based on~ ~에 기반을 두다

precedent
판례(past decision in similar cases)

judge 판사, 재판장

written code 성문법(成文法)

jury 배심(陪審)

civil law country 시민법 국가

civil suit 민사소송

written promise 각서

a right expect payment
지불받을 권리

sue 소송하다 **civil court** 민사법원

fault 과실, 잘못(error)

plaintiff 원고(the accuser)

in compensation for~
~에 대한 배상으로

damage 피해, 손상

defendant 피고(the accused)

criminal law 형법

public matter 공적인(공공의) 문제

injury 손상, 피해

criminal court 형사법원

convict 유죄를 입증하다, 유죄를 선고하다(declare guilty)

from accidents. Often, the people involved in an accident disagree about whose fault it was. The civil court must decide. The plaintiff (the accuser) usually asks for money in compensation for damages caused by the defendant (the accused). Criminal law, on the other hand, is a public matter. Here, the injury is thought to harm the community as a whole. People are sent to jail fairly often when convicted in criminal cases, but only rarely in civil cases. (TCT 23회 2급 사회과학)

79. Rhythm in literature is a more or less regular occurrence of certain elements of writing: a word, a phrase, an idea, a pause, a sound, or a grammatical construction. We are also accustomed to this recurrence in the alternate heavy and light beats in music. Our love for rhythm seems to be innate: witness the responses of a small child to lively music. Children love to beat on toy drums or empty boxes. They stamp their feet and chant nursery rhymes or nonsense syllables, not unlike primitive dancers. As children grow older, they are taught to restrain their responses to rhythm, but our love of rhythm remains. We live in rhythms, in fact we are governed by rhythms. Physiologically, we are rhythmical. We must eat, sleep, breathe, and play regularly to maintain good health. Emotionally we are rhythmical, too, for psychologists say that all of us feel alternate periods of relative depression and exhilaration. Intellectually we are also rhythmical, for we must have periods of relaxation following periods of concentration. It naturally follows then that rhythm, a fundamental aspect of our lives, must be a part of any good literary work → whether poetry or prose. (TCT 17회 2급 인문과학)

79
pause 단락
grammatical construction 문법구조
innate 타고난(inborn), 선천적인
be accustomed to~ ~에 익숙하다
recurrence 되풀이, 재현(再現)
in the alternate 번갈아 일어나다 (alternatively)
nursery rhyme (전래)동요, 어린이 노래
primitive 원시시대의(prehistoric), 원시적인, 유치한
nonsense syllable 엉터리(의미 없는) 음절(한마디)
chant 노래하다, 영창하다
restrain 억제하다(suppress)
physiologically 생리적으로
psychologist 심리학자
exhilaration 들뜬 기분, 명랑
relaxation 휴식, 한숨 돌리기, 느긋하게 쉬기
concentration 집중, 골몰, 전념(專念)
literary works 문학작품
prose 산문(散文)

80. Hebrews first seemed to understand intuitively that God, in order truly to be God, must be God of the whole creation, responsible for all creation and controlling the purposes of life. From a chaos of super superstitions and narrow ideas of a warlike tribal God, there emerged a monotheistic creed, inconsistent with dualism. This God of Hebrews, according to their later prophets, was the only God; he was righteous and holy. How, then, could they account for the disasters which overtook their nation, or which overtook apparently innocent people? For a long period, the more secure and conventional Hebrews saw suffering only as a punishment for sin. But throughout Hebrew literature there perpetually emerge rebellious, honest, or tender thinkers—who know that this solution to the problem is too easy, is in fact a lie, and will not abide in it. And although they bow their heads before ultimate mystery and find personal satisfaction in faith—they do not provide an 'answer' intelligible to the unbelieving. (TCT 21회 2급 인문과학)

80
intuitively 직각(直覺)적으로, 직관(直觀)적으로
the whole creation 만물, 전 세계
chaos 혼돈
tribal 종족의, 부족의
monotheistic 일신교의[적인], 일신교 신앙의, 일신론적인
creed 교리(敎理), 신조(信條), 신념, 강령(綱領), 교의(敎義)
inconsistent with~ ~와 모순 되는, 일치되지 않는
dualism (물심)이원론(二元論), (선악)이원설, 이신교(二神敎)
righteous 옳은, 정직한
account for~ ~를 설명[해명]하다(explain)
overtake (재나, 폭풍우) 갑자기 덮치다(seize), 허를 찌르다(surprise)
secure 확신하는(confident), (희망, 생각) 확실한, 신뢰할 수 있는(certain, dependable), 충분히 근거가 있는(well-founded)
see A as B A를 B로 간주하다(regard A as B)
perpetually 영구히, 영속적으로(forever), 끊임없이, 중단하지 않고(constantly)
rebellious 반항적인, 복종치 않는(insubordinate), 다루기 힘든, 고집 센
abide in~ ~에 머무르다, 남다
intelligible 알기 쉬운(comprehensible), 분명한(clear)
the unbelieving 불신자(不信者)

81. My own memory was never a good one, but such as it is, or was, I am beginning to lose it, and I find this both a worrying and an interesting process. What do I forget? I won't say everything: of course, that would be going too far. I am not in the champion class, like Lord William Cecil, the bishop of Exeter, who used to travel about his diocese by train, and was on one occasion unable to produce his ticket to the inspector.

"Never mind, my lord," said the man, "We all know you on this line." "That's all right for you," replied the bishop, "but what about me? Without my ticket, how can I tell where I'm going ?" He was on such occasions reduced to telephoning home from the station and appealing to his wife or his secretary to supply the necessary information. As I say, I am not in that class; but I have got a pretty good all-round lack of memory—words, facts, dates, names and faces, I can forget them all. And I quite often have the trying experience of forgetting what it is that I have forgotten. (TCT 21회 2급 인문과학)

81
such as it is 비록 그렇긴 하지만 (though it is such)
bishop 주교
diocese (주교의) 교구
produce 제시하다, 내놓다
be reduced to~ 부득이 ~시키다, 할 수 밖에 없다
pretty good 상당한
all-round 전반적인, 다방면에 걸친
trying experience 괴로운[쓰라린] 경험

82. So characteristics of our species is laughter that man has been defined as the laughing animal. It is true that, like so much else of man's uniqueness, it has its roots among the animals, where it reveals itself as an expression of a certain kind of general pleasure—and thus in truth perhaps more of a smile than a laugh. And in a few animals—ravens, for example,—there are traces of malicious sense of humor. Laughter in man, however, is much more than this. There are many theories of laughter, most of them containing a partial truth. But biologically the important feature of human laughter seems to lie in its providing a release from conflict, a resolution of troublesome situations. (TCT 21회 2급 공통)

82
characteristic of~ ~의 특징을 나타내는, 특유의, 독특한
our species 인간
uniqueness 독특함, 특이성
reveal 보여주다(display), 나타내다(show)
general pleasure 일반적인 쾌감
raven 갈가마귀(jackdaw)
trace 흔적, 자취, 표지(sign)
malicious 심술궂은, 적의(敵意)가 있는, 악의에 찬(spiteful)
sense of humor 유머감각
biologically 생물학적으로
lie in~ ~에 있다
feature (두드러진) 특징, 특색
release 해방
conflict 갈등
resolution 해결
troublesome situation 곤란한 상황

83. What is writing? It is simply a clever and convenient device by which certain symbols, which we call letters, are used to represent the sounds of speech. Words are built up of a collection of several sounds, and so when we write we are supposed to use a letter for each sound of which the word is composed. Letters in themselves are not language, but merely symbols which are used for the sounds of which language is composed. There is no life or meaning in written symbols by themselves; but they must be translated, as it were, into the sounds for which they stand before they become language or have any meaning. We became so accustomed to the look of letters, in group to present words, that we learn to read them off quite rapidly into the sounds for which they stand. Even when we read silently, without pronouncing the words aloud, we carry out the process mentally, and often unconsciously, of turning the letters into the sounds which each represents, and in this way we get at the meaning of what is written. We have already said that the sounds of speech themselves are only the symbols of thoughts, not the thoughts themselves. Written words, however, are still further away from the thoughts and ideas than spoken ones, for they are only the symbols of these—that is to say, they are symbols of symbols. (TCT 15회 2급 인문과학)

83
simply 단지(merely), 오직(only)
clever (작품 등) 솜씨를 나타내는, 재치 있는, 멋있는, 교묘한, 정교한(skillful, dexterous)
convenient 편리한
device 고안물(contrivance), 장치
symbol 기호(記號), 부호(符號)
represent 나타내다, 상징하다, 대표하다
be supposed to~ ~하게 되어 있다, ~해야 한다
in themselves 그 자체 본질적으로
as it were 말하자면, 요컨대(so to speak)
stand for~ ~를 상징하다
be accustomed to~ ~에 익숙하다(be used to)
mentally 정신적으로, 마음속으로
unconsciously 무의식적으로

84. I enjoy life because I am endlessly interested in people and their growth. My interest leads me continually to widen my knowledge of people, and this in turn compels me to believe that the normal human heart is born good. That is, it is born sensitive and feeling, eager to be approved and to approve, hungry for simple happiness and the chance to live. It neither wishes to be killed nor to kill. If through circumstances it is overcome by evil, it never becomes entirely evil. There remain in it elements of good, however recessive, which continue to hold the possibility of restoration. I believe in human beings but my faith is without sentimentality. I know that in environments of uncertainty, fear and hunger, the human being is dwarfed and shaped without his being aware of it, just as the plant struggling under a stone does not know its own condition. Only when the stone is removed can it spring up freely into the light. But the power to spring up is inherent, and only death puts an end to it. (TCT 24회 2급 인문과학)

84
endlessly 한없이, 끊임없이(incessantly)
in turn 차례로, 교대로(by turns), 자기 차례에
compel A to B 억지로 A를 B시키다, A가 B하도록 강요하다(enforce)
normal 정상적인(regular), 보통의
sensitive and feeling 다정다감한
hungry for~ ~를 갈망하다(eager for~)
recessive 후퇴하는(receding), 역행성의
restoration 회복, 부활
sentimentality 감상성, 감상적임, 감상적인 생각[언동]
dwarf 작게 하다(make smaller), 작게 해 두다(keep small)
uncertainty 불확실, 불안(undependableness)
struggle 몸부림치다, 애쓰다(try hard)
inherent 고유의, 본래의, 타고난
put an end to stop, finish, destroy

85. "Other countries have a climate; in England we have weather." This statement, often made by Englishmen to describe the peculiar meteorological conditions of their country, is both revealing and true. In no country other than England, it has been said, can one experience four seasons in the course of a single day! Day may break as a fresh spring morning; an hour or so later black clouds may have appeared from nowhere and the rain may be pouring down. This uncertainty about the whether has had a definite effect upon the Englishman's

85
statement 진술, 주장
meteorological 기상학상의
revealing 드러내는, 보여주는(displaying), 밝혀주는, 의미 있는
appear from nowhere 느닷없이[난데없이] 나타나다
tend to~ ~의 경향이 있다, ~의 성향이 있다(incline to)
set forth 출발하다(start), (길을) 떠나다
brilliantly 찬연하게, 찬란하게, 멋지게, 훌륭하게
adaptable 적응할 수 있는
colonize 식민지화하다

character; it tends to make him cautious, for example. The foreigner may laugh when he sees the Englishman setting forth on a brilliantly sunny morning wearing a raincoat and carrying an umbrella, but he may well regret his laughter later in the day! The English weather has also helped to make the Englishman adaptable. It has been said that one of the reasons why the English colonized so much of the world was that, whatever the weather conditions they met abroad, they had already experienced something like them at home! (TCT 19회 2급 사회과학)

86. Like history, justice is a uniquely human notion, so deeply rooted in human consciousness that its rejection is properly called inhuman. History is the argument invoked to validate wanton murder by all kinds of terrorist groups. As though history had ever been just, as though it could be undone, as though its violence could be an excuse to make more terrible history. History is the long shadow of the past. It is important because it can neither be escaped nor revised. It shapes the understanding of the present. But it cannot be twisted into a sentence of death, to friend or foe. It does not prove anything except that people and societies can enhance life. Israelis, Palestinians, Lebanese, Armenians, some Irishmen and many others cite history to prove their claims, to define their version of justice. It is an old story, which has to do with what "belongs" to whom, who has established "historic rights." If present conflicts could have been solved by reference to history, they would have faded away. Justice is a very different matter. It is

86
uniquely 하나밖에 없는, 독특한
notion 관념, 개념
human consciousness 인간의 의식(意識)
properly 당연히, 마땅하게
inhuman 인정 없는, 잔인한, 비인간적인
invoke 호소하다, 간원하다, 주문으로 불러내다, 기원하다, 불러일으키다
validate 법적으로 유효하게 하다, (정당함을) 확인하다
wanton 무자비한, 무정한
ever always
undo(-undid-undone) 뒤엎다, 말소하다(reverse, erase)
revise 개정(改訂)하다, 수정하다
foe 원수, 적(enemy), 적대자
enhance (질을) 높이다(heighten), 강화하다(intensify), 올리다(raise)
cite 인용(引用)하다
reference 조회, 문의, 참조, 참고

about overcoming the trials imposed by history, not because they were unfair but because it is necessary and possible to find solutions. (TCT 15회 2급 인문과학)

87. I have sworn before you and Almighty God the same solemn oath our forebears prescribed nearly a century and three quarters ago. The world is very different now. For man holds in his mortal hands the power to abolish all forms of human poverty and all forms of human life. And yet the same revolutionary beliefs for which our forebears fought are still at issue around the globe—the belief that the rights of man come not from the generosity of the state but from the hand of God. We dare not forget today that we are the heirs of that first revolution. Let the word go forth from this time and place, to friend and foe alike, that the torch has been passed to a new generation of Americans born in this century, tempered by war, disciplined by a hard and bitter peace, proud of our ancient heritage—and unwilling to witness or permit the slow undoing of those human rights to which this nation has always been committed, and to which we are committed today at home and around the world. (TCT 22회 2급 사회과학)

87

swear 맹세하다(say solemnly), 저주하다(curse)

solemn 엄숙한, 진지한, 근엄한 (serious, grave, earnest)

oath (하나님이나 성서에 건) 맹세, 서약

forebear (보통 pl.) 선조(ancestor), 조상

prescribe 명령하다(order), 규정하다, 처방하다

mortal 죽게 마련인, 죽을 운명인, 치명적인(fatal)

revolutionary 혁명적

at issue 문제가 되고 있는(in dispute)

around the globe 전 세계에 (around the world)

generosity 관대, 관용, 넓은 도량 (magnanimity)

temper (강철을) 적당한 경도(硬度)로 하다, 단련하다

discipline 단련시키다(train), 징계하다(punish)

bitter 지독한, 쓰라린

heritage 상속[세습]재산, 유산

witness 직접보다, 목격하다, 증인이 되다

undo 원상으로 복구하다, 취소하다 (cancel), 파멸시키다, 망가뜨리다 (damage)

commit 맡기다(consign), 참여하다 (be engaged in)

88. Two modes of government prevalent around the world are government by election and representation and government by hereditary succession. The former is generally known as republic, the latter as monarchy and aristocracy. These two distinct and opposite forms stand against the two distinct and opposite bases of Rationality and Ignorance. It is evident that hereditary succession requires a belief from man to which his reason cannot subscribe, and which can only be established upon his ignorance; and the more ignorant any country is, the better it is suitable for this form of government. From its nature, government can be the whole community at whose expense it is supported; and though by force of contrivance it has been usurped into an inheritance, the usurpation cannot alter the right of things. Sovereignty, as a matter of right, appertains to the nation only, and not to any individual; and a nation has at all times an inherent indefeasible right to abolish any form of government it finds inconvenient, and establish such as accords with its interest, disposition, and happiness.
(TCT 19회 2급 사회과학)

89. Poetry is a form of literature that formulates a concentrated imaginative awareness of experience in language chosen and arranged to create a specific emotional response through its meaning, sound, and rhythm. It is usually concerned with feelings of greater complexity and intensity. To sustain, emphasize, and shape these feelings, poets employ such resources as rhyme, meter, stanza forms, and lines of a limited

88

mode 양식, 형태

prevalent 일반적으로 볼 수 있는, 유행하고 있는

hereditary 세습의, 상속의

monarchy 군주정치

aristocracy 귀족정치, 귀족계급(the nobility), 상류사회(the upper class), 특권계급(the privileged)

stand against 저항하다, 맞서다

subscribe 찬성하다(consent to), 지지하다(support)

nothing more than~
~에 지나지 않다

at A's expense A를 희생시켜서

contrivance
고안, 안출(案出), 계획, 책략

usurp (권, 권력, 지위, 왕위를) 폭력으로 빼앗다, 강탈하다

appertain to~
~에 속하다(belong to)

indefeasible 무효로 돌릴 수 없는, 파기(破棄)할 수 없는

inherent 본래 갖추어져 있는 (intrinsic), 타고난(innate, inborn)

disposition 정신적인 경향, 의향 (mental inclination), 기질 (temperament), 성향(propensity) length, thus creating distinction between prose and poetry. Prose is for the communication of specific information, whereas poetry is for the expression of emotions and ideas by exploring or rendering ordinary thoughts fresh and vivid through the imaginative use of language. Consequently, poetry can carry a further range of meaning than prose, because it as a form of verbal art capable of eliciting an emotional response from the reader, often suggests a value judgment. Today, lyric poetry stands for any short poem that has marked rhythms and musical effects, vigorous comparisons, and words that have been carefully chosen for their effectiveness. (TCT 20회 2급 인문과학)

90. No matter how daring or cautious you may choose to be, in the course of your life you are bound to come into direct physical contact with what's known as Evil. I mean here not a property of gothic novel but, to say the least, a palpable social reality that you in no way can control. No amount of good nature or cunning calculations will prevent this encounter. In fact, the more calculating, the more cautious you are, the greater is the likelihood of this rendezvous, the harder its impact. Such is the structure of life that what we regard as Evil is capable of a fairly ubiquitous presence if only because it tends to appear in the guise of good. You never see it crossing your threshold announcing itself: "Hi, I'm Evil!" That, of course, indicates its secondary nature, but the comfort one may derive from this observation gets dulled by its frequency. The purpose of my talk is simply to suggest to you a mode of resistance which may

89

formulate 명확히[계통적으로] 조직화하다, 간단 명쾌하게 표현하다

concentrated imaginative awareness
농축된[집약된] 상상적인 인식

be concerned with
관련되다, 관심이 있다(be interested in, take part in)

rhyme 운(韻), 운율, 리듬, 박자, 율동

meter
(시의) 운율, 격조(格調), 보격(步格)

stanza 연(聯)(보통 4행 이상으로 이루어진 시의 구성단위), 시절(詩節)

elicit (잠겨 있는 것을) 끌어내다, 알아내다, 자아내다(educe, evoke)

come in handy to you one day; a mode that may help you to emerge from the encounter with Evil perhaps less soiled if not necessarily more triumphant than your precursors. What I have in mind, of course, is the famous business of turning the other cheek. I assume that one way or another you have heard about the interpretations of this verse from the Sermon on the Mount by Leo Tolstoy, Mahatma Gandhi, Martin Luther King, and many others. In other words, I assume that you are familiar with the concept of nonviolent, or passive resistance, whose main principle is returning good for evil, that is, not responding in kind. The fact that the world today is what it is suggests, to say the least, that this concept is far from being cherished universally. The reasons for its unpopularity are twofold. First, what is required for this concept to be put into effect is a margin of democracy. This is precisely what 86 percent of the globe lacks. Second, the common sense that tells a victim that his only gain in turning the other cheek and not responding in kind yields, at best, a moral victory, i.e., quite immaterial. And the moral victory itself may not be so moral after all, not only because suffering often has a narcissistic aspect to it, but also because it renders the victim superior, that is, better than his enemy. Yet no matter how evil your enemy is, the crucial thing is that he is human; and although incapable of loving another like ourselves, we nonetheless know that evil takes root when one man starts to think that he is better than another. This is why you've been hit on your right cheek in the first place. (TCT 18회 1급 공통)

90

daring 대담한, 용감한(brave)

in the course of~ ~하는 동안에, ~의 경과 중에

be bound to ~ 분명히[꼭] ~하다

come into direct physical contact with~ ~과 살과 살이 맞닿을 정도로 가까이서 만나다

property 특성, 속성(attribute)

gothic novel 공포소설

to say the least (of it) 줄잡아 말해도, 적어도

palpable 쉽게 자각[인지]할 수 있는(perceptible), 명백한(obvious)

rendezvous 랑데부, 만남, 만날 약속

ubiquitous 동시에 모든 곳에 존재하는, 편재(遍在)하는(omnipresent), 도처에 산재한

guise 외관, 모습(appearance), 겉치레, 가장, 구실(pretense)

secondary nature 제2의 천성, 부차적 본성

this observation '악이 부차적이라고 말하는 것'

derive from~ ~나오다, 파생하다, 시작되고 있다

come in handy[useful] 유용하다, 편리하다

soil 더럽히다, 손상시키다(defile)

precursor 선구자, 선각자, 선임자(predecessor)

Sermon on the Mount (예수의) 산상수훈(山上垂訓)(마태복음 5:7)

cherish 마음에 품다, 소중히 여기다

globe 지구(the earth), 천체

in kind yields 같은 방식으로

have an aspects to~ include an element of~

render (어떤 상태로) 만들다, 되게 하다(make)

crucial 결정적인(decisive)

take root 뿌리내리다

in the first place 당초에, 애초에

91. I hold that a writer who does not passionately believe in the perfectibility of men has no dedication nor any membership in literature. The present universal fear has been the result of a forward surge in our knowledge and manipulation of certain dangerous factors in the physical world. It is true that other phases of understanding have not yet caught up with this great step, but there is no reason to presume that they can not or will not draw abreast. Indeed, it is a part of the writer's responsibility to make sure that they do. With humanity's long proud history of standing firm against all of its natural enemies, sometimes in the face of almost certain defeat and extinction, we would be cowardly and stupid to leave the field on the eve of our greatest potential victory. Understandably, I have been reading the life of Alfred Nobel; a solitary man, the books say, a thoughtful man. He perfected the release of explosive forces, capable of creative good or of destructive evil, but lacking choice, ungoverned by conscience or judgment. Nobel saw some of the cruel and bloody misuses of his inventions. He may even have foreseen the end result of his probing—access to ultimate violence—to final destruction. Some say that he became cynical, but I do not believe this, I think he strove to invent a control—a safety valve. I think he found it finally only in the human mind and the human spirit. To me, his thinking is clearly indicated in the categories of these awards. They are offered for increased and continuing knowledge of man and of his world—for understanding and communication, which are the functions of literature. And they are offered for demonstration of the capacity for peace—the culmination of all others. Less than fifty years after his death, the door of nature was unlocked and we

91

hold
(~라고) 생각하다 (think, consider)

perfectibility 완전하게 할 수 있는 것

dedication 헌신, 공헌

universal 전 인류의, 전 세계의

surge 큰 파도

manipulation
솜씨 있게 다루기, 교묘한 조작(操作)

phase 단계, 상태, 국면, 방면

presume 가정하다, (~라고) 여기다

draw abreast 보조를 맞추어 나아가다

make sure that~ ~을 확인하다

humanity 인류(the human race), 인간성(human nature)

in the face of~ ~이 있음에도 불구하고(in the presence of), ~에도 불구하고(in spite of)

extinction 전멸시키다(destroy, put an end to), 끄다(put out)

life 일대기, 전기(傳記)(biography)

solitary 고독한(alone, lonely)

perfect 완성하다(make perfect, complete) **release** 배출, 방출

demonstration 논증, 실증, 증명

culmination 절정, 최고점, 극치, 클라이맥스 **usurp** 강탈하다, 빼앗다

ascribe to~ (원인을) ~에 돌리다, (~한) 때문[탓]이라고 하다

assume 임무를 떠맡다(undertake)

lordship 지배(control)

at hand 가까운 장래에(in the near future) **deity** 신(神)(god), 신성(神性)(divine nature)

ST. John the Apostle
사도(使徒) 요한

paraphrase 풀이하다, 바꾸어 말하다

understandably → It is understandable that I have been reading the life of Alfred Nobel: 노벨 수상자로서 노벨의 전기를 읽는다는 것을 충분히 이해할 수 있으리라는 말. 〈문장수식 부사〉

were offered the dreadful burden of choice. We have usurped many of the powers we once ascribed to God. Fearful and unprepared, we have assumed lordship over the life and death of the whole world of all living things. The danger and the glory and the choice rest finally in man. The test of his perfectibility is at hand. Having taken God-like power, we must seek in ourselves for the responsibility and the wisdom we once prayed some deity might have. Man himself has become our greatest hazard and our only hope. So that today, St. John the Apostle may well be paraphrased:

In the end is the word, and the word is man, and the word is with man. (TCT 21회 1급 인문과학)

92. Nor can we say that democracy is any system under which the majority of the people support the existing government. Apart from the mere technical point that it is sometimes difficult to say whether a democratically elected government still holds a majority or not—though no doubt Mr. Gallup is of great service to us here—there is the glaring fact that a dictatorship may have the support of a majority, and any definition that will not enable us to distinguish democracy from dictatorship is worth than useless. Assuredly that is not what any intelligent defender of democracy means. We must carefully avoid the definition of democracy as simply majority-rule. Democracy does involve one form of majority-rule, a form in which there is no fixed majority entrenched against the processes and tides of free opinion that could reduce it again to

a minority. But a majority-system that silences all opposition and censors all contrary opinion is emphatically not to be named a democracy. Still less can democracy be defined as mass-rule. Here I am using the term "mass" or "masses" in the sense given to it by the Spanish writer Ortega y Gasset in his famous alarmist book, The Revolt of the Masses. For him the mass is the average man as a multitude and he declares that the mass in this sense is in our days triumphing over all leadership, over all distinction, creating a "hyperdemocracy." I call the book alarmist because it dogmatically presents as a universal modern menace a phenomenon that is far from universal and that is not peculiarly modern. It is not true that the average man normally hates distinction. He generally applauds it where he understands it, as is very evident in the field of sport. And if leadership in the field of politics is often commonplace, a charge to which the party-system of the United States has been peculiarly liable, realistic investigation shows that this condition is due more to the manipulation and machination of wire-pulling interest-groups than to the instincts of the average man. There is indeed an element of truth in the position of Gasset. It is that in times of stress and crisis the mass tends to coalesce into one or more dynamic movements, responsive to the orator or the demagogue who understands their mentality, though he may understand nothing else. Such movements can easily triumph in such times, and it is true that democracy affords the free and open forum in which they are bred. But so long as democracy endures, such movements sink as easily as they rise. It is only when democracy falls that gain the character which Gasset attributes to them. (TCT 18회 1급 사회과학)

92

apart from~ ~은 별문제로 하고, ~은 그렇다고 치고(aside from~)

of great service of~ ~에게 크게 소용이 되는(of great help to~)

glaring (결점이) 명백한, 두드러진(conspicuous), 야한, 번지르르한, 눈부신(dazzling)

entrench (안전한 장소에) 몸을 두다, 확립하다(establish)

silence 침묵시키다

censor 검열하다

emphatically 강력히, 분명히, 단호히, 단연

still less~ 하물며 ~가[이] 아니다

alarmist book 경세적(警世的) 저서[책]

hyperdemocracy 초(超) 민주주의

triumphing over~ ~에게 승리함, ~를 지배함, ~를 이겨냄

distinction 명성(名聲), 저명

dogmatically 독단적으로

far from~ ~는 결코 아닌(not ~ at all)

commonplace 평범한, 진부한(trite)

be liable to~ 자칫하면 ~하다

due to~ ~때문에, ~에 기인하는(owing to~/because of~)

manipulation 교묘한[교활한] 조작(操作)[조종], 조작하기

machination 계략, 책동, 음모, 모략

wire-pulling 이면(裏面) 공작(하는)(using underhand means in order to further his own interests)

coalesce 유착(癒着)하다, 합동[연합/합병]하다(combine)

demagogue 선동 정치가(political agitator)

93. When I was a child, the multiplication table was taught from a printed sheet which had to be memorized one square at a time—the one's and the two's and so on up to nine. It never occurred to the teacher to show us how the answers could be arrived at by addition which already knew. No one said, "Look: if four times four is sixteen, you ought to be able to figure out, without aid from memory, what five times four is, because that amounts to four more one's added to the sixteen." This would at first have been puzzling, more complicated and difficult than memory work but once explained and grasped, it would have been an instrument for learning and checking the whole business of multiplication. We could temporarily have dispensed with the teacher and cut loose from the printed table. This is another way of saying that the only thing worth teaching anybody, is a principle. Naturally, principles involve facts and some facts must be learned "bare" because they do not rest on any principle. The capital of Alaska is Juneau and, so far as I know, that is all there is to it: but a European child ought to learn that Washington is the capital of the United States without fixing firmly in his mind the relation between the city and the man who led his countrymen to freedom. That would be missing an association, which is the germ of a principle. And just a complex athletic feat is made possible by rapid and accurate coordination, so all valuable learning hangs together and works by associations which make sense. The whole aim of good teaching is to turn the younger learner, by nature a little copycat, into an independent, self-propelled creature who can work as his own boss to the limit to his powers. This is to turn pupils into students, and it can be done on any rung of the ladder of learning. (TCT 22회 1급 공통)

93

multiplication table 곱셈 구구단표
square (네모) 칸, (네모진) 한 구역
at a time 한번에
addition 덧셈
figure out 계산하여 합계하다, 생각해 내다, 이해하다
amount to ~ ~과 같다(be equivalent to), (총계) ~이 되다
puzzling 곤혹스럽게 하는, 당황하게 하는, 종잡을 수 없는
complicated 복잡한
grasp 이해(하다)
dispense with ~ ~없이 지내다, ~을 요구치 않다
rest on ~ ~에 기초를 두다, 달려 있다, 의거하다
cut loose 거리낌 없이 행동하다, 사슬[구속]을 끊다
germ (발생의) 근원, 기원(origin), 눈[싹]
association 결합, (관념의) 연합
complex athlete feat 복잡한 체조기술
coordination 조정, 협조
make sense 뜻이 통하다, 뜻을 이루다
copyca 모방하는 사람, 마구 흉내를 내다
self-propelled 자체 추진의, 자동 추진(식)의
to the limit 극단적으로
rung 단계
ladder 출세의 수단, 사회적 지위

94. Literature has for several generations been its own source, its own province, has lived upon its own traditions, and accepted a romantic separation or estrangement from the common world. This estrangement, though it produced some masterpieces, has by now enfeebled literature. The separatism of writers is accompanied by the more or less conscious acceptance of a theory of modern civilization. This theory says in effect that modern mass society is frightful, brutal, hostile to whatever is pure in the human spirit, a wasteland and a horror. To its ugliness, its bureaucratic regiments, its thefts, its lies, its wars and its unparalleled cruelties, the artists can never be reconciled. This is one of the traditions on which literature has lived uncritically. But it is the task of artists and critics in every generation to look with their own eyes. Perhaps they will see even worse evils, but they will at least be seeing for themselves. They will not, they cannot permit themselves, generation after generation, to hold views they have not examined of themselves. By such wilful blindness we lose the right to call ourselves artists; we have accepted what we ourselves condemn—narrow specialization, professionalism and snobbery and the formation of a caste. And unfortunately the postures of this caste, postures of liberation and independence and creativity, are attractive to poor souls dreaming everywhere of a fuller, freer life. The writer is admired, the writer is envied. But what has he to say for himself? Why, he says, just as writers have said for more than a century, that he is cut off from the life of his own society, despised by its overlords who are cynical and have nothing but contempt for the artists, without a true public, estranged. He dreams of ages when the poet or the

94

province 학문 등의 분야(department), (활동의) 범위, 영역(field), 직분, 본분(function)

estrangement 소원(疎遠), 소격(疏隔), 이탈, 불화, 이간

the common world 대중세계

masterpiece 걸작(傑作), 명작, 대표작

enfeeble 약하게 하다, (연)약하게 만들다(make feeble), 약화시키다(make weak)

separatism (종교와 국가의 분리를 주장하는) 분리주의

more or less 다소(somewhat)

in effect 사실상, 실제로는(virtually), 요컨대

frightful 질겁하게 하는(terrifying, alarming)

a wasteland and horror 폐허이며 공포의 대상

its bureaucratic regiments 현대 대중사회의 획일화된 관료집단

unparalleled 비할 데 없는, 전례가 없는, 전대미문(前代未聞)의

wilful blindness 고의적인 회피(回避)

snobbery 속물근성

caste 계급제도

be cut off from ~ ~로부터 격리되다

its overlords 사회의 지도층 인사들

wasteland 황무지, 불모지

nothing but ~ ~밖에 아니다, ~에 지나지 않다(only)

no more than ~ 단지 ~, ~에 지나지 않다(only)

shut up 입을 다물다

disfigured times 좋지 않은 시기(bad [rotten] times)

obliterate 말살하다

a curiosity 호기심의 대상

dull 흐릿한

painter expressed a perfect unit of time and place, had real acceptance, and enjoyed a vital harmony with his surroundings—he dreams of a golden age. In fact, without the golden age, there is no wasteland. Well, this is no age of gold. It is only what it is. Can we do no more than complain about it? We writers have better choices. We can either shut up because the times are too bad, or continue because we have an instinct to make books, a talent to enjoy, which even these disfigured times cannot obliterate. Isolated professionalism is death. Without the common world the novelists is nothing but a curiosity and will find himself in a glass case, along some dull museum corridor of the future. (TCT 19회 1급 인문과학)

95. We need no new laws, executive orders, or restrictive court decisions to regulate the press. That would be odious, unconstitutional, and inimical to the best interests of our democratic way of life. Nor do I think such mechanisms as ombudsmen or news councils can or should replace the judgment of publishers, editors, and reporters. The fact remains that some members of our profession have been guilty of conflicts of interest or of presenting fact as fiction or of irresponsible of prejudicial reporting or of other kinds of improper or unethical behavior. There are fewer of these incidents today than in the past, but their repercussions are felt through out our profession. These are serious violations of the trust vested in our free press by the public and by our constitutional system. The press can do little to allay the

suspicions and hostilities of those in government, business, or elsewhere in our society who have an ax to grind against it. But we should—we must—try to ameliorate the legitimate resentments that many others have toward us. Those resentments will persist until we are consistently willing to apply to ourselves the same standards we demand of others. We cannot demand access to the councils of government, to the courts, and to corporate boardrooms, and then turn away critical writers who come to our own doors with potentially embarrassing questions. Nor can we demand answers of those we interview and then say "no comment" or "we stand by our story" when we ourselves are challenged. In short, we cannot insist on accountability from other powerful institutions in our society while simultaneously rejecting accountability for ourselves. We are entirely correct, and we fulfill our constitutional obligation, when we expose folly, untruthfulness, and conflicts of interest in government or when we challenge secrecy in the judicial system. The press can demonstrate how corporate decisions may spawn new problems or have unforeseen (and sometimes destructive) consequences. That is the role the Constitutional guaranteed to a free press. Unfortunately, good intentions and practices do not guarantee success. Even if we are consistently candid about our shortcomings, and as forthright as we expect others to be, a skeptical segment of the public is likely to continue to consider us just another powerful institution, enjoying the unfair advantage that comes with our unique constitutional protection. But responsible press will serve the public interest, not private privilege; as long as our ethical principles place primary

95

executive orders 행정명령

odious 밉살스러운, 가증스러운

unconstitutional 헌법 위반의, 위헌의

inimical 해로운, 도움이 되지 않는(harmful)

ombudsman 행정기관이 범한 인권 침해에 대한 조사관

news council 뉴스 심의회

our profession 언론계(the press)

conflicts of interest[opinions] 이해[의견] 상충(相衝)

repercussions 영향, 반향(effect, echo)

have an ax to grind 속셈[딴 마음]이 있다, 비밀계획이 있다

ameliorate 더 좋아지게 하다(make better), 개선[개량]하다(improve, meliorate), 더 좋아지다(become better)

turn away 쫓아버리다, 되돌아가게 하다(turn out)

potentially 혹시, 어쩌면(possible)

embarrassing 난처한, 곤란한

stand by 돕다, 지지하다(aid, support)

challenge (당연한 것으로서)요구하다, 필요로 하다(claim demand)

simultaneously 동시에, 함께(coincidently)

accountability 책임(responsibility)

corporate decision 단체[법인]의 의사결정

spawn (알을) 낳다, (문제를) 일으키다(bring about)

forthright 솔직한(outspoken, frank)

assault 공격하다, 습격하다, 폭행[강간]하다

credibility 신뢰성, 확실성

assuredly 확실히(certainly), 자신만만하게

emphasis on that end, we will annoy as regularly as we will satisfy, and assaults on our rights and credibility will assuredly continue. (TCT 21회 1급 사회과학)

96. We enjoy works of art because they posses the values of required order and unity. But what we do not often realize is that the same formal values differentiate intelligence from sensori-motor reflexes at every stage of human mental development. A technological civilization has a devastating effect on these discriminative processes. True, we cannot yet generalize about our whole contemporary social structure: it varies from country, and there are entire nations, particularly in Asia and Africa, who, though enjoying the imported products of technology, are not yet subject to its immediate impact. What I have to say, therefore, applies mainly to North America and Europe, where the majority of the population has little or no sensuous contact with the soil, with animals, with the handling of wood, clay or metal. Progressive schools make some attempts to give the child sensuous experience. But technology is a ruthless tyranny, and its processes demand from the educational system a training directed exclusively toward conceptual modes of thought. "Money, mechanization, algebra. The three monsters of contemporary civilization." So wrote Simone Weil. But these, it will be said, are the methods by which science has won its greatest victories; to logic and mathematics, to introspection rather than observation, to hypothesis rather than classification, we owe the wonders (and the terrors) of our atomic age. All

96

unity
(감정, 기분 따위의)일치, 조화, 화합

differentiate (다른 것과) 구분 짓게 하다, 구별되게 하다(serve to distinguish)

sensori-motor reflexes 지각신경(知覺神經)과 운동신경(motor nerve)의 반사작용

devastating (논의 따위가) 압도적인, 거역하기 어려운

sensuous 감각적인, 오감에 호소하는

balance 상쇄하다(offset), 매우다

progressive (교육) (학생의 개성에 맞게 교육하는) 진보적인

introspection
내성(內省), 내관(內觀), 자기반성

hypothesis 가설(假說), (논증의) 전제(premise), 가정(assumption)

classification 분류(分類)

wonder 놀라움, 경이(驚異)

have not kept pace with~ ~와 보조를 맞추지[병행하지] 못했다

imbue 고취하다, 주입하다, 침투시키다

not so much A as B
A라기보다 B이다

milieu 환경

conditioned reflexes 조건반사

true, and I shall not try to balance these scientific achievements against the evils that have accompanied them. I am concerned here with a social problem, with the anxiety, the all-prevailing sense of insecurity, which undoubtedly motivates the crime and violence of our age. Many earnest people call for moral sanctions. Man's ethical standards, they point out, have not kept pace with his scientific knowledge. He has lost his sense of sin, and has no fear of retribution. But our moral philosophers and religious leaders fail to indicate any practical methods for imbuing a technological civilization with ethical standards. Morality is not so much a question of beliefs as of habitual behavior, of tradition. Moral habits are acquired in the home, in the school, in the social milieu. One might say they are conditioned reflexes, like those of domesticated animal. No man is good simply because he believes in goodness, but because the way of life in which he was brought up is good. What incentives to goodness exist in the mechanized ways of a technological society? This is not a political question, a question of the relative moral values of socialism or capitalism: all contemporary political systems are technological. In this respect their aims and ideals are identical. Technical idealism dominates the world, and overwhelms all forms of moral idealism.

97. Satisfaction and irrational pleasure do not require an emotional effort; only the ability to produce the conditions relieving the tension. Joy is an achievement; it presupposes an inner effort, that of productive activity. Happiness is an achievement brought about by man's inner productiveness and not a gift of the gods. Happiness and joy are not the satisfaction of a need springing from a physiological or a psychological lack; they are not the relief from tension but the accompaniment of all productive activity, in thought, feeling, and action. Joy and happiness are not different in quality; they are different only inasmuch as joy refers to a single act while happiness may be said to be a continuous or integrated experience of joy; we can speak of "joys" (in the plural) but only of "happiness" (in the singular). Happiness is the indication that man has found the answer to the problem of human existence: the productive realization of his potentialities and thus, simultaneously, being one with the world and preserving the integrity of his self. In spending his energy productively he increases his powers, he "burns without being consumed." Happiness is the criterion of excellence in the art of living, of virtue in the meaning it has in humanistic ethics. Happiness is often considered the logical opposite of grief or pain. Physical or mental suffering is part of human existence and to experience them is unavoidable. To spare oneself from grief at all cost can be achieved only at the price of total detachment, which excludes the ability to experience happiness. The opposite of happiness thus is not grief or pain but depression which results from inner sterility and unproductiveness.

97

irrational 이성이 없는, 도리에 어긋나는, 분별이 없는

presuppose 전제로 하다, 필요조건으로 예상하다

inasmuch as~ ~이므로, ~인 때문에

integrated 완전한

integrity (원본의) 원상 그대로의 상태 (wholeness), 정체성

criterion (판단, 평가의) 기준, 표준 (standard, rule)

depression 우울, 의기소침 (gloominess)

at all cost 어떤 희생을 치르더라도 (whatever the cost may be)

at the price of~ ~을 희생하고

sterility 불모, 빈약(being sterile)

98. THE COSMOS IS ALL THAT IS OR EVER WAS OR EVER WILL BE. Our feeblest contemplations of the Cosmos stirs us—there is a tingling in the spine, a catch in the voice, a faint sensation, as if a distant memory, of falling from a height. We know we are approaching the greatest of mysteries. The size and age of the Cosmos are beyond ordinary human understanding. Lost somewhere between immensity and eternity is our tiny planetary home. In a cosmic perspective, most human concerns seem insignificant even petty. And yet our species is young and curious and brave and shows much promise. In the last few millennia we have made the most astonishing and unexpected discoveries about the Cosmos and our place within it, explorations that are exhilarating to consider. They remind us that humans have evolved to wonder, that understanding is a joy, that knowledge is prerequisite to survival. I believe our future depends on how well we know this Cosmos in which we float like a mote of dust in the morning sky. Those explorations required skepticism and imagination both. Imagination will often carry us to worlds that never were. But without it, we go nowhere. Skepticism enables us to distinguish fancy from fact, to test our speculations. The Cosmos is rich beyond measure-in elegant facts, in exquisite interrelationships, in the subtle machinery of awe. (TCT 15회 1급 공통)

98
cosmos 대우주계(the whole universe, considered as a well-oriented and harmonious system) **be** 존재하다(exist) **feeble** 지적(知的)으로 약한, 무력한 **contemplations** 명상(瞑想), 눈을 감고 깊은 생각에 잠기는 것(the act of thinking deeply and quietly); 추상명사의 복수는 강한 뜻을 나타냄. **stir** 흥분시키다(excite) **tingle** 어슬어슬하다, 얼얼[따끔따끔]하다, 아리다, (흥분으로) 들먹들먹하다 **spine** 등뼈, 척추(脊椎) **catch** (숨, 목소리의) 끊김, 중단, (감동으로 인한) 목메임 **faint** 희미한, 어렴풋한(vague, dim), 아련한(slight) **distant** 시간적으로 먼, 옛날의 **sensation** 지각(知覺), 감각, 느낌 **the greatest of mysteries** 신비 중 최상의 것 **beyond ~** ~의 한계를 초월하다, ~에 미치지 못하다 **immensity** 광대, 거대, 무한(infinity) **eternity** 영원, 끝없이 계속되는 시간 **planetary** 혹성(惑星)의, 지구의 **in a comic perspective** 우주적인 시야로 바라보면 **insignificant** 중요하지 않은, 하찮은(unimportant), 보잘 것 없는, 쓸모없는(trifling) **petty** 사소한(trifling), 하찮은, 보잘 것 없는(trivial) **species** 종(種), 생물 **millennia** 천 년의 기간(a period of 1,000 years) **exploration** 탐구, 조사 **exhilarating** 흥분시키다, 두근두근하게 하다(exciting) **evolve** 진화하다 **prerequisite** 전제조건 **mote** (한 점의) 먼지, 티끌 **skepticism** 회의적인 태도, 의심하는 태도 **imagination** 상상(력), 공상 **distinguish A from B** A와 B를 구별하다 **fancy** 공상, 환상 **speculation** 추리(推理), 추정(推定)(guess) **rich in~** ~가 풍부하다 **exquisite** 정교한, 섬세한, 절묘한 **subtle** 미묘한, 정체를 포착하기 어려운(difficult to describe because it is too fine or delicate), 영묘한(mysterious) **machinery** 기구(機構), 장치, 조직 **imagination will often…** → 이 경우의 will 미래형은 현재형보다 보다 단정적으로 강한 주장을 나타낸다.
imagination of awe → causing awe/awesome/awe-inspiring

99. The daydream that is fiction differs from the ordinary daydream in being publicly available. This fact leads to consequences. In the private daydream you remain yourself—though nobler, stronger, more fortunate, more beautiful than in life. But when the little freshman settles cozily with his thriller by Mickey Spillane, he finds that the granite-jawed hero is not named Slim Willet, after all—as poor Slim, with his thin chest, longs for it to be. And Slim's college instructor, settling down to For Whom the Bell Tolls, finds sadly that this other college instructor, who is the hero of the famous tale of sleeping bags, bridge demolition, tragic love, and lonely valor, is named Robert Jordan. How often have we heard some sentimental old lady say of a book: "I just loved the heroine—I mean I just went through everything with her and I knew exactly how she felt. Then when she died I just cried." The sweet old lady, even if she isn't very sophisticated, is instinctively playing a double game: She identifies herself with the heroine, but she survives the heroine's death to shed the delicious tears. So even the old lady knows of what we shall call her role taking. She knows that doubleness, in the very act of identification, is of the essence of role taking: There is the taker of the role and there is the role taken. And fiction is, in imaginative enactment, a role taking. Role taking not only stems from but also affirms the life process. It is, for instance, at the very center of children's play. This is the beginning of the child's long process of adaptation to others. It is only by role taking that the child comes to know, to know "inwardly" in the only way that finally counts, that other people really exist and are, in fact, persons with needs, hopes, fears, and even rights. And this discipline in sympathy, through

99
daydream 백일몽
in being publicly available 누구든지 경험할 수 있는 **cozily** 아늑하게, 기분 좋게(comfortably)
granite-jawed 강한 턱을 가진
demolition 파괴, 분쇄(destruction)
valor 용기(courage), 용감함, 무용(武勇)(fearlessness) **go through~** ~을 경험하다, 겪다(experience)
sophisticated 세련된, 교양 있는
instinctively 본능적으로, 직관적으로
play a double game 이중역할을 수행하다 **identify A with B** A와 B를 동일시하다
shed tears 눈물을 흘리다
identification 동일함
role taking 역할 수행
the taker of the role 역할 수행자
role taken 수행되어야 할 역할
imaginative enactment 상상적인 연출 **stem from~** ~에서 생겨나다, 유래하다, 발생하다 **affirm** 긍정하다(confirm) **inwardly** 마음속으로, 비밀리에(privately) **the only way that finally counts** 궁극적으로 중요한 유일한 방법 **yearning** 동경, 사모(longing), 갈망 **feel[set be] at ease** 안심하다, 마음 놓다 **by the same token** 마찬가지로(for the same reason) **an awareness of ourselves** 우리 자신을[자신에 대해] 알다 **submerged self** 침잠(沈潛)된 자아(自我) **gratify** 만족시키다(satisfy) **lurk** 숨다, 잠재하다
another go 또 다른 기회
in subtly disguised forms 미묘하게 위장된 여러 형태
liberatingly reenact 자유롭게 해[해방시켜/풀어] 주듯이 재현하다
of blind outrage 무턱대고 분노하는
random and gratuitous 멋대로[우연스럽고] 아무 이유도 없는
modify 완화하다, 가감하다(moderate)

the imaginative enactment of role taking, gratifies another need deep in us; our yearning to enter and feel at ease in the human community. But all along the way, role taking leads us, by the same token, to an awareness of ourselves; it leads us, in fact, to the creation of the self. All our submerged selves, the old desires and possibilities, are lurking deep in us, sleepless and eager to have another go. Fiction, most often in subtly disguised forms, liberatingly reenacts for us such inner conflict. We feel the pleasure of liberation even when we cannot specify the source of the pleasure. If a child—or a man—who is in a state of blind outrage at his fate can come to understand that the fate which had seemed random and gratuitous is really the result of his own previous behavior or is part of the general pattern of life, his emotional response is modified by that intellectual comprehension. What is intellectually manageable is, then, more likely to be emotionally manageable.
(TCT 23회 1급 인문과학)

100. Milicent Blade has a notable head of naturally fair hair; she had a docile and affectionate disposition, and an expression of face which changed with lightning rapidity from amiability to laughter and from laughter to respectful interest. But the feature which, more than any other, endeared her to sentimental Anglo-Saxon manhood was her nose. It was not everybody's nose; many prefer one with greater body; it was not a nose to appeal to painters, for it was far too small and quite without shape, a mere dab of putty without apparent bone structure; a nose which made it impossible for its wearer to be haughty or imposing or

100

docile 온순한, 착한(obedient), 순종하는(tractable)

affectionate disposition 애정이 넘치는 기질

amiability 애교, 상냥함, 친절

respectful interest 예의바른 관심 → 기특하게도 관심을 가지다

feature 얼굴의 일부(눈, 귀, 코, 입 따위), 이목구비, 용모(容貌)

endear 사랑받게 하다, 정을 느끼게 하다, 따르게 하다(render dear)

dab 가볍게 한 번 바르기, 한 덩이, 조금, 소량 **putty** 퍼티[반죽이 된 석고]

haughty 오만한, 건방진

imposing 당당한, (위용이) 압도할 것 같은, 인상적인 **astute** 기민한, 빈틈없는(shrewd), 교활한(cunning)

governess 여자 가정교사

suit A's book A의 주문에 맞다, A에게 어울리다

crust 딱딱한 외피, 표피(表皮)

pulpy 연한, 부드러운, 과육질의

straw boaters (단단한) 밀짚모자

snobbish 속물근성의, 신사인체 하는

reasonably 당연히, 무리 없이, 적당히

reverently 공손하게, 정중하게

reel 어질어질하다, 현기증이 나다, 비틀거리다

delirium 일시적 정신착란, 극도의 흥분상태(wild excitement), 광란, 무아경

shuffle 발을 질질 끌며 걷다, (댄스를) 발을 짧게 끄는 스텝으로 추다, 이리저리 움직이다(shift)

duckboards 판자를 깐 길

chafe 비벼서 따뜻하게 하다, 마찰시키다(rub) **crumbs** (빵, 케이크의) 조각, 부스러기 **exertion** 노력, 진력, 행사(行使), 발휘 **impassable** 지나갈 수 없는, 통과할 수 없는

hostile 악의를 품은, 적의를 나타내는, 비우호적인(unfriendly)

singlehanded 한손의(one-handed), 한 손만을 쓰는, 혼자서 할 수 있는, 독력의, 단독의

astute. It would not have done for a governess or a 'cellists or even for a post office clerk, but it suited Miss Blade's book perfectly, for it was a nose that pierced the thin surface crust of the English heart to its warm and pulpy core; a nose to take the thoughts of English manhood back to its schooldays, to......memories of changing room and chapel and battered straw boaters. Three Englishmen in five, it is true, grow snobbish about these things in later life and prefer a nose that makes more show in public—but two in five is an average with which any girl of modest fortune may be reasonably content. Hector kissed her reverently on the tip of this nose. As he did so, his senses reeled and in momentary delirium he saw the fading light of the November afternoon, the raw mist spreading over the playing field; overheated youth in the scrum; frigid youth at the touchline, shuffling on the duckboards, chafing their fingers and, when their mouth were emptied of biscuits crumbs, cheering their house team to further exertion.

"You will wait for me, won't you?" he said. "Yes, darling."

"And you will write?" "Yes, darling," she replied more doubtfully, "sometimes......at least I'll try. Writing is not my best thing, you know."

"I shall think of you all the time Out There," said Hector. "It's going to be terrible—miles of impassable wagon track between me and the nearest white man, blinding sun, lions, mosquitoes, hostile natives, work from dawn until sunset singlehanded against the forces of nature, fever, cholera...... But soon I shall be able to send you join me." "Yes, darling." (On Guard by Evelyn Waugh) (TCT 24회 1급 인문과학)

5장 번역 연습(3)

Ⅰ. Urban Anonymity Cultivates Anxiety: 도회지의 익명성(匿名性)

I suspect it is the anonymity of relationships in the city that makes life harder and more frustrating and more anxiety-producing than any other factor. For much of the time we don't know whom we are dealing with.

As a common example, my car needs its twenty-four-thousand-mile checkup. The place I bought it from, across the street from my office, went out of business last year. The nearest dealer is a stranger to me, in another part of town.

The car is left there, an hour later, the phone rings. It is the service manager. This and such has to be done to the car, beyond the normal inspection servicing. The bill will be twice what I expected. Shall he go ahead with the work?

Of course, I need the car and I haven't the time and energy to traipse around, taking it elsewhere to check the reliability or honesty of the dealer. So I give him my OK, annoyed that perhaps I'm being made a sucker of, but not knowing what to do about it and half-ashamed that my suspicions may be unfounded.

Now, none of these anxieties is at work in the village I spend my summers in—or in any other community where everyone knows everyone.

When I leave my car with Norm to be fixed, I am sure he is going to give it proper attention and not charge me a penny more than he should; he would no more send me a rigged bill than cut off his tire-changing arm.

Likewise, when I bring in a busted TV to Bruce. I know equally well that he's not going to replace tubes that are still operable or sock me for an expensive part it didn't need. Apart from their native honesty and decency, these men couldn't dare to operate a flagrant rip-off in such a tight, closed environment. Those who try it once don't get a second chance.

Size and density and complexity breed anonymity. And as our national population trends move relentlessly toward larger urban complexes, higher density, and greater complexity, more and more of us are forced to rely on strangers for our services and welfare. This provides them with an almost irresistible temptation to shaft us and leaves us with a chronic feeling of having been taken.

Little sense of community is possible under such conditions; only mutual suspicion, accusation, and anxiety. The old-fashioned virtue called honor is possible only when people confront each other in their personhood and are forced to look each other in the eye for every long day of their lives.

(1) I suspect it is the anonymity of relationships in the city that makes life harder and more anxiety-producing than any other factor. For much of the time we don't know whom we are dealing with.

As a common example, my car needs its twenty-four-thousand-mile checkup. The place I bought it from, across the street from my office, went out of business last year. The nearest dealer is a stranger to me, in another part of town.

번역 사람들이 도회지에서 살기 힘들고, 욕구불만과 불안에 휩싸이게 되는 제일 큰 요인은 인간관계가 익명화(匿名化)되고 있기 때문이 아닌가 생각된다. 왜냐하면 도회지에서는 대개 상대가 누구인지 잘 모르는 채로 서로 접촉할 수밖에 없기 때문이다.

일반적인 예를 하나 들어보면, 내 차가 24,000 마일 점검을 받아야 한다고 하자. 차를 샀던 대리점은 내 사무실 길 건너편에 있었는데 지난해에 문을 닫고 말았다. 제일 가까이에 있다는 다른 대리점은 잘 알지도 못하고 같은 시내에 있어도 우리 사무실과는 다른 방향에 있다.

anonymity 익명, 무명(성)
frustrating 욕구불만, 좌절
anxiety-producing 불안을 야기하는
factor: 요인, 요소 **deal with~** ~와 사귀다, 교제하다, 거래하다
twenty-four-thousands-mile checkup 24,000 마일 정기점검
dealer 판매상[점], 중개상, 대리점
go out of business 폐업하다

주석

I suspect=I think/I guess, 그러나 타동사 "suspect"에는 보통 '주어'가 '목적어'를 별로 바람직한 것으로 보지 않는다는 뜻의 뉘앙스가 있다. 이 문장에서도 목적절 that 이하에 대해 주어 "I"가 부정적 견해를 갖고 있다는 사실을 유추할 수 있다.

It is the anonymity of relationship in the city that makes life harder〈강조구문〉 본래의 문장으로 고치면 'The anonymity of relationship in the city makes'가 되고, 이 문장은 전형적인 '무생물 주어' 구문이다. 주어를 부사구[절](원인/가정을 나타내는 경우가 많음)로 바꾸고 목적어인 인간을 새로운 주어로, 타동사를 자동사로 바꾸어 이해한다.

whom we are dealing with 교제하고 있는 상대가 누구인지 (모른다)

another에는 2가지 의미가 있다. 1) one more (예: Please have another cup of tea.) 2) different, some other (예: I'm in a hurry. I'll see you another time.)

(2) The car is left there, an hour later, the phone rings. It is the service manager. This and such has to be done to the car, beyond the normal inspection servicing. The bill will be twice what I expected. Shall he go ahead with the work?

Of course, I need the car and I haven't the time and energy to traipse around, taking it elsewhere to check the reliability or honesty of the dealer. So I give him my OK, annoyed that perhaps I'm being made a sucker of, but not knowing what to do about it and half-ashamed that my suspicions may be unfounded.

번역 아무튼 그곳에 차를 맡기고 왔다. 한 시간쯤 뒤 전화벨이 울렸다. AS 담당 매니저로부터 온 전화다. '통상적인 점검 서비스 말고도 이곳저곳 손볼 곳이 많습니다. 비용은 예상했던 것보다 두 배가 되겠습니다만, 작업을 시작해도 되겠습니까?'

물론 자동차는 없으면 안 되겠고, 일부러 시간과 힘을 들여 이곳저곳 돌아다니며 다른 점포를 찾아가 그 곳이 믿을 수 있는 곳인지, 거짓말을 하는 것은 아닌지 어쩐지 알아보고 할 시간적 여유도 나에겐 없다. 그래서 그렇게 하라고 했지만 혹시 속는 것은 아닌지 하는 의구심을 떨칠 수가 없었다. 그렇다고 해서 다른 뾰족한 수도 없고, 그렇게 의심하는 것이 괜한 걱정이 아닐까 하는 조금은 창피한 생각이 들기도 했다.

the service manager AS 담당 매니저
this and such=such and such **go ahead with**=begin
traipse around=wander idly around
reliability 신뢰성, 신빙성
annoyed=being annoyed
being made a sucker of=being cheated **suspicions** 의심(doubt), 불신(mistrust), (범죄) 혐의, 용의

주석

Shall he go ahead with the work?
이 문장은 직접화법과 간접화법의 중간형인 이른바 '묘출화법'의 문장이다. 묘출화법을 이용하면 일반적인 지문보다 훨씬 현장감이 느껴지면서 살아 있는 표현의 효과가 나는 문장이 된다.

taking it=and take it 이때의 대명사 it는 the car를 가리킨다.

the reliability or honesty of he dealer→ whether the dealer is reliable or not.
이 경우의 소유격 'of'는 그 다음에 오는 명사가 의미상 주어〈그 점포(대리점)가〉, 즉 주격관계를 나타낸다. 'reliability'라는 명사는 명사 그대로가 아닌 문장의 형태로 이해한다.

annoyed=being annoyed→while I am annoyed; 좋다고는 했지만 동시에 '걱정'도 된다는 것이다.

I'm being made a sucker of '속고 있다' →He is making a sucker of me; 'sucker'는 '젖먹이'이라는 뜻으로부터 '잘 속는 사람, 봉'의 의미로 전환한다. 'I am being made'라는 진행형에도 주의가 필요하다. 진행형에는 '감정(感情)의 강조'를 나타내는 경우가 있다. 사실을 단지 객관적으로만 서술하는 것이 아니라 보다 감정적으로 표현하는 방법이다.

half-ashamed 사실무근(unfounded)일지도 모르는데 상대방을 의심(suspicious)한 것에 대해 좀 부끄러운 기분도 든다는 뜻이다. 'suspicions'가 불가산명사임에도 복수형으로 되어 있는데, 영어에서는 fears, misgivings, hopes, expectations 등에서 보는 바와 같이 '감정을 나타내는 명사'를 복수형으로 나타내는 경우가 많다.

(3) Now, none of these anxieties is at work in the village I spend my summers in—or in any other community where everyone knows everyone.

When I leave my car with Norm to be fixed, I am sure he is going to give it proper attention and not charge me a penny more than he should; he would no more send me a rigged bill than cut off his tire-changing arm.

Likewise, when I bring in a busted TV to Bruce. I know equally well that he's not going to replace tubes that are still operable or sock me for an expensive part it didn't need. Apart from their native honesty and decency, these men couldn't dare to operate a flagrant rip-off in such a tight, closed environment. Those who try it once don't get a second chance.

번역 그런데 내가 해마다 여름을 보내는 마을에서는 결코 그런 따위의 불안을 느끼는 일은 없다. 아니, 그 마을만 그런 것이 아니라 누구라도 서로 얼굴을 알고 속마음을 이해하고 있는 공동체에서라면 어디라도 마찬가지일 것이다. 이를테면 노먼의 가게에 차를 맡겨서 수리를 부탁하면 아주 꼼꼼하게 점검해주면서도 필요 이상의 수리비는 한 푼도 더 받지 않는다. 속여서 수리비를 더 청구할 것이라면 오히려 타이어를 바꾸는 자기 팔을 잘라버릴 것이다. 고장 난 TV를 부루스의 가게에 가지고 가도 마찬가지다. 아직 쓸 수 있는 부품을 바꾼다거나, 필요 없는데도 비싼 부품을 써서 터무니없는 값을 부르거나 하는 일 따위는 없다. 선천적으로 정직하고 남을 배려할 줄 아는 마음은 당연한 일이라 치더라도, 이렇게 인간관계가 밀접하고 사람의 출입이 별로 없는 곳에서는 대놓고 바가지를 씌어서 폭리를 취한다거나 하는 일은 하고 싶어도 할 수 없는 일이다. 만일 그런 짓을 한 번이라도 했다가는 두 번 다시 장사를 못하게 된다.

fixed=repaired **rigged**=dishonest
busted=broken(부서지다, 고장 난)
replace 교체하다
sock 터무니없이 높은 값을 부르다
decency 예의 바름, (남을) 배려하는 마음, 소양, 행실
dare to~ ~할 용기가 있다, 감히 ~하다
flagrant 파렴치한(scandalous), 악명 높은(notorious), 극악무도한(heinous, egregious)
rip-off 훔치다(steal), 약탈하다

주석

at work operating(작용하다), 결국 …none of these anxieties is at work… 는 'I don't feel none of these anxieties' 의 뜻이 된다.

everyone knows everyone '누가 누군지 알고 있다.' 이 말은 이 마을사람 누구든지 서로 낯이 익고, 서로를 잘 알고 있다는 의미다.

Norm 남자 이름 Norman의 약칭이다. 여기서 사람의 이름을 쓴 것은 도회지의 익명성과 대조적으로 작은 마을 공동체에서는 누구든 서로 이름(first name)을 부르는 사이라는 것, 즉 유명성(有名性)이 있다는 것을 나타내기 위함이다.

not change me a penny "a"가 부정(否定)과 연결되면 흔히 "not even a single"의 의미가 된다.

he would의 would는 가정법. '노먼에게 부탁해 두면 그런 짓 따위는 할 리가 없다' 는 뜻이다.

no more … than 타이어를 교체하는 자신의 손을 스스로 잘라버릴 정도와 마찬가지로 부당한 청구서 같은 것도 보내지 않는다는 말이다.

(4) Size and density and complexity breed anonymity. And as our national population trends move relentlessly toward larger urban complexes, higher density, and greater complexity, more and more of us are forced to rely on strangers for our services and welfare. This provides them with an almost irresistible temptation to shaft us and leaves us with a chronic feeling of having been taken.

Little sense of community is possible under such conditions; only mutual suspicion, accusation, and anxiety. The old-fashioned virtue called honor is possible only when people confront each other in their personhood and are forced to look each other in the eye for every long day of their lives.

번역 도시가 거대화 되고, 인구가 집중되면서 복잡하게 되면 익명성이 생겨나게 마련이다. 더구나 전국적으로 인구의 물결이 점점 거대화 되고 있는 도시형의 사회조직으로 마구 쏟아져 들어오기 때문에 여러 가지 서비스를 받고 쾌적하게 살아가기[복지를 누리기] 위해서는 낯모르는 타인에게 의지할 필요성은 점점 더 많아지게 된다. 이런 정황이 되면 서비스를 제공하는 측으로서는 고객을 속이고 싶은 유혹이 거의 저항할 수 없을 정도로 강해지고, 한편에서는 당하는 것은 아닌가 하는 의구심으로 해서 끊임없이 머리가 아파진다. 이런 상황에서는 공동체의식 같은 것을 생각하기가 쉽지 않다. 있는 것이라곤 그저 서로를 의심하고 비난하는 일과 불안스런 마음뿐인 것이다. '명예' 라고 하는 미덕 같은 것이 시대에 뒤떨진 것으로 생각될지는 몰라도 이러한 미덕을 이루기 위해서는 상호간에 서로를 인격체로서 대하면서 짧지 않은 일평생 하루하루를 결코 양심에 가책을 받고 사는 일 따위는 하지 않도록 노력하는 수밖에 없는 것이다.

density 조밀함, 밀집 **complexity** 복잡(성), 복잡한 것(complication) **breed** (~의) 원인이 되다, 일으키다(cause, originate) **relentlessly** 가차 없이 **complexes** 건축물, 조직 등의 '복잡한 구조체제' **irresistible** 억누를 수 없는, 참을 수 없는 **shaft** 속이다(cheat), 불공정하게 취급하다(treat unfairly) **chronic** 상습적인(habitual), 끊임없는(constant) **taken**=taken in, cheated **in the personhood** 각자 인격을 가진 개인으로서 **look each other in the eye** 상대방의 눈을 똑바로 쳐다보다 →속이지 않다 →양심에 가책 받을 일을 하지 않다

주석

Size and density and complexity breed anonymity → 무생물주어의 구문: '공동체가 거대화되고, 인구밀도가 높아지고 사회가 복잡하게 되면서 익명성이 나타난다. 즉, 사람들의 생활이 비인격화(非人格化)된다' 로 이해한다.

'as our…' 의 as는 시간을 나타내는 접속사로서 '~함에 따라서'.

national population trends '전국적인 인구 동향'

larger urban complexes '점차 거대화되고 복잡화 되는 도시형의 사회조직' 이라는 뜻.

for our services and welfare '다른 사람들로부터 여러 가지 서비스를 받고, 쾌적하게 살아가기 위해서는' →추상명사는 내용에 따라 능동적인 의미를 나타내는 경우와 수동적인 의미를 나타내는 경우가 있다. "our services"는 '우리가 다른 사람에게 서비스하다' 가 아니라, '다른 사람으로부터 서비스를 받다' 라고 하는 수동의 의미가 된다는 것은 문장의 전후관계를 보아 유추할 수 있다. "welfare"는 '우리가 쾌적하게 살아가는 것' 이라는 능동적인 의미가 된다. 여기 나오는 여러 명사들도 기계적으로 명사 그대로 옮기기 보다는 주어와 동사를 상정해서 문장의 형태로 바꾸어 이해하도록 한다.

This provides them. 무생물주어의 구문으로 'This' 는 앞 문장의 내용을, 'them' 은 strangers를 가리킨다.

have been taken 완료형으로 되어 있는 점에 주의한다. 나중에 가서 '어이쿠, 당해버렸구나' 라고 하는 생각이 들게 된다는 뜻이다.

The old-fashioned virtue '구식의, 시대에 뒤떨어진 미덕' 이라는 부정적인 표현처럼 보일 수도 있으나, 이 경우 글쓴이가 이 '구식의 미덕' 을 소중하게 여긴다는 것은 이 에세이 전체의 흐름으로 볼 때 분명하다.

|| What Gun Control Can Do : 총기 규제로 무엇을 할 수 있는가?

People who don't live on big cities find it hard to understand the need for gun control. I was in Montana last month giving a talk, and during the question period many in the audience were resentful that I have come out for stricter gun laws.

"No laws will stop criminals from getting hold of guns," they keep repeating—and, of course, they are right. Criminals will always get narcotics and prostitutes will always get customers.

What they fail to recognize, however—since they live in areas where guns are used largely for killing animals, not people→is that most violence in the city is not committed by criminals. The professional criminals, in fact, shoot only one another; and even the small-time crook is not statistically a great menace with firearms.

I returned from Montana on a Saturday and picked up that night's paper in Chicago. Five separate shootings had been reported—three of them ending in deaths, including one "innocent bystander" to a quarrel. In none of these five separate shootings was a criminal involved.

One youth peppered a police car as he rode past on a bicycle. Two men fought in a tavern; one left, returned with a gun and killed his antagonist and a stranger at the bar. A 17-year-old girl was shot in the face as she sat on her front porch. An altercation between a tenant and his landlord left the landlord in undisputed possession of his property. He shot the tenant through the head.

This is the pattern of gun killings in the big cities. Most homicides are not professional jobs, but are committed by relatives, friends or neighbors, in the home or nearby. They are sparked by liquor, by lust, by jealousy, or greed, or a burning sense of injustice. And most are committed by people with no previous record of violence.

It is these who will be restrained by stricter gun laws, who will find it much harder to go home, pick up a gun and shoot an adversary. The liquor will pass, the lust will die, reflection will replace passion if the instrument of death is not so readily available.

No one suggests that tougher gun control will reduce organized crime, or will inhibit the crooks. But the majority of fatal shootings in a metropolis are more emotional than criminal in intent, more impulsive than premeditated. And if the gun isn't there, the impulse to shoot cannot be so hastily gratified.

(1) People who don't live in big cities find it hard to understand the need for gun control. I was in Montana last month giving a talk, and during the question period many in the audience were resentful that I have come out for stricter gun laws.

"No laws will stop criminals from getting hold of guns," they keep repeating—and, of course, they are right. Criminals will always get guns, just as addicts will always get narcotics and prostitutes will always get customers.

번역 대도시에 살고 있지 않으면 왜 총기 규제가 필요한지에 대한 이해가 쉽지 않게 된다. 지난 달 강연을 하러 몬태나에 갔었다. 질의응답 시간에 열을 내면서 반론을 제기하는 청중이 많았는데 평소에 총기규제를 강화해야 된다는 내 주장에 대해서 도저히 납득할 수 없다는 것이었다.

"어떤 법률을 만든다 해도 범죄자는 총을 수중에 넣는 일을 포기하지 않을 것이다." 총기규제를 강화하자는데 이론(異論)을 제기하는 사람들은 늘 이런 말을 되풀이해서 부르짖고 있다. 물론 그들의 주장은 옳다. 범죄자는 언제든지 총을 손에 넣을 수 있는데, 마약중독자가 언제든지 마약을 얻을 수 있고, 창녀가 언제든지 손님을 받아들일 수 있는 것과 마찬가지이다.

Montana 미국 서북부에 있는 주(州), 대부분이 로키산맥의 산지로 되어 있음.
question period 질의응답(質疑應答) 시간
resentful 분개하고 있는, 원망하고 있는, 성마른(angry, indignant) **come out for~** ~의 지지를 표명하다, ~에 찬성하다
getting hold of~ ~을 수중에 넣다
addicts 마약 중독자
narcotics 마약(痲藥) **prostitutes** 창녀

주석

People who don't live··· →People, if they don't live in big cities ···: 관계대명사=접속사+대명사

the need for gun control → "why gun control is needed": 명사를 문장으로 이해한다.

Montana last month giving a talk,··· → "and gave a talk": 분사구문의 후치

audience were resentful that··· 형용사에는 사실상의 목적어로서 that절이 오는 경우가 있다. (예) I'm sure that he is innocent. / They were ignorant that the town had been destroyed. **stricter** 문장에 비교급이 나올 경우에는 무엇과 비교되는가를 분명히 파악해 두는 것이 중요하다. 이 경우의 stricter는 '현재보다 더 엄격하다'는 것을 나타낸다.

No laws will stop criminals 주어를 부사절로, 타동사를 자동사로, 목적어를 새 주어로 바꾸어 재구성하면 '어떤 법률을 만들어 보아도 범죄자는 단념하지 않는다.'는 뜻의 문장을 얻을 수 있다.

they keep repeating— ··· 'they'는 'People'을 가리킨다.

Criminals will always get··· 이 문단에 나오는 모든 'will'은 미래를 표시하는 것이 아니라 '현재의 습관' 또는 '일반적인 경향'을 나타내는 용법의 will이다.

(2) What they fail to recognize, however—since they live in areas where guns are used largely for killing animals, not people—is that most violence in the city is not committed by criminals. The professional criminals, in fact, shoot only one another; and even the small-time crook is not statistically a great menace with firearms.

I returned from Montana on a Saturday and picked up that night's paper in Chicago. Five separate shootings had been reported—three of them ending in deaths, including one "innocent bystander" to a quarrel. In none of these five separate shootings was a criminal involved.

번역 그러나 그들이 간과하고 있는 것이 하나 있다. 그들이 살고 있는 지역에서 총을 사용하는 경우는 주로 동물을 잡기 위한 것으로 인간에게 사용하는 것이 아니기 때문이다. 그런데 도회지에서는 대개의 경우, 폭력사건[총기사건]을 일으키는 사람은 사실 범죄자가 아니다. 실제로 전문 범죄자가 서로 총을 쏘는 경우는 자기들끼리 그렇게 할 뿐으로, 통계상으로 보아 하찮은 좀도둑이 총을 소지하고 있다 해도 그것은 크게 위협이 될 정도는 아니다.

토요일, 몬태나에서 시카고로 돌아와 석간신문을 읽어 보았다. 각기 다른 발포사건 기사가 5건이나 나와 있었다. 사망자가 나온 사건이 3건이었는데, 그 중에는 사건과 아무런 관계도 없으면서 싸움에 말려들어 죽은 희생자가 한 사람 있었다. 이 다섯 발포사건 중 어느 것도 범죄자가 개입된 사건은 없었다.

since=because
largely=mainly
small-time crook 하찮은 좀도둑
statistically 통계적으로 보아
menace
위협, 협박(threat), 위험의 우려가 있는
innocent bystander
아무 것도 모르는 구경꾼
firearms 화기(火器), (휴대 가능한) 소화기(小火器)(small arms)

주석

in fact와 indeed 'in fact'는 앞에 나온 것과는 대조적으로 '그런데 사실은'의 뜻으로 사용하는 경우가 많고, 'indeed'는 앞에 말한 사실을 강조해서 '그리고 사실 그대로[그와 같이]'의 뜻으로 흔히 사용된다.

…, including one… → …,and they included one…

"innocent bystander" '그 곳에 같이 있었을 뿐, 사건과는 아무런 관계가 없는 사람'이라는 뜻인데, 인용부호(" ")가 붙어 있는 것은 '소위, 이른바'라는 뉘앙스를 나타내기 위함이다.

In none of these five… 강조를 위해 부사를 문장의 앞으로 낸 결과, 도치구문이 되었다. 일반 구문으로 고치면, 'A criminal was involved in none of these five…'가 된다.

(3) One youth peppered a police car as he rode past on a bicycle. Two men fought in a tavern; one left, returned with a gun and killed his antagonist and a stranger at the bar. A 17-year-old girl was shot in the face as she sat on her front porch. An altercation between a tenant and his landlord left the landlord in undisputed possession of his property. He shot the tenant through the head.

This is the pattern of gun killings in the big cities. Most homicides are not professional jobs, but are committed by relatives, friends or neighbors, in the home or nearby. They are sparked by liquor, by lust, by jealousy, or greed, or a burning sense of injustice. And most are committed by people with no previous record of violence.

pepper (질문, 탄환 따위를) 퍼붓다
ride past 타고 지나가다
tavern 선술집(saloon, bar)
antagonist 반대자, 적대자, 적(opponent), 적수, 경쟁자(rival)
altercation 말다툼(quarrel)
landlord 집주인, 지주
homicides 살인사건
lust 욕정(欲情)
greed 욕심, 탐욕, 물욕(物慾)

주석

one left→ one of the men left the tavern

with a gun 총을 가지고

the bar
술을 파는 '바'를 말하는 것이 아니고 '카운터'를 말한다. 'at the bar'가 법률관계로 사용되면 '법정(法廷) 변호사'를 의미한다.

번역 다섯 건의 발포사건이란 먼저, 한 젊은이가 자전거를 타고 지나가면서 경찰관에게 총을 쏜 사건이고, 또 다른 사건은 두 남자가 선술집에서 싸우다가 생긴 일로 한 쪽 남자가 자기 집으로 가서 총을 가지고 와 싸운 상대는 물론이고 카운터에 있던 생판 모르는 사람까지도 쏴 죽인 사건, 17세 소녀가 현관 포치에 앉아 있는데 느닷없이 얼굴에 총을 맞은 사건, 그리고 임차인(賃借人)과 집주인 간에 언쟁을 벌이다가 집주인이 총을 가지고 와 그 집이 자신의 소유라는 사실을 임차인에게 우격으로 깨닫게 한 사건으로, 임차인의 머리에다 총을 쏴 버린 것이다.

이것이야말로 대도회지에서 일어나는 총기 살인사건의 전형적인 패턴인 것이다. 대부분의 총기 살인사건은 프로가 하는 짓이 아니고 친척이나 친구, 혹은 이웃이 자기 집이나 그 주위에서 일으키는 것이다. 그것들은 술, 정욕, 질투나 탐욕, 부당한 처사에 대한 열화(烈火) 같은 분노 따위로 촉발되는 것이다. 게다가 대부분의 경우, 폭력행위 전과(前科) 같은 것이 없는 보통사람들이 저지르는 사건이다.

(4) It is these who will be restrained by stricter gun laws, who will find it much harder to go home, pick up a gun and shoot an adversary. The liquor will pass, the lust will die, reflection will replace passion if the instrument of death is not so readily available.

No one suggests that tougher gun control will reduce organized crime, or will inhibit the crooks. But the majority of fatal shootings in a metropolis are more emotional than criminal in intent, more impulsive than premeditated. And if the gun isn't there, the impulse to shoot cannot be so hastily gratified.

번역 이런 사람들이야말로 총기규제를 엄격히 하게 되면 그런 사건을 일으키지 않도록 할 수 있을 것이다. 느닷없이 집으로 가서 총을 들고 와 상대를 쏘거나 하는 일은 지금처럼 손쉽게 저지를 수 없게 될 것이다. 살인 도구를 쉽게 잡을 수 없게 되면 얼마 지나지 않아 술이 깨고, 욕정도 가라앉을 것이며, 과격한 마음도 차분해지면서 후회하는 마음도 생기게 되는 것이다.

총기규제가 강화된다고 해서 조직범죄가 줄어든다거나 좀도둑이 도둑질을 안 할 것이라고 말하는 것은 아니다. 그러나 대도회지의 총기 살인사건의 대다수는 범죄를 의도한 것이기 보다는 오히려 감정의 폭발이 원인이고, 계획적인 범행이기 보다는 오히려 충동적, 발작적인 행위인 것이다. 따라서 총기만 곁에 없다면 설사 쏴 죽이고 싶은 마음이 생겨도 그처럼 성급하게 그 충동을 만족시킬 수는 없을 것이다.

adversary 상대방, 적수, 반대자(opponent)
lust 욕망, 욕정(欲情), 육욕(肉慾)
reflection 반성, 숙고
readily 손쉽게, 간단히(easily)
available 입수할 수 있는(accessible)
organized crime 조직범죄
inhibit 억누르다(restrain), 억제하다(check)
crook 악한(rogue), 사기꾼(swindler), 도둑(thief) **fatal** 치명적인
premeditated 사전에 생각한, 계획적인, 미리 꾀한 **gratify** 만족시키다(satisfy), 기쁘게 하다(please)

주석

It is these who will be…
강조구문 (who=that)

by stricter gun laws
'총기규제 법규를 (지금보다) 엄격하게 함으로써'로 이해할 수 있다.

will pass '현재의 습관' '일반적 습관'을 나타내는 'will'. 'pass'는 '(술 취한 것이) 깨다, 없어지다'의 뜻.

reflection will replace passion…
반성이 격정을 대신하다'→"일시적인 격정이 사라지고 마침내 반성의 마음이 생기다."
replace=take the place of

the instrument of death
'gun'을 말한다.

III. What Is Happiness in a Marriage : 결혼의 행복

A college student asked me, during a bull-session on campus last week, "How many happy marriages do you think there are in our country?"

Of course, it is an impossible question to answer, even on a rough percentage basis. But the question itself interested me more than the lack of an adequate answer.

Most people don't know that the idea of "happiness" in a personal sense is a relatively new one—no older than the French Revolution. The idea that happiness as such should be the controlling or dominating factor in human life rarely occurred to the ancients or to the medievals.

Along with the vague concept of "progress," happiness is a product of the last two centuries, when man began to feel he had overcome the forces of nature and when the idea of the individual personality became more important than the family, the tribe, the city, or the nation.

People in the past were not supposed to aim at happiness as an ultimate goal; they may have hoped for it as a by-product, but they did not judge the worth of their lives by this standard. Marriages then held together not because the couples were "happier," but because they weren't looking for happiness in marriage.

We can see this even as late as our grandparents' time. Divorces were infrequent not merely because the laws were stricter and morality more severe. The couples themselves were content if they rubbed along together, had enough to live by, reared decent families and died with a sense of conjugal accomplishment.

We today ask a great deal more of marriage—just as we ask a great deal more of life generally. The average married couple is not satisfied short of "happiness," however this happiness may be defined—and its definition usually includes some idea of romantic love that was irrelevant to marriage in past ages.

I can see good in both attitudes. The past was more realistic, and we are more ambitious. Our grandparents didn't expect too much out of marriage, and were satisfied with mere "adjustment." We expect a great deal—perhaps too much—and are unwilling to settle for less.

We have a much different idea of the individual than they did, and this accounts for the restlessness and instability of modern marriage. We want marriage to be more than an economic and social contract (which I think it should be) but we have not yet matured enough to realize that "happiness" cannot be found in someone else—it must be built with someone else. We have not yet grown up to our vast emotional wants.

(1) A college student asked me, during a bull-session on campus last week, "How many happy marriages do you think there are in our country?"

Of course, it is an impossible question to answer, even on a rough percentage basis. But the question itself interested me more than the lack of an adequate answer.

Most people don't know that the idea of "happiness" in a personal sense is a relatively new one—no older than the French Revolution. The idea that happiness as such should be the controlling or dominating factor in human life rarely occurred to the ancients or to the medievals.

bull-session (적은 인원의) 담화회(談話會), 작은 토론(an informal, spontaneous group discussion)
marriage 결혼→결혼생활, 부부(夫婦)
on a A basis A를 근거[기초] 위에, A라는 점으로 보아
as such 그 자체는(in itself)
dominating 가장 중요 한(most important)
medievals 중세(中世) 사람들

주석

an impossible question to answer=a question impossible to answer

the lack of an adequate answer 'of+명사' 가 주어를 나타내는 경우 'A of B' =B가 A하다' 가 되는데, 이 또한 명사를 문장으로 이해한다는 원칙에 따라 옮겨보면 '적절한 대답이 없다는 것 / 적절히 대답할 수 없는 것' 으로 된다.

번역 지난 주 어느 대학에서 어떤 학생 그룹과 가벼운 토론을 하다가 일어난 일이다. 학생 한 사람이 이런 질문을 하는 것이었다. "지금 우리나라에 행복한 결혼생활을 하고 있는 부부가 얼마나 된다고 생각하십니까?"

물론, 이런 질문에는 대답을 할 수가 없고, 대략 몇 퍼센트라고 말하는 것도 무리한 일이다. 하지만 나는 만족할 만한 대답을

못해준다는 사실보다 그 질문 자체에 흥미를 느꼈다.

대부분의 사람들은 잘 모르고 있겠지만, 개인의 "행복"이라는 관념은 그렇게 오래된 것이 아니다. 기껏 프랑스 혁명 때까지 밖에 거슬러 올라가지 않는다. 행복 그 자체가 사람의 생활을 좌우하고 지배하는 요인이 되어야 한다는 사고방식은 고대나 중세 사람들로서는 생각해 낼 수도 없는 일이었다.

(2) Along with the vague concept of "progress," happiness is a product of the last two centuries, when man began to feel he had overcome the forces of nature and when the idea of the individual personality became more important than the family, the tribe, the city, or the nation.

People in the past were not supposed to aim at happiness as an ultimate goal; they may have hoped for it as a by-product, but they did not judge the worth of their lives by this standard. Marriages then held together not because the couples were "happier," but because they weren' t looking for happiness in marriage.

번역 "진보"라고 하는 막연한 관념과 함께 행복은 지난 2세기 동안에 만들어진 관념이다. 이 시기에 인간은 자연의 힘을 극복할 수 있다고 생각하기 시작했고, 동시에 개인의 인격이라는 관념을 가족과 종족 또는 도시나 국가보다 더 중요시하게 되었다. 옛날 사람들은 행복이 인생의 궁극적인 목적이라는 등으로 전제하지는 않았다. 부산물로서의 행복이란 것을 기대했는지 모르지만 행복을 기준으로 해서 인생의 가치를 판단하지는 않았다. 그 당시에 부부가 헤어지는 일이 드물었던 사실이 결혼생활이 지금보다 "더 행복"했기 때문이 아니라라 결혼에 굳이 행복 같은 것을 찾으려고 하지는 않았기 때문이다.

along with~ ~와 함께(together with)
vague 막연한(indistinct), 명확하지 않은 (indefinite)
tribe 종족, 부족(部族)
ultimate 궁극적인
by-product 부산물
rub along (곤란을 참고) 이럭저럭 살아가다 (succeed in living together)

주석

a product of the last two centuries '과거 2세기가 만들어 낸 것이다' 소유격 of를 주격관계로 이해하여, 명사 product를 동사화 시켜 문장으로 이해한다.

man 관사 'a'가 없는 것은 개개인의 사람이 아니라 '인류'를 의미하기 때문이다.

the family, the tribe,… 정관사가 붙어 있는 것은, '가족이라는 것, 종족이라는 것'이라는 총칭적 또는 추상적인 의미를 나타낸다.

were not supposed to aim… suppose는 expect, require의 뜻.

may have hoped… '기대했는지도 모르다'. may+완료형으로, 과거의 일에 대한 추측을 나타낸다.

"happier" 비교되는 것이 무엇인지 정확히 파악해야 한다. 이 경우는 '현대[지금]와 비교해서' 더 행복하다는 말이다.

(3) We can see this even as late as our grandparents' time. Divorces were infrequent not merely because the laws were stricter and morality more severe. The couples themselves were content if they rubbed along together, had enough to live by, reared decent families and died with a sense of conjugal accomplishment.

We today ask a great deal more of marriage—just as we ask a great deal more of life generally. The average married couple is not satisfied short of "happiness," however this happiness may be defined—and its definition usually includes some idea of romantic love that was irrelevant to marriage in past ages.

번역 이런 사정은 우리들 할아버지, 할머니 시절까지도 남아 있었다. 이혼이 매우 드물었던 것이 단지 지금보다 법률이나 도덕이 더 엄격했기 때문은 아니었다. 부부가 서로 잘 맞춰 가며 함께 살면서 먹고 사는데 궁색하지 않을 정도의 경제적인 기반이 있고 남부럽지 않게 자식을 키울 수만 있으면 그것으로 족하다고 생각하였으며, 그것으로 결혼의 목적을 달성했다고 생각하며 죽음을 맞이했던 것이다.

그러나 오늘날에 와서는 결혼에 대한 기대가 지나치게 커져 버린 것이다. 마치 인생 전반적인 것에 대해 너무도 큰 기대를 가지고 있는 것과 마찬가지로 말이다. 오늘날의 통상적인 부부는 "행복"이 없어서는 만족하지 않는다. 이러한 "행복"이 어떤 의미를 가진다 해도 이 "행복"이라는 정의(定義) 가운데는 일반적으로 어느 정도 연애에 가까운 사랑의 관념이 포함되어 있다. 하지만 지난날에는 그런 '사랑' 따위는 결혼과는 아무 관계도 없는 것으로 생각되었던 것이다.

rear (아이를) 기르다, 교육하다
conjugal 부부간의(connubial), 혼인의(matrimonial), 부부로서의
irrelevant 적절치 않은, 무관계의

주석

late 여기서의 late는 '늦은'이 아니라 'recent'의 뜻이다. cf. lately=recently

content는 다소 불만스럽다고 해도 그것으로 괜찮다, 즉 '참다'라는 뜻이 있다. 반면에 satisfied는 충분히 만족하고 있어 더 바랄게 없어 더 말할게 없다는 뉘앙스가 있다.

enough to live by '그것으로 생활하는 데에 충분하다'는 '먹고 살아갈 만큼의 수입이 있다'는 뜻.

ask a great deal of marriage 'ask A of B'로 'B에게 A를 요구하다[기대하다]'

generally '널리 일반적으로 인생이라는 것의 전반적인 것에 대해'라는 것을 의미한다.

"happiness" 인용부의 의미를 살리면 '내용은 무엇이든지간에 오늘날의 사람들이 말하는 이른바 행복'이라는 뜻을 나타낸다.

its definition usually includes some idea of romantic love… 무생물주어의 구문으로 '그 정의(定義) 가운데는 연애라고 하는 관념이 포함되어 있다'

romantic love that…→…romantic love, but it was…: 관계대명사(that)=접속사(but)+대명사(it)

(4) I can see good in both attitudes. The past was more realistic, and we are more ambitious. Our grandparents didn't expect too much out of marriage, and were satisfied with mere "adjustment." We expect a great deal—perhaps too much—and are unwilling to settle for less.

We have a much different idea of the individual than they did, and this accounts for the restlessness and instability of modern marriage. We want marriage to be more than an economic and social contract (which I think it should be) but we have not yet matured enough to realize that "happiness" cannot be found in someone else—it must be built with someone else. We have not yet grown up to our vast emotional wants.

번역 나는 이들 어느 쪽의 태도에도 나름대로의 장점이 있다고 생각한다. 과거의 태도에 현실적인 면이 있는 반면에 오늘날의 우리가 이상(理想)은 더 높다고 할 수 있겠다. 조부모의 세대는 결혼에 대해 지나친 기대없이, 그저 "서로 잘 맞춰 가면서" 살아가는 것으로 만족한 것이었다. 오늘날에는 결혼에 대한 기대가 크다. 어쩌면 지나치게 클지도 모른다. 그래서 현실이 그 기대에 미치지 못하게 되면 현실을 그대로 받아들이려 하지 않는 것이다.

오늘날 우리가 가지고 있는 '개인' 이란 관념은 예전과는 많이 다르다. 현대의 결혼이 불안스럽고 안정되지 못한 것은 이런 까닭으로 인해서이다. 우리는 결혼이란 것이 경제적, 사회적인 계약 이상의 그 무엇이 되어야 한다고 생각한다. 분명히 나도 그렇게 되어야 한다고 생각한다. 그러나 우리는 아직 그렇게 충분히 성숙되지 못하고 있다. 충분한 인식을 못하고 있다는 것이다. "행복"이란 타인 속에서 발견할 수 있는 것이 아니라 타인과 더

settle for 받아들이다(accept)
account for~
(~의 이유를) 설명[해명]하다(explain)
restlessness 불안함, 불안정함
wants 욕구, 욕망

주석

more realistic/more ambitions
비교급이 무엇과 비교되고 있는 지를 파악해야 한다.

…different idea of the individual than they did,… different에 따르는 전치사가 from뿐 아니라, to(영국식 영어)나 than(미국식 영어)도 쓰이는데, 영국식이거나, 미국식이거나 뒤에 명사가 아닌 절(節)이 오는 경우는 일반적으로 'than'을 쓰는 경우가 많다. individual 이 이탤릭체로 되어 있는 것은 '강조'를 하기 위한 것이다. 이 밖에도 라틴어라든가, 외국어도 흔히 이탤릭체로 쓰인다. found in, built in도 마찬가지다.

…this accounts for the restlessness and instability… 전형적인 무생물주어의 구문이다.

…the restless and instability of modern marriage.→(why) modern marriage is restless and instable.

불어 만들어 내는 것이 되어야 한다. 우리는 아직 거창한 정서적 욕구에 부합될 만큼 진정한 성숙을 이루지 못하고 있는 것이다.

6장

번역 | 번역연습(1)(2)

번역연습(1) [번역]

1. 지나치게 가까우면 대수롭지 않게 생각해버린다[친분이 지나치면 경멸을 자아낸다; 너무 허물없이 굴면 업신여김을 받는다]. 그러나 한국에서는 오히려 서로가 친근하지 않아서 이런 바람직하지 않은 감정이 생기는 것 같다.

2. 한국 노동자들이 자신의 업무에 긍지를 가지면서 회사에 대해서도 충성심을 가지는 것은 그들이 가격 면에서 경쟁에 뒤지지 않을 뿐 아니라 품질 면에서도 신뢰할 수 있는 상품을 생산할 수 있는 능력이 있다는 사실에서 나타나고 있다.

3. 외국인이 미국이란 나라에 살면서 가장 불쾌하게 여기는 것은 미국생활에는 기본적으로 쾌적함이란 것이 없다는 사실이다. 국민 누구나 적어도 물질적인 행복감이란 것을 알고 있다면 미국인이 먹고 있는 음식에 참기 어려울 것이고, 그처럼 좁은 아파트에서 산다는 것, 시끄러운 소음, 게다가 혼잡하기 그지없는 지하철이나 버스 같은 것에도 인내하기 어려울 것이다. 미국의 대도시에 살고 있으면 감각도 신경도 끊임없이 공격당하고 있는 듯한 느낌을 받는다.

4. 어느 오찬모임에서 어떤 큰 기업의 회장과 동석하게 되었다. 그 분은 요즘의 젊은 세대에 대해 계속해서 불만을 터뜨렸는데, 그들은 노인을 공경할 줄 모른다는 것이다. 자신의 청년시절에 비해 오늘날의 젊은이들은 중년 이상의 나이 많은 사람들을 경멸한다고 탄식하는 것이었다.

5. 부부 스스로가 결혼이란 것은 속박으로 생각하고 있는 경우를 너무나 많이 볼 수 있다. 결혼생활이 창조적으로 잘될 가능성이 많이 있음에도 부모가 그 가능성을 추구하지 않으면 그 자녀들도 당연히 결혼생활에서 부부가 서로에게 힘이 되어 주려고 하지 않는다.

6. 누군가로부터 마음에 상처를 입고 앙갚음을 하려고 해도 상대가 윗사람이기 때문에 두려워서 그렇게 할 수가 없는 경우에 엉뚱한 사람에게 분풀이하기 쉽다. 그렇게 한다고 해서 애초의 문제가 해결되는 것은 아니지만 가슴에 맺힌 울분이 조금은 풀리기 때문이다.

7. 타이피스트는 글자의 위치에 별로 신경 쓰지 않고도 손가락을 습관적으로 재빨리 움직여 키보드를 칠 수 있다. 그렇게 함으로써 능률이 오르는 것이다. 동시에 그로 인해 글자가 보다 합리적으로 배열된 키보드가 출현하지 못하는 것도 사실이다.

8. 셰익스피어는 대학교육을 받지 못했기 때문에 오히려 득을 보았다. 왜냐하면 대학교육의 결과로 천재를 질식시키는 경우가 너무나 많기 때문이다. 셰익스피어에게 특이한 점은 자기가 태어나서 자란 땅에 밀착하고 대중의 마음과 밀착되어 있었다는 것이다. 그리고 그 대중은 저 "메리 잉글랜드"(의 중세적인 전통)를 기억하고 있었던 것이다. 만일 셰익스피어가 대학교육을 받았었다면 이러한 전통과의 밀접한 관계는 아마도 손상을 입었을 것이다.

9. 자신이 무엇을 할 수 있다는 것과 누구에게 무엇을 가르친다는 것은 전혀 달라서 남을 가르치는 것은 잘 해도 자신은 잘 못하는 경우가 있다. 운동경기 같은 것이 그 좋은 예가 되는데, 코치로서는 최고지만 자기가 직접 경기를 하게 되면 그저 그런 평범한 플레이를 하는 경우도 흔히 있는 일이다.

10. 내 부모님은 35년간 부부로 함께 살아 오셨다. 어려운 일이 생길때 그곳에 가면 언제나 힘이 되어 주시는 그런 존재라는 사실을 우리 세 자식은 한 번이라도 의심해 본 적이 없다. 그런데도 우리는 단 한 번도 감사의 말을 표한 적이 없다. 자식들 중에서도 내가 제일 불효자식이었다.

11. 연금술사들은 몇 세기에 걸쳐 언뜻보면 헛수고로 생각되는 노력을 되풀이해 오다가 우연히 화학이란 것을 만들어 내게 되었다. 이런 사실 또한 실패가 생각지도 않게 성공을 가져온 하나의 사례가 된다.

12. 용감한 사람이란 결코 공포를 느끼지 않는 사람을 말하는 것이 아니다. 공포를 안 느끼는 사람은 존재하지 않기 때문이다. 용감한 사람은(비록 공포를 느낄지라도) 그 공포에 맞서는 사람을 말한다. 용감한 자와 비겁한 자의 차이는 단지 용감한 사람은 공포에 대항하지만 비겁자는 그렇지 않다는 것이다.

13. 교육문제를 논할 때 그것이 마치 사회체제와는 아무런 관계도 없는 것처럼 논의되는 경우가 많다. 그러나 교육은 사회 속에서, 사회를 위해서 수행되는 것이다. 교육문제에 대한 해결책이 만족스럽지 못한 경우가 많은 것은 바로 이런 이유 때문이다.

14. 사람을 사랑하기보다 동물을 사랑하는 편이 훨씬 편하다. 동물은 배반한다거나 대들지 않는다. 애완 생쥐는 귀여워서 아프게 하는 것조차도 못하는 사람이 자기 아내는 아무렇지도 않게 죽일 수 있는 것이다. 아마도 아내는 생쥐가 되기를 거부했기 때문이리라.

15. 나이를 먹어가면서 젊은 시절에 즐겨 읽었던 책들이 생각은 나지만 거의 기억하지는 못한다. 그러므로 읽고 싶은 책들을 다시 읽어보는 즐거움을 소중히 생각하도록 하자.

16. 지도자란 사람들이 그 지위를 오랫동안 유지하려고 한다면 서로 상반되는 두 가지 속성을 겸비할 수 있어야 한다. 단호한 태도를 취할 때와 유연한 태도를 취할 때를 알 수 있어야 한다. 그렇지 못하면 권력의 자리에 오르는 것도 빠르지만 그 자리에서 떨어져 몰락하는 것 또한 빠르다. 지미 카터 미국 대통령이 그 좋은 예가 된다.

17. 사수어라고 불리는 물고기는 물속에서 수면 위로 드리워진 나뭇잎이나 가지에 앉아 있는 곤충을 정확히 겨냥해서 작은 물방울을 쏜다. 때로는 3미터나 떨어져 있는 물 속에서 곤충을 쏘아 떨어뜨리기도 한다. 언젠가 물가의 베란다에 있던 사람이 사수어가 정확히 겨냥한 물방울 총알에 담뱃불을 꺼뜨린 적이 있다.

18. 칼로스는 나무랄 데 없는 선생이었다. 제자들 한 사람 한 사람에게 개인적으로 관심을 가지고 그 장점과 약점을 잘 구분해서 각자의 능력을 최대한 끌어내었다. 제자들은 모두 그에게 진정한 애정을 느꼈고 그 애정은 오래도록 제자들의 가슴 속에 살아남아 있었다.

19. 애교심은 애국심과 비슷하다. 학생은 자기 학교의 성쇠를 마치 자기 자신의 일처럼 생각하고 다른 학교와 대항해서 자기 학교를 지키고 육성시키려고 한다. 바로 국민이 옳든 그르든 자기 나라를 지지하는 것과 마찬가지로 말이다. 자기 학교는 모교이기도 하지만 모국이기도 한 것이다.

20. 비서 델라가 전화기를 들고 "호머 가빈 씨의 전홥니다."라고 메이슨에게 말했다. 메이슨이 전화기를 나꾸어채듯 잡았다. "여보게, 호머인가? 지금 어딘가?" "메이슨, 잘 듣게, 시간이 없어, 한 마디만 할께, 스테파니가 제 몸을 지키려고 총을 쐈는데 잭이 맞고 죽은 것 같아. 빨리 가서 스테파니를 돌봐 주게나, 어서."

21. 다른 사람에게 독서에 대해 해줄 수 있는 충고는 남의 충고 따위는 듣지 말고 자신의 직관에 따라 스스로의 사리분별로 나름대로의 결론을 내라는 말밖에 해줄 게 없다. 이 말에 동의한다면 나도 다소나마 자유롭게 내 자신의 생각과 제안을 할 수 있겠다. 그렇게 되면 독자들도 내 의견이 걸림돌이 되어 자유로운 판단을 내리지 못하거나 하지 않을 것이기 때문이다. 자유로운 판단이야 말로 독서에 있어서 무엇보다도 중요한 본질이다.

22. 문화의 개념에서 중요한 점은 생물학적으로 물려받은 행동양식을 배제한다는 것이다. 문화는 전적으로 사회가 만들어낸 산물로서 새로운 세대에게 전승되기 때문에 사회적 유산으로 생각할 수 있다. 왜냐하면 문화는 사회적 규범을 통해서 다음 세대로 전달되어 가는 것이기 때문이다. 더욱이 문화의 계승을 더욱 확실히 하기 위해서 사회 구성원에 대한 벌칙도 존재하는데, 만일 사회의 구성원 중에 문화가 규정하는 행동양식 따르기를 거부하는 사람이 있다면 그 구성원은 일정한 징벌을 받는 것이다.

23. 공무원이 되어 보는 것이 어떨까 하는 말이 나와서 숙부께서 옥스퍼드 시절의 옛 친구에게 편지를 써서 의견을 물어보셨다. 그분은 내무성에서 상당한 지위에 있는 사람이라고 한다. 그분의 의견으로는 지금은 시험제도가 있어서 관공서에 무산계급의 사람들이 공직을 차지하고 있기 때문에 유산계급의 자제에게는 마땅한 자리가 없다는 것이다. 그래서 그 이야기는 흐지부지 되고 말았다.

24. 나이를 먹어감에 따라 즐거움은 줄어든다기보다 오히려 그 성향이 변한다. 다시 말해서, 적극적인 즐거움에서 소극적인 즐거움으로 변한다고 할 수 있다. 은퇴 후 노년에 농장생활 같은 것을 하며 한가로이 살아가는 사람이 있는가 하면 죽을 때까지 계속해서 일하는 사람도 있다. 어느 쪽을 택하든 본인의 성격이나 심신의 필요에 따라 선택을 하면 장수하는 데 도움이 될 수 있다. 중요한 것은 젊은 시절에 적극적인 즐거움을 좇던 것처럼 소극적인 즐거움도 받아들이고 열심히 즐기는 법을 터득하는 것이다.

25. 이런저런 생각을 하면 할수록 앞날이 너무도 두렵고 좋지 않은 일만 일어날 것 같았다. 이런 생각을 하니 더 이상 살아갈 수 없을 것 같은 무서운 불안에 휩싸였다. 손끝의 힘이 빠지면서 뜨개질바늘을 무릎에 떨어뜨리고 말았다. 큰 한숨이 저절로 나왔다. 눈을 감은 채 고개를 쳐들고 "어머니!" 하고 나도 모르게 고함을 내질렀다.

26. 세미콜론과 콜론의 주된 구분 방법은 병치(倂置)구문 진술이다. 두 가지 진술이 나란히 하나의 문장[같은 문장]으로 되어 있고 서로 밀접한 관계가 있는 것이 분명한 경우에는 세미콜론으로 구분하며, 이에 반해 두 진술 중 앞의 진술이 뒤의 진술을 예상하는[설명하는] 경우에는 콜론으로 구분한다.

27. 스포츠의 의미는 어디까지나 인간적이란 점에 있어야 하는데 프로 스포츠는 근본적으로 비인간적이다[인간성에 반하고 있다/인간다움을 상실하고 있다]. 당초에 인간이 스포츠를 고안해 낸 것도 생계를 이어가기 위한 힘든 일에서 해방되기 위해서였다. 말하자면 힘겨루기 그 자체를 목적으로 경쟁에서 승리함으로써 영광을 얻기 위해서였다. 고대 그리스의 올림픽에서는 승자에게 월계관이 수여되고 국가 최고의 영예가 주어졌다. 승리 그 자체 이외는 다른 동기가 없어도 인간으로서 할 수 있는 것이 어느 정도까지 가능한가를 실증해 보였기 때문이다.

28. 미국의 발전은 일찍이 세계 역사상 그 전례를 볼 수 없는 현상이다. 이처럼(거대한) 사회가 과거에는 출현할 수 없었을 것이고, 설령 생겼다하더라도 철도란 것이 없었다면 틀림없이 얼마 못가서 와해되어 버렸을 것이다. 만약 철도나 전신(電信)이 없었다면 북경에서 캘리포니아를 다스리는 편이 워싱턴을 수도로 해서 캘리포니아를 통치하는 것보다 훨씬 더 쉬웠을 것이다.

29. 아버지는 늘 누가 도와주길 바라고 그것도 당장 해주기를 원하시는 분이다. 아버지는 종종 한손에 조끼를, 다른 한손에는 떨어져나간 단추를 들고는 어머니 방의 문 앞까지 가셔서는 그 자리에서 바로 단추를 달아 달라곤 하셨다.

30. 달에 생명체가 존재하지 않은 것은 공기가 없기 때문이다. 지표(地表)로부터 몇 피트 아래쪽에도 생명은 존재하지 않는 몇 마일 상공(上空)의 공기가 희박한 곳에서도 생명은 정지된

다. 공기가 없다면 지상에 있는 모든 생명체는 순식간에 끝장이 나고 말 것이다.

31. 30년 전에는 TV 같은 것이 없었기 때문에 가족간에 대화를 나눌 시간이 많았다. 또한 집 밖에서 함께 달음박질을 하거나 놀 수도 있었고, 친구들이랑 강에서 낚시도 즐길 수 있었다.

32. 스미스 씨는 의사에게 진찰을 받으러 갔다. 간호사가 병원 문을 열어 주면서 들어오라고 했다. 이름을 물어서, 스미스라고 하고는 미리 전화로 선생님과 약속을 했다고 하자, 간호사는 대기실로 그를 안내하고는 잠시 기다리라고 했다.

33. 가끔 라이언 신부는 자기 교구 내의 누군가가 없어지거나 하면 켄을 찾아가서 없어진 사람을 찾아달라고 부탁하곤 했다. 켄은 언제나 그 행방을 알 수 없는 남편이나 아내, 아들과 딸을 찾아 주었다. 그렇게 해준 대가로 켄이 돈을 받는 일은 결코 없었다.

"천국에 들어갈 계약금 같은 것이니까," 켄은 늘 그렇게 말하는 것이었다.

34. "난 그게 지극히 당연한 일이라고 생각하는 걸요," 트루디는 자못 발랄한 목소리로 말했다. "사랑하는 사람을 자기 부모에게 소개시켜야 한다는 것 말예요."— 이런 말을 한 이유는 그들 두 사람이 서로 사랑하고 있다는 사실에 대해 뜻을 같이 했기 때문이었다.

그러나 10월이 다 지나갔는데도 리처드는 여전히 트루디에게 자기 어머니를 만나달라고 말하지 않았던 것이다.

35. 내 기억으로 제1차 세계대전은 사람들의 생활에 거의 변화를 주지 않았던 것 같다. 제2차 세계대전이 발발하여 파멸적인 희생을 치루고 나서야 비로소 엄청난 변화가 일어나 우리 모두가 그 영향을 받게 되었던 것이다.

36. 타고난 재능은 별로 없어도 그 보잘 것 없는 재능이라도 최대한 철저하게 활용하는 사람이 있는가 하면, 큰 재능을 가지고 태어났으면서도 아무 의미 없이 그 재능을 그대로 허비해 버리는 사람도 있다. 자기가 이용할 수 있는 재능을 어떻게 발휘할 것인가, 이것이야 말로 정말 중요한 일이다.

37. 이런 상황은 달리 없을 것이라고 생각되는데, 남자든 여자든 무엇에 대해 어느 때보다 꼼꼼히 더 잘 읽어보고 싶을 때가 있다. 사랑에 빠져 러브레터를 읽을 때가 그런 경우이다. 설령 그때까지 무엇을 한 번도 제대로 읽어본 적이 없고, 또 앞으로도 그럴 기회가 두 번 다시 없다 해도 그럴 때만큼은 인간은 기를 쓰고 읽는 것이다.

38. 전기작가(傳記作家)는 무슨 까닭에 유명인의 일생에 대해 모든 것을 알려주겠다고 세상 사람들에게 약속하고서 그 유명인의 죽음에 대해서는 자세하게 말하기를 주저하는지 알 수 없다. 이런 일은 흔히 있는 일이지만 말이다.

39. 시(詩)는 되풀이해서 읽어야 하는 것이다. 좋은 시는 한 번만 읽어서 그 뜻을 충분히 이해하기 어렵다. 베토벤의 심포니를 한 번 들어서 충분히 그 맛을 느낄 수 없는 것과 마찬가지다. 시는 신문처럼 대충 후다닥 읽고 휴지통에 내던져버리는 그런 것이 아니다.

40. 찻주전자의 주둥이에서 하얗게 내뿜는 수증기도 진짜 구름이다. 하늘에 떠있는 구름과 조금도 다르지 않다. 추운 겨울날 아침, 입에서 내뿜는 김이 하얗게 보이는 것도 몸에서 진짜 구름을 토해내는 것으로 찻주전자의 경우와 마찬가지인 것이다.

41. 교육이란 말은 이 시대 키워드의 하나이다. 많은 사람들은 교육을 받지 못한 사람이 20세기 최대 기회의 하나를 박탈당한 역경에 처한 불행한 희생자라고 생각한다.

42. 두 사람에 대한 소문이 끊임없이 떠돌아다녔다. 이곳저곳 여러 곳에서 두 사람이 함께 있는 것이 자주 눈에 띄었는데, 그런 장소에 두 사람이 함께 있으면 안 될 이유는 조금도 없다. 두 사람은 오로지 함께 있고 싶다는 생각뿐이었던 것이다.

43. 우리가 매일 쓰고 있는 말은 너무나 당연한 것으로 생각되어 새삼 깊이 생각해 보려고 하지도 않는 것이지만, 막상 말이란 것에 대해 생각해보면 곧 깨닫게 되는 일이지만 그것은 흔히 있는 것이 아닌 하나의 신비인 것이다. 그 기원(起源)도 신비롭지만 무한한 가능성을 간직하고 있다는 점에서도 말은 신비스러운 것이다.

44. 허버트 스펜서는 채식주의자가 되면 사고력이 더욱 증진된다는 말을 듣고는 식습관을 바꾸어 채식만 하기로 했다. 그랬더니 곧바로 그의 저작(著作) 역량이 쇠퇴하는 모습을 보이기 시작했다. 얼마 지나지 않아 다시 소고기와 양고기, 돼지고기를 먹기 시작했다. 덕분에 허버트 스펜서는 위대한 작품을 쓰게 되었다.

45. 셰익스피어를 제대로 이해하려면 어느 정도 나이를 먹어야만 된다고들 하는데 그것은 분명 옳은 말이다. 셰익스피어에 대해서는 개인적으로나 국민 전체적으로나 마찬가지로 맞는 것 같다. 영국국민은 나이를 먹기 시작하고 나서야 비로소 셰익스피어의 진가를 이해하기 시작했던 것이었다.

46. 20년 전에는 미국에서 집을 살 때 건물이 소재하는 지역이 마음에 들어서 사는 경우가 많았지만, 오늘날에는 환경이 좋고 나쁜 것 보다 통근하는데 얼마만큼의 시간과 비용이 드는가 하는 점이 집을 선택하는데 매우 중요한 고려 요인이 되고 있다.

47. "인간의 생명은 소중하다고 민주주의는 주장하지만 이것은 터무니없는 말이다. 생물학

적으로 인간(의 생명)은 그리 중요한 것이 못된다. 파리를 때려잡는 것이 쇼크를 받을 일이 아니라면 인간을 죽인다고 해서 충격을 받을 이유도 없다." "당신이 어째서 로베르 베르제에게 흥미를 가지게 되었는지 알 것 같아요." "내가 그에게 흥미를 갖게 된 것은 그 자가 사람을 죽인 동기(動機) 때문이었어. 그는 어떤 비열한 동기로, 이를테면 돈 때문이라거나 질투로 해서 사람을 죽이진 않았거든. 자기 스스로를 증명하기 위해서, 자신의 힘을 확인하기 위해서 살인을 한 것이지."

48. 어느 날 밤늦게 스티브가 찾아 왔을 때, 수전이 죽었다는 사실을 말하러 온 것이라는 것을 알았다. 스티브는 완전히 지쳐 있었다. 그리도 잘 지껄이던 녀석이 결국 목소리도 제대로 내지 못하면서 파김치가 되어 소파에 쓰러지듯 몸을 내던지는 것이었다. 어떤 위로의 말을 해준다고 해도 아무 소용이 없겠다는 생각이 들어 그대로 조용히 소파에 누워 있도록 내버려 두었다. 이럴 때 책 같은 것을 읽고 있다는 것이 너무 매정스럽게 보일 것 같아 나는 창가에 앉아 파이프 담배를 피우면서 그가 말을 하고 싶은 기분이 되기를 기다렸다.

49. 코치는 내 벨트 뒤쪽에 링을 달고 로프를 걸었다. 그리고 그 로프를 천장에 있는 도르래에 끼웠다. 만약, 코치가 절대로 속이지 않을 것이라고 신뢰할 수만 있다면 이런 방법은 아주 효과적일 것이다. 그렇지만 나는 코치가 로프를 느슨하게 하지는 않을까 해서 늘 불안스러운 것이다. 그래서 코치가 어떻게 하지나 않을까 걱정이 되어서 한 쪽 눈으로는 코치에게서 눈을 떼지 않고 헤엄을 친다. 헤엄치는 데에만 주의를 집중했더라면 좀 더 잘 했을 테지만 그런 식이었으니 수영을 잘할 턱이 없었다.

50. 그 마을은 탐수이 강가에 있었다. 관개용 수로를 만들어 강으로부터 물을 끌어오게 된 후로 탐수이강은 물의 양이 줄어들어 개울물 정도의 소량의 물만 흐르게 되었다. 그렇지만 부모들은 아이들이 강에서 헤엄을 치거나 강 주변에서 놀지 못하게 했다. 부모들이 두려워하는

이유는 이랬다. 아주 옛날 강을 건너던 나룻배가 뒤집혀서 많은 사람이 죽었기 때문이란 것이다. 마을 사람들은 죽은 사람들의 영혼이 아직도 물 속에 남아 있다고 믿었다. 그런데 귀신이 나오는 곳이 강뿐만이 아니었다.

51. 물론 10대들은 때때로 남에게 의지하고 싶은 마음이 있으면서도 그런 사실에 대해 부모에게나 그들 스스로도 결코 인정하지 않는다. 다만, 10대들은 그런 욕구를 간접적인 방식으로 나타낸다. (그 예로서) 열여섯 살 되는 어느 소년이 생각나는데, 그 소년은 자기 일은 무엇이라도 스스로 할 수 있는 나이가 되었다고 줄곧 큰소리치면서도 점심 때 집으로 돌아왔을 때 어쩌다가 어머니가 자기를 위해서 샌드위치와 우유, 디저트 같은 것들을 식탁에 차려놓는 것을 잊으면 화를 내거나 기분 나빠해 한다.

52. 미국의 독립선언이 더 없이 웅변적으로 말해 주고 있는 것은 미국 국민이 왜 독립선언을 할 수밖에 없었던가 하는 이유, 근거뿐만이 아니다. 어떠한 이념에 근거를 두고 이 새로운 국가를 움직여나가야 할 것인가 라는 사상적 근거도 강력히 선언하고 있는 것이다.

53. 그 사람은 내가 외출한 사이에 호텔로 전화를 걸어서 메시지를 남기고 싶다고 했다는 것이다. 교환수가 그렇게 하라고 했더니, '지금은 설명할 수 없지만 사정이 생겨서 당분간 몸을 숨길 수밖에 없게 되었고, 아무 일 없으니 걱정하지 말라, 연락도 되지 않을 것이며, 당신만 믿을 수밖에 없다.' 라고 나에게 전해달라고 했다는 것이다.

54. 처음에는 쑥스러워서 쭈뼛거리며 그 책방으로 들어갔다. 대여문고(貸與文庫)의 입회비로 낼 돈이 모자랐다. 그런데 그는 '입회비는 언제든지 돈이 있을 때 납부해도 좋다고 하면서 바로 카드를 만들어 주었다. 더구나 몇 권이라도 좋으니 원하는 만큼 책을 빌려가라' 고 했다.

55. 시장기가 느껴져서 시계를 보았다. 8시 반. 리디아는 아직도 돌아오지 않는다. 어쩌면 돌아올 마음 같은 건 아예 없는 것이나 아닌지. 그래도 이런 식으로 떠나버린다면 이건 너무 심하다. 아무런 해명도 없이, 한마디 작별인사도 없이 말이다.

56. 지금은 일본에 대한 비판적인 견해가 많지만 예전부터 그랬던 것은 아니다. 예전에는 일본에 대한 인식이 차츰 인간적으로 되면서 같은 인간으로서 그 나라나 그 곳에 살고 있는 사람들도 결국 '우리와 마찬가지다' 라고 생각되었던 것이다. 서로 다른 점이 많긴 하지만 근본적인 차이가 나는 것은 아니었고, 다른 점이 있음으로써 오히려 흥미롭게 생각했던 것이다.

57. 큰길이 제방 사이로부터 뻗어 나온 지점에서 4분의 1마일 되는 지점에 돌기둥 하나가 있었는데 그 돌기둥에는 몇 갈래의 도로가 앞쪽의 완만한 언덕들을 내려와 하나로 만나 합쳐지는 지점이 표시되어 있다. 그래서 그 하나가 된 길을 따라 그는 마을을 당당하게 걸어 나왔다.

58. 지금 우리가 손에 넣으려고 하는 과학기술을 이용하면 전 인류에게 충분한 에너지, 충분한 식품, 충분한 물자를 제공해서 세계 모든 나라에 안정과 평화를 가져올 수도 있을 것이다. 그러나 이런 과학기술은 대부분이 맹목적인 격정(激情)을 위해서 사용되고 있다.

59. 어떤 나라든지 자기 나라의 생활양식을 표준으로 생각하고, 다른 나라의 생활양식이 자국의 것과 유사한가의 여부에 따라 칭찬하거나 헐뜯거나 하는 경향이 있다. 그런데 불행스럽게도 다른 나라의 국민이나 생활양식에 대한 사람들의 관념이 왜곡되어 있는 경우가 많다. 그래서 해외여행이나 외국어 학습이 필요하다는 중대한 논거(論據)가 일어나게 되는 것이다. 어느 나라와 그 국민의 실제적인 모습을 알기 위해서는 그 나라로 여행을 해보거나, 가서 살거나 해서 그 주민들과 언어에 대해 아는 수밖에 없다.

60. 무슨 소리가 들리자 심장의 고동이 빨라졌다. 온몸이 흥분에 휩싸인다. 마침내 그가 모습을 드러내면서 천천히 계단을 내려오는 것이 보였다. 나도 모르게 마른 침을 꿀꺽 삼켰다. 손에는 내 명함을 들고 있었다. 정말 놀라운 일이었다. 노령(老齡)임에도 그의 검은 두 눈동자는 아직도 광채를 잃지 않고 있었다. 당황스러웠지만 다행히도 미리 인사말을 생각해 두었었다. "만나 뵙게 되어서 정말 영광스럽습니다. 위대한 시인이신 선생님께서 보잘 것 없는 저 같은 외국인을 이처럼 만나 주시다니."

61. 정확히 숫자로 나타내기는 어렵지만 미국의 기업들이 가장 흥미를 느끼는 분야는 바로 서비스 산업 분야이다. 현재 홍콩에 나와 있는 800여 개의 미국회사들 중 과반수(약 450개)가 서비스 분야에 종사하고 있으며 사업을 더욱 더 확장시키고 있다. 미국이 역점을 두고 있는 국제무역이 대서양을 횡단하는 무역거래로부터 태평양권으로 이전되어 왔듯이 이러한 무역을 뒷받침해주는 서비스 산업도 그에 맞추어 방향을 전환하였다. 최근에 와서는 금융, 해운, 컴퓨터 및 원격통신이 미국 투자확대의 초점이 되고 있다.

62. 물 속에 사는 생물의 생사는 주로 물속에 용해된 산소의 일정한 양을 유지할 수 있는 능력이 있는가의 여부에 달려 있다. 이 용해된 산소로 물고기가 호흡하는 것이다. 산소가 없으면 물고기는 질식해서 죽게 된다. 단지 적은 양의 오물이 개울에 버려질 경우에 물고기는 별로 영향을 받지 않고 박테리아도 제 역할을 그대로 할 수 있다. 즉 개울은 대기와 식물에서 손실된 산소를 빨리 회복시킬 수 있다. 오물의 양이 과도할 때 문제는 심각해진다. 오물은 썩게 되고 물에서는 악취가 풍기기 시작한다. 물이 심하게 썩으면 물속의 모든 산소를 잃게 되고 결과적으로 물고기와 이로운 식물이 죽게 된다.

63. 발명이 너무도 많이, 그리고 급속히 이루어지기 때문에 1866년쯤에는 미국의 특허국이 폐쇄될 것이라는 말들이 있었다. 필시 온갖 것들이 고안되어 나올 것이기 때문이었다. 그 대

신 오히려 점점 더 많은 새로운 아이디어들이 쏟아져 나왔다. 구르는 돌에 이끼가 끼지 않을지는 모르지만 구르는 눈뭉치에 더 많은 눈이 달라붙듯이 오랜 시간 끊임없이 굴러온 세월이라고 하는 바퀴에 꼬리에 꼬리를 물고 새로운 발명이 그 수를 더해 온 것이다.

64. 몇 년 전, 월트 디즈니 영화사가 '뒤죽박죽의 나라(거울나라의 앨리스)'를 영화로 만들었다. 기차는 가만히 서 있는데 기차역이 왔다 갔다 하고, 경마에서 말이 기수를 타거나 물에 갇힌 주택을 불이 물을 태워 없애고, 황새가 아기에게 아기 부모를 데려다주는 내용의 영화였다. 이 영화는 사실 재미있으면서도 터무니없는[넌센스] 영화였다. 서양인들이 외국에 가는 경우, 때로는 자신이 마치 이런 뒤죽박죽인 상황에 처해 있는 듯한 느낌이 들 때가 있다. 외모가 다르다는 것 말고도 별의별 기묘한 느낌이 드는 것이다.

65. 유머감각이란 무엇인가? 이를 정의하기는 매우 어렵다. 그런데 유머는 국제적인 것이라고 할 수 있다. 외국인과 서로를 이해하는데 가장 좋은 방법은 그 상대를 웃게 하는 것이다. 에덴동산에서 사용된 최초의 말은 틀림없이 웃음이었을 것이라는 생각이 든다. "웃어라, 그러면 세상이 함께 웃을 것이요, 흐느껴라, 그러면 혼자만 흐느끼게 될 것이다."는 가장 잘 알려진 영국 속담의 하나이다. 이 속담을 통해서 우리는 사회적으로 또는 국제적으로 서로를 이해하는데 웃음이 중요하다는 사실을 알게 된다.

번역연습(2) [번역]

1. 스피노자는 "겸손은 참으로 갖추기 힘든 미덕이다," 라고 했다. 키케로도 말했듯이 철학자조차 겸손을 칭송하는 책을 집필하면서도 책 표지에 크고 굵직한 활자로 자기 이름을 인쇄시키는 일을 잊지 않는다.

2. 진정한 하층계급이란 자신들 이외의 모든 사람들이 멸시하는 그런 사람들을 말한다. 그들은 법적 의무교육만 끝나면 대개 학교란 곳과는 작별을 한다. 비록 그 의무교육기간 이전에 학교를 그만두지 않더라도 말이다. 그들은 특별한 숙련이 필요치 않는 일을 하고 쾌락을 얻을 수 있는 곳이라면 어디서나 쾌락을 추구한다.

3. 그 사람은 빈틈없고 명석하게 타고나서 인생이 자기에게 가르쳐 줄 수 있는 모든 교훈을 생전에 경험을 통해서 얻었다. 그는 독서를 할 수 있을 때에는 어느 때고 그 욕구를 충족시켰다. 그래서 독서에 몰두하고 있을 때보다 더 행복감을 느낀 적은 없었다.

4. 교육이라는 것은 두뇌의 적절한 부위에 사실과 개념을 정리 · 보관하고 저장하는 과정만을 말하는 것이 아니다. 그릇된 생각과 건전치 못한 사고방식을 제거하는 것이 훨씬 더 근본적인 교육과정이 된다. 때로는 없애는 것이 습득하는 것보다 더 중요하다.

5. "아가는 어디서 나와?" 옛날부터 자주 들어오던 이런 물음에 의사가 생명까지도 조작할 수 있게 되면서부터 귀에 익지 않은 깜짝 놀랄만한 대답들이 나오고 있다. 이제는 시험관에서 만들어지는 아기도 있고, 진짜 엄마가 아닌 대리모의 자궁을 빌려 태어나는 아기도 있다. 게다가 초음파 검사 기술 덕택에 예비부모도 태어날 아기가 사내아인지 계집아이인지를 태어나기 몇 달 전부터 미리 알 수 있게 되었다. 머지않아 남자아이와 여자아이를 마음대로 선택해서 낳

을 수도 있게 될 것이다.

6. 지난날 전쟁에 대해 어떠한 찬반 논쟁이 있었던지 간에 이제는 전쟁이란 것이 침입자나 희생자 모두에게 똑같이 피해가 되는 그런 시기가 되었다. 전쟁은 더 이상 효과적인 행위가 되지 못하고 지상에 있는 모든 생물의 생존을 위협한다. 인간은 아직도 전쟁에서 벗어날 만큼 감성적으로 성장하지 못했는데, 나방에게 불빛이 매혹적으로 보이듯 인간은 전쟁이란 것에 매력을 느낀다. 인간은 싸움으로 인해 스스로를 약하게 만들 따름이다.

7. 거울은 이 세상에서 가장 좋지 않은 발명품이 아닌가 생각된다. 낙관주의자는 거울 속을 들여다보고 지나치게 자신감을 가지게 되고 비관주의자는 지나치게 비관하게 된다. 그래서 거울은 자만심을 키우기도 하고 자신감을 잃게 하기도 한다. 차라리 낮시간에 만나는 사람들의 얼굴 표정에 비친 자신의 모습을 보는 것이 훨씬 더 정확하다. 다른 사람에게 어떻게 보여지는가가 자기 자신에게 어떻게 보이는가 보다 더 진실에 가까운 것 같다.

8. 지능에 대한 진정한 기준은 어떤 대처 방법에 대해 얼마나 잘 아느냐가 아니라 어찌할 바를 모를 경우에 어떻게 대처하는가에 있다. 지성적인 사람은 젊거나 늙거나 간에 새로운 상황이나 문제가 발생했을 경우 솔직한 마음으로 대처한다. 마음속으로 이해하려 애쓰면서 그러한 상황이나 문제에 대해 자신이 할 수 있는 모든 것을 감지한다. 지성적인 사람은 그 상황이나 문제만을 생각하고 자신이나 그로 인해 자기에게 무슨 일이 일어날 것인가 따위는 염두에 두지 않는다. 대담하게, 상상력을 동원해서, 자기 기량을 최대한 발휘하면서 비록 자신(自信)이 없더라도 적어도 희망을 가지고 그런 상황이나 문제해결에 전력을 기울인다. 만일 그것을 극복하지 못하는 일이 있더라도 부끄러워하거나 두려워하지 않고 자신의 잘못을 직시하고 그 잘못으로부터 배운다.

9. 할 수만 있으면 일찌감치 어릴 적부터 정신집중의 방법을 익혀라. 정신집중은 어떤 것을 완전히 알 때까지 그 한 가지에 생각과 주의력을 집중시키는 능력을 말한다. 이 능력은 정말 성공하고 싶은 사람이라면 반드시 지녀야 할 습관이다. 그 중요성은 아무리 강조해도 지나치지 않으며 그것은 성공하는 사람과 평범한 사람의 차이점이 될 수 있는 것이다.

10. "귀하는 무료로 나누어 주는 매우 민감한 문제를 다룬 책을 요구할 정도로 남자다운 분이십니까?"라고 묻고 있는 어느 남성잡지의 광고 문구가 있었다. 구취? 비듬? 아니면 체취에 관한 것일까? 결코 그런 것들에 대해 말하는 것이 아니다. 최근 유행하고 있는 남성의 이미지 향상을 위한 피부손질, 스킨케어와 관련된 것이다. 지금까지는 남편들이 아내에게 얼굴에 화장품을 떡칠한다고 놀려대면서도 자신들도 몰래 화장품을 사서 써 온 것 같다. 그런데 이제는 남성들도 마침내 그 정체를 드러내어 당당하게 새로 나온 비싼 면도크림이나 토너, 햇볕에 탄 것처럼 보이도록 하는 크림, 게다가 아이크림 같은 색다른 화장품에 이르기까지도 적지 않게 사서 쓸 정도가 된 것이다.

11. '모르는 게 약이다' 라고들 하지만 이것만큼 오해를 일으키는 격언(格言)도 없다. 당연히 알고 있어야 할 것을 알지 못하면 크게 낭패를 당하는 수가 있다. 모르고 있거나 알고 싶지 않다고 생각할 때 전쟁이나 대학살 같은 사건이 일어날 수도 있다. 한사람의 개인으로서 도저히 용납할 수 없는 비참한 결과가 초래될지도 모른다. 인간에게는 누구나 타고날 때부터 무엇인가를 확신하고 싶은 갈망이 있다. 무언가를 확신하기만 하면 정서적으로 안정을 얻을 수 있다고 생각되기 때문이다. 그러나 아직 의구심을 버리지 말아야 할 때 성급하게 무엇을 확신한다는 것 또한 일종의 무지로서, 그런 종류의 무지는 단순한 어리석음일 뿐 아니라 치명적인 결과를 초래하는 경우도 너무 많다.

12. 인간은 모두 형제지간이고 인간 개개인은 독특한 존재라고 믿고 있다. 그러나 내가 믿

고 있는 사실을 입증해 보라면 그건 할 수가 없다. 그것이 사실이라는 것은 알고 있지만 평생을 바친다고 해도 입증할 수는 없을 것이다. 인간의 정신은 그것이 알고 있고 입증할 수 있는 그 이상은 더 나아갈 수가 없다. 그런데 그 정신이 비약하는 시점 — 그 비약을 직관이라고 하거나, 어떻게 불러도 좋겠지만 — 이 되어서 보다 높은 수준의 지식에 이르게 되지만 어떻게 그런 시점에 이르게 되었는지는 결코 입증할 수가 없다. 위대한 발견을 하기 위해서 그런 비약은 있게 마련이다.

13. 내가 그 의사로부터 받은 흥미 있는 인상 가운데 하나는 한 쪽 손에 목발과 진료가방을 함께 쥐고, 다리를 절룩거리며 동네 여기저기를 돌아다니면서 자기 자신이 치료를 받아야 할 정도로 아파보이는 데도 다른 환자들을 찾아다니는 모습이었다. 그 당시 그는 심한 류머티즘으로 고생하고 있었지만 그것이 자신의 휴식 이상으로 자기의 치료가 더 필요한 사람들을 만나지 못할 만큼 충분한 이유는 되지 않는다고 판단했다.

14. 연기(演技)의 역사에 대해서 말하자면 어디서부터 시작해야 할까? 인간은 늘 연기를 하고 있다. 왜냐하면 연기는 본능이기 때문이다. 다른 사람들보다 더 능숙하게 연기를 잘 하는 사람들이 더러는 있지만, 아무튼 인간은 모두 연기를 한다. 아이들도 연기를 한다. 아이들은 울고 싶을 때 울고, 야단을 맞지 않으려고 귀염을 떨기도 하며, 필요하면 웃기도 한다. 다시 말해서 아이들은 어른들이 원하는 반응이 무엇인지를 예측한다. 자기를 주시하는 사람에게 그 사람이 기대하는 웃음을 웃어주는 아이의 두 눈에서 연기자의 베일을 보게 된다. 누구라도 언젠가 한 때는 연기자였고 현재도 많은 사람들은 여전히 연기자이다. 정치가, 플레이보이, 추기경, 왕 같은 사람들이 바로 그런 사람들이다. 우리는 스스로가 재단해 만든 옷을 입고 다른 사람의 환상, 즉 다른 사람들이 자기에게 기대하는 바를 연기하는 것이다.

15. 나는 미국의 청년층을 비롯한 여러 사람들에게 미래에 대한 나름대로의 비전을 가지고

있다는 사실을 납득시키지 못했던 것 같습니다. 승리를 위해서는 무소속과 중도파의 지지가 필요했었는데 그들을 내편으로 끌어들일 수가 없었지요. 우리나라가 안고 있는 오래되고 어려운 문제를 해결하기 위해서는 중요한 문제들을 상세하게 파악하고 있고 강한 통제력을 가진 대통령이 필요하다는 사실을 납득시킬 수 없었습니다. 하물며 상대는 개인적으로 매우 인기가 있는 현직 대통령인데다가 나라경제도 좋아졌다고 생각되면서 국제적인 긴장도 완화되고 있는 그런 시점이기도 하였고요. 우리 미국에서는 오랫동안 대통령이 재선된 적이 없었지요. 그래서 국민들이 현직 대통령에 대해서는 너그럽게 봐주는 경향이 강했지 않았나 생각됩니다.

16. 어린시절의 꿈에는 이 세상을 바꿀 수 있는 능력이 있다. 그 꿈으로 과학, 산업, 사회의 미래를 만들어갈 수가 있는 것이다. 그러나 그러한 꿈은 기회가 주어졌을 경우에만 이룰 수 있다. 수많은 아이들이 함께 나누고 있는 꿈이 있다. 그러나 아이들이 세상의 삶을 개선할 수 있기에 앞서 먼저 우리가 도시 속에서 그들 삶의 질을 개선시킬 수 있도록 도와야 한다. 그런데 아이들은 고등학교조차도 졸업할 가망이 별로 없다. 동급생들 중 60%가 탈락될 것으로 예상된다. 이것이 미국의 비극이다. 생산적일 수 있는 잠재력 있는 젊은이들이 흥미와 희망을 잃고 교육을 받지 못하거나 실업자의 대열에 휩쓸려 들고 있는 것이다.

17. 우박으로 인해 어느 농가는 순식간에 예상 수확물 전체에 피해를 입을 수 있는가 하면, 이웃 농가는 전혀 피해를 입지 않을 수도 있다. 옆의 들판에는 햇빛이 내려쬐고 있는데 이쪽 들판에서는 우박으로 양떼들이 죽을 수도 있다(언젠가는 아이들이 죽은 적도 있다). 속을 썩고 있는 기상학자들에게는 그런 우박이 얼음보라보다 훨씬 더 교활한 것으로 생각된다. 기상학자들이 얼음보라가 시작되는 것을 예측하기가 쉽지 않다는 것은 분명하지만, 얼음보라는 일단 시작되면 그 진로와 지속 시간에 대해 어느 정도의 예상이 가능하다. 그렇지만 우박에 대해 할 수 있는 것이라고는 고작 그 크기나 측정할 뿐이다.

18. 언어를 변하게 하는 외부 영향으로 현재 가장 잘 알려진 사례는 세계문화의 미국화이다. 어느 나라에서나 찾아볼 수 있는 유행을 만들어 내는 젊은 세대에게 미국적인 생활양식은 현대적이고 최신식이며, 매력적으로 받아들여진다. 그래서 이러한 유행과 관련된 언어가 크게 주의를 끌게 되는데, 그 효과는 대중음악에서 가장 두드러지게 나타난다. 외국의 음악그룹들(예컨대 스웨덴의 '아바')은 자신들의 노래를 흔히 영어로 녹음을 하는데, 어디를 가던 영어로 된 노랫말이 반복해서 들린다. 만일 그렇게 반복적으로 들리지 않았다면 영어를 전혀 모르거나 거의 몰랐을 어린아이들까지도 영어로 따라 부르게 된다. 기업이나 광고주들 역시 영어 어휘를 사용해서 생길 수 있는 잠재 구매력에 대해 잘 알고 있다. 기업이 어느 제품에 영어 명칭을 붙이기만 하면 판매량이 증가한다는 몇 가지 보고가 있다(영국에서 어떤 제품, 예컨대 향수에 외래어인 프랑스 이름을 붙이는 식으로). 일본에서는 대부분의 시청자들이 무슨 말인지 잘 모르는데도 TV광고에까지 영어를 사용한다. 이 또한 순전히 상업적인 문제만은 아니다.

19. 그는 부지불식간에 인간 행동의 일대 법칙을 발견하였다. 그 법칙은 다름 아니라 어른이나 아이가 어떤 것에 탐을 내도록 하려면 그것을 얻기 어렵게 만들면 된다는 것이다. 그가 이 책의 저자인 나처럼 위대하고 현명한 철학자였다면, 일[직업]이란 무엇이건 사람이 꼭 해야 할 것이고, 놀이는 어떤 놀이라도 사람이 억지로 할 필요가 없다는 사실을 깨달았을 것이다. 그래서 조화(造花)를 만들거나 수차(水車)를 발로 돌리는 것은 어째서 일[직업]이 되고, 구주희(9柱戱)를 하거나 몽블랑을 오르는 것은 단지 오락일 뿐이라는 사실을 이해하는데 이런 깨달음을 통해서 도움을 얻었을 것이다. 영국에는 여름철에 2, 30마일 되는 어떤 노선을 따라 4두마차로 승객을 태워주는 부유한 신사들도 있다. 그러나 만일 승객들이 봉사의 대가로 그들에게 차 삯을 지불한다면 그 봉사는 직업이 될 것이고, 그렇게 되면 그 신사 분들은 그 일을 그만두게 될 것이다.

20. 죄목은 사보타지, 선고 형량은 종신형에 5년의 형이 추가되었다. 1964년, 넬슨 만델라

는 케이프타운에서 조금 떨어진 남대서양의 혹한(酷寒) 지역인 로벤 아일랜드에 있는 어느 감옥에 수감되어 있었다. 만델라는 여러 해 동안 석회석 채석장에서 바위를 깨는 노역을 했다. 젊은 아내 위니가 잠깐 동안 면회하는 것만이 허용되었는데 이야기를 나눌 시간도 거의 주어지지 않았고, 신체 접촉도 허용되지 않았다. 만델라는 아내에게 보낸 편지에서 자신이 마치 삶 자체를 상실해버린 사람처럼 느껴진다고 했다. 그러나 만델라는 결코 삶을 포기하지 않았다. 혼자서 법률, 역사, 경제학을 공부하였고, 적(敵)을 더 잘 알기 위한 수단으로 남아프리카의 공용어인 네덜란드어도 공부하였다. 그와 함께 투옥된 젊은 혁명가들도 가르쳤는데 그래서 그 섬은 "만델라 대학"으로 알려지게 되었다. 만델라는 처음에는 편지로, 나중에는 비밀 회합을 통해서 백인 정부의 관리들과 오랜 대화를 나누었는데 이는 그들이 공존(共存)할 수 있는 남아프리카 공화국의 건설이 가능한가를 모색하기 위한 노력이었다. 지난 주, 75세의 나이가 되어서야 마침내 만델라는 그 순간을 맞이하였다. 처음으로 남아프리카 국민 모두가 총선(總選)에 참여할 수 있었고, 흑백 간에 깊게 패인 골을 극복하여 인종차별제도에서 다수 통치의 시대로 도약하게 된 것이다. "오늘은 일찍이 가져 보지 못했던 뜻 깊은 날이다." 투표가 시작되자 만델라는 이렇게 말했다.

21. 소비하자, 소비하자, 소비하자! 우리는 소비 지향적인 사회에 살고 있다. 그런데 위험할 정도로 지나치게 소비지향적이다. 산업이라는 바퀴가 계속해서 돌아가도록 하기 위해서 한없이 많은 양의 소비재를 만들어내고 있다. 이 과정에서 자연자원도 빠르게 고갈시키고 있는 것이다. 그러나 자연자원의 고갈은 문제의 단면에 불과하다. 제품을 사용하고 나서 그 폐품은 어떻게 할 것인가? 어떻게든 처리하지 않으면 안 된다. 그러나 어떤 방법으로, 또 어떤 장소에 처분할 것인가? 녹슬어가는 자동차들로 가득 찬 흉물스러운 폐차장들이 이미 모든 미국의 도시들을 둘러싸고 있다. 미국 사람들은 해마다 달까지 이를 수 있는 높이의 더미 열개 이상을 쌓기에 충분한 팔백억 개의 병과 깡통을 버리고 있다. 더 이상 많은 쓰레기를 버릴 여지가 없는데도 공장들은 계속 돌아간다. 누구나가 일자리를 원하기 때문에 공장의 가동을 멈출 수가

없다. 세계에서 가장 높은 생활수준을 영위하기 때문에 미국인은 항상 더 많은 양의 제품을 소비하게 된다. 자기가 버린 쓰레기에 오래지 않아 파묻힐 지경에 이르게 된 인간은 악순환에 빠지고 마는 것이다. "지구야, 멈추어라 나는 내리고 싶다"라는 팝송이 인간의 딜레마를 나타내고 있다.

22. 자식에 대한 어머니의 진정한 사랑은, 어린 젖먹이 자체에 대한 사랑에 있는 것이 아니라 아이를 키운다는[아이가 자라는] 사실에 대한 어머니의 사랑에 있는 듯하다. 실제로 대다수의 어머니들은 아기가 어려서 어머니에게 완전히 의존하고 있을 동안은 자식에게 깊은 애정을 쏟는다. 여성 대부분은 자녀 갖기를 원하고, 갓난아기로 해서 행복감을 느끼면서 정성을 다해 아기를 기른다. 방긋 웃거나 만족스러운 표정을 짓는 것 말고는 아기로부터 보답으로 '얻는' 것이라고는 아무 것도 없는데 말이다. 여성뿐만 아니라 동물에서도 찾아볼 수 있는 이런 사랑의 모습은 어느 정도 본능적인 기능에 그 뿌리를 두고 있다. 하지만 아이는 분명히 성장할 것이고, 언젠가는 어머니의 품속으로부터 벗어나게 되어 있다. 결국 아이는 완전한 별개의 독립된 인간이 된다. 모성애의 진정한 본질은 아이의 성장을 돌보는데 있다. 이 말은 아이가 자신으로부터 떨어져나가 별개의 독립체가 되기를 원한다는 것을 의미한다.

23. 사랑의 사자(使者) 큐피드가 그냥 내버려 두었기 때문에 수도원으로 은신한 여성들이 많았고, 큐피드가 홀로 내버려두려 하지 않았기에 허다한 남성들이 수도원으로 찾아든 것이 아닌가 생각할 수도 있다. 하지만 큐피드만이 평화를 해치는 적대자는 아니다. 탐욕스러움과 불의(不義), 잔인스러움으로 인해 속세의 삶이 하도 싫어 완전히 도피할 수 있는 기회를 잡는 것이 많은 사람들에게 매력적으로 생각되기도 한다. 정숙(靜肅)하라는 규칙은 성가신 일이 아니다. 수도원에서는 아예 나눌만한 이야깃거리가 없기 때문이다. 명상을 한다는 것은 처음에는 쉽지 않겠지만 차츰 즐거운 일이 될 수 있다. 그런데 잊지 말아야 할 일이 있다. 오랜 세월을 수도원에서만 보낸 수도사나 수녀들은 수도원 이외의 곳에서의 생활에 더욱 적응하지 못

하게 된다는 사실이다. 만약 다른 곳에서 살게 되는 경우가 있다면 그들은 껍질 없는 달팽이 같이 될 것이다.

24. 현명한 다른 인간들과 마찬가지로 훌륭한 정치가는 자기를 열렬하게 지지하는 사람들보다 정치적으로 적대관계에 있는 사람들로부터 배우는 것이 더 많다. 왜냐하면 정적(政敵)들이 위험한 곳이 어딘가를 알려주지 않으면 오히려 지지자들이 자기를 어렵게 만들 수 있기 때문이다. 그래서 현명한 정치가라면 친구들이 자기를 파멸시킬 수 있으므로 그들로부터 구해달라고 기도해야 한다. 비록 괴로운 일이 될지라도 정적들과 공존(共存)하게 해달라고 기도해야 한다. 왜냐하면 정적들은 자기가 끊임없이 이성과 양식(良識)을 가지도록 해주기 때문이다. 자유로운 국민의 국민적 통일은 행정부가 독재적이거나 야당이 혁명적이고 비타협적으로 되는 것을 불가능하게 할 정도로 정치권력의 균형이 충분히 잘 이루어지고 있는가의 여부에 달려 있다. 이러한 균형이 존재하지 않으면 민주주의는 파괴되어 버린다. 왜냐하면 국민 모두가 상황에 따라 어쩔 수 없이 타협하지 않거나, 정책에 영향을 줄 수는 있지만 누구도 그 정책을 완전히 지배할 수 없다는 것을 느끼지 못하거나, 혹은 관습상 부득이 주고받아야 하는데 그렇게 못하는 경우에 자유라는 것은 유지될 수 없기 때문이다.

25. 인간은 생산은 하지 않고 소비만 하는 유일한 동물이다. 우유를 생산하는 것도 아니고 알도 낳지 못하며, 너무 나약해서 쟁기도 끌지 못할 뿐 아니라 토끼를 잡을 수 있을 정도로 빨리 달리지도 못한다. 그럼에도 인간은 모든 동물의 주인이다. 동물들에게 일을 시키고는 굶어 죽지 않을 만큼 최소한의 먹이만 주고는 나머지 모두를 자기가 차지해 버린다. 우리가 힘들여서 땅을 갈고, 우리가 배설한 똥으로 땅을 기름지게 하는데도 우리 가운데 누구도 벌거벗은 가죽 이상의 것을 가진 자가 없다. 앞에 있는 암소 여러분, 그대들은 지난 한 해 동안 얼마나 많은 우유를 생산하였는가? 그 우유는 어찌 되었단 말인가? 우리의 송아지를 튼튼하게 키워냈어야 할 그 우유가 한 방울도 남김없이 원수들의 목구멍으로 넘어가 버리고 말았다. 그리고 그

대들 암탉들이여, 여러분은 지난 한 해 동안 얼마나 많은 계란을 낳았던가? 그런데 그 계란들이 얼마나 많은 병아리가 되었던가 말이다.

26. 땅을 소중히 소유하고 잘 일구는 사람이 경제적으로나 사회적으로 국가 안정의 근본이 된다는 사실을 잊기 쉽다. 어느 때를 막론하고 도시의 슬럼가나 변두리 지역에서 위대한 지도자가 배출된 경우는 거의 없다. 프랑스, 영국, 미국, 그 어느 곳을 보아도 그 나라의 운명을 만들어 간 사람들은 시골이나 소도시 출신이 대부분이었다. 산업계나 금융계에서도 그 지도자들은 그런 곳 출신이 대다수다. 한 나라의 국민 된 자로서 우리는 농부를 아무리 존중한다 해도 지나친 일이 아니다. 정말로 훌륭한 농부들이 스스로를 아무리 높이 평가하더라도 지나치지 않다고 생각한다. 나는 여러 부류의 사람들을 알고 지내왔는데 그들 중에는 여러 나라의 저명인사들도 많다. 그러나 동료로서, 좋은 대화의 상대로서, 지성과 정신적으로 자극을 주는 힘을 가진 사람으로서 농부보다 더 높이 평가할만한 사람을 찾기란 쉽지 않다.

27. 많이 알려지진 않았지만 신용사기 범죄는 가장 교활하면서 해롭고, 사회적으로도 가장 파괴적인 범죄에 속하는데 이는 사회 안정을 위해 필요한 중요한 가치들, 즉 정직과 신뢰를 파괴하기 때문이다. 신용사기 수법 그 자체는 단순할 뿐더러 거의 유치한 수준에 지나지 않지만 이러한 수법이 통할 수 있는 것은 범죄자는 피해자가 약간 혼란스러워 할 정도로 말을 빨리 하면서 전혀 의심이 들지 않을 정도로 유혹적인 미끼를 내보이고 완벽하게 신뢰를 얻도록 하기 때문이다. 옛날부터 이런 신용사기꾼들이 목표로 하는 일차적 대상은 노인과 여성들이다. 주된 범행 대상지역으로는 도심지역과 쇼핑센터, 학교와 교통수단 등인 것으로 생각된다. 속임수와 거짓말이 신용사기꾼들의 생존기술이 되는데 이들은 다른 사기꾼들과 마찬가지로 끊임없이 자신의 "세상살이" 기술을 개선하고자 노력한다. 그런 계략 가운데 많은 것들이 분별 있고 신중한 사람에게는 의심을 주겠지만 속이고 기만하는 사기꾼의 능력을 과소평가해서는 안된다.

28. TV는 어느 한 사람이 발명한 것도 아니지만 하룻밤 사이에 생겨난 것도 아니다. 오랜 시간에 걸쳐 수많은 사람들의 아이디어에 의해 점진적으로 발전된 것이다. 즉 선배들의 연구에 후진(後進)들의 아이디어가 덧쌓이면서 이루어진 것이다. 그 발전 과정을 살펴보면, 1873년에 셀레늄 원소의 전기저항이 그 위에 비친 빛의 강도에 비례해서 달라진다는 사실을 우연히 발견하면서부터 시작되었다. 과학자들은 이런 현상을 이용해서 빛의 변화를 전기 신호로 전환시킬 수 있다는 사실을 곧바로 깨닫게 되었다. 전선을 통해 (물론 그 시절은 무선 통신 이전의 시대였다) 그림을 전송시키는 여러 방안들이 제안되기까지는 그리 많은 시간이 걸리지는 않았다. 처음 나온 방안들 가운데 하나가 인간의 눈을 본 뜬 것인데, 1875년에 G. R. 케어리가 제안한 이 방식은 셀레늄 전지를 모자이크식으로 배열하여 전송할 그림을 렌즈 방식으로 그 위에 집중시키는 것이었다.

29. 다친 아이는 세상이 온통 서럽다는 듯이 울어댄다. 왜냐하면 아이의 마음은 온통 현재에만 한정되어 있기 때문이다. 스피노자로부터 지혜를 배운 사람이라면 일생이 고통스러울지라도 그것은 사람의 삶에서 지나가는 한 순간으로 볼 수 있다. 또한 인류 그 자체는 분명하지 않은 시작에서부터 미지(未知)의 종말에 이르기까지도 우주생활의 사소한 하나의 에피소드에 지나지 않는다. 지혜가 쌓여감에 따라 우리의 사고(思考)는 시공적(時空的)으로 보다 폭 넓은 영역을 얻게 된다. 아이는 순간을 살고, 소년은 하루를 살며, 본능적인 인간은 한 해를 산다. 그리고 역사의식이 있는 사람은 한 시대를 산다. 스피노자는 우리가 한 순간, 하루, 한 해나 한 시대가 아니라 영원 속에 살기를 원한다.

30. 자주 볼 수 있는 일이지만, 능력을 갖게 된다는 것에 대해 묘한 생각을 하는 사람들이 많다. 어느 과목을 (학교에서) 공부했다거나 게다가 학위라도 갖고 있으면 죽을 때까지 그 전문적 지식이 머릿속에 있는 것으로 생각하는 것 같다. 누군가와 대화를 나누는데 시작부터 자기는 영문학을 전공했느니, 셰익스피어에 대한 강의를 받았다느니하고 말하는 것을 듣는 경

우가 많다. 그러니까 그런 문제에 대해 논할 자격이 자기에게는 충분히 있다는 것을 말하려고 하는 모양이다. 학문이나 교육이란 것을 별 것 아닌 것으로 생각한다면 몰라도 그렇지 않다면 대학에서 어느 과목을 1년이나 2년쯤 공부하는 정도로는 수준이 높지 않은 기초적인 입문 이상의 것을 배우게 될 것이라고는 아무도 생각하지 않을 것이다. 그 정도는 아직 지식의 문턱에도 들어서지 못하는 상태이다. 왜냐하면, 스스로가 얼마나 무지한가를 분명히 자각한 때에 비로소 진정한 지식의 문턱에 도달할 수 있기 때문이다. 지식은 경제(經濟)하고는 달라서, 이른바 '자연증가' 같은 것은 존재하지 않는다. 즉 토지나 자산의 평가액처럼 그대로 내버려 두어도 저절로 불어나는 것이 아니다. 지식은 노력을 해서 조금씩 늘어나게 하는 수밖에 없는 것으로서 스스로 노력해서 자신의 것으로 만들지 않으면 아무도 그냥 주는 것이 아니다.

31. 얼마 동안은 동사(動詞)를 능동형으로 쓰는 일도 별로 없었고 수동형으로 쓰기를 좋아하는 시시껄렁한 문필가들이 따분하고도 관료적인 문장(예컨대, "계획은 실행되어졌다"라는 따위의 표현)을 쓰면서 으쓱댔지만 이제 동사가 그 본래의 사용법으로 다시 기세 좋게 부활하고 있다. 60초에 판단을 내리는 관리자는 능동형을 써서 "이를 시행하라"고 고함을 질러대고, 그 상사(上司)인 2초형짜리 관리자는 보다 강한 어조로 "이것을 해!" 하는 식으로 목청을 돋운다. 그리고 또 그 위의 '슈퍼보스'라고 할까, 말하자면 순간적으로 판단을 내리는 관리자는 "책임은 그 사람에게 점선(點線)으로 하라"고 지시하는 것이다. 아시겠소? "점선"은 같은 직급에 있거나 직급은 달라도 명령이 아닌 정보를 교환하는 정도의 관계에 있는 두 사람의 중역들 사이처럼 계급관계에 얽매이지 않는 관계를 의미하는 것으로, 요즘 중역들 사이에는 "그것을 점선으로 하라"는 따위로 하는 것이 유행하고 있다. 이런 경우, 이 말은 "그 사람에게 전해라, 그러나 이것은 명령이 아니다"라는 뜻의 동사가 되는 것이다.

32. 사람은 각자 나름대로의 신분을 갖고 있으며 각 역할에 알맞은 여러 가지 일들을 하도록 기대된다. 사람은 여러 가지 신분, 즉 남성, 여성, 아들, 딸, 학생, 친구 등으로 각자의 신분

을 가지고 있다. 각 개인이 신분에 따라 하기로 되어 있는 것, 즉 개인의 역할에 대한 일련의 기대가 신분마다 따라 다니는 것이다. 사람들은 각자의 지위에 수반되는 수많은 기대치와 함께 여러 지위들을 차지하기 때문에 역할 간에 갈등이 생길 가능성은 항상 존재한다. 말하자면, 갈등이 생기는 행동이 우리들에게서 예상된다는 것이다. 역할 간의 갈등의 한 가지 형태는 한 개 이상의 신분을 갖고 있는 결과로 인해 일어나는 것이다. 학생으로서는 이 장(章)을 읽을 것으로 기대되지만 친구의 역할로는 파티에 참석할 수도 있는 것이다. 이것이 학생과 친구라는 두 가지 다른 신분과 관련된 기대들 사이에서 일어나는 갈등의 한 가지 예이다.

33. 모든 예술은 음악의 상황을 동경한다는 말을 최초로 한 사람은 다름 아닌 쇼펜하우어였다. 이 말은 자주 인구(人口)에 회자(膾炙)되고 많은 오해도 불러 일으켰지만 한 가지 중요한 사실을 분명하게 나타내고 있다. 쇼펜하우어는 음악이 갖고 있는 심오한 속성에 대해 생각하고 있었다. 음악에서, 아니 오로지 음악에서만은 다른 목적을 위해서 일반적으로 사용되는 전달수단의 매개 없이도 예술가[음악가]는 청중에게 직접적인 호소가 가능하다. 건축가는 어떤 실리적인 목적을 가진 건축물로 자신을 표현해야만 한다. 시인은 일상적인 대화에서 주고받는 낱말을 사용해야 하고, 화가는 눈에 보이는 세계를 그림으로써 자신을 표현하는 것이 일반적이다. 이에 비해 작곡가만이 완전히 자유롭게 자신이 의식하는 예술작품을 오로지 사람들을 즐겁게 해 주려는 목적만으로도 창조할 수 있다. 그러나 예술가라면 어느 누구라도 이와 같은 의지, 즉 사람들에게 기쁨을 주고자 하는 욕망을 가지고 있다. 따라서 예술이란 것은 즐거움을 주는 형식을 창조하고자 하는 시도라고 정의하는 것이 가장 알기 쉽고 일반적이다.

34. 헌법재판소를 예의 주시하고 있는 다른 여러 단체들 가운데는 민법개정을 통해 수년 동안 남성중심의 호주제를 폐지하려고 활동해온 시민단체들의 운동에 극렬하게 반대하는 극보수(極保守) 유학자들이 있다. 이들 유학자들의 설명으로는 비록 130개 조항에 특별히 명시되어 있지는 않지만 우리나라 헌법은 유교윤리에 그 기반을 두고 있다고 한다. 사회의 보다 세속

적인 측면에는 성매매업소의 주인들과 그 종업원들이 최근의 성매매단속법에 항의하기 위한 실행단체를 구성하고 인터넷 메시지를 통해 자신들 직업의 합법화를 주장하고 있다. 그들은 가장 오래된 직업을 가진 자신들의 생존권을 관습헌법으로 분명히 보장할 것을 주장하고 있는데, 헌법재판소에 이 문제를 제기하는데 있어서 이들은 어느 정치인 못지않게 아주 진지하다. 이런저런 여러 움직임에 대해, 법의식의 건전한 발전이나 민주주의의 보루인 법치주의에 대한 사회적인 신념이 성숙되고 있다는 징표라고 볼 수 있을 것이다.

35. 역사를 통해 우리의 미래에 대한 어떠한 정보를 얻을 수 있는가? 얻는다면 그 정보의 주제는 무엇인가? 역사는 우리에게 바꿀 수 없는 운명에 대해 자세하게 말해주어서 우리는 두 손을 맞잡고 스스로를 포기한 채, 할 수 있는 일이라고는 자신의 노력으로는 바꾸거나 피할 수 없는 운명을 그저 기다리고 감수할 수밖에 없는 것인가? 아니면 역사는 우리의 미래에 대한 확실성이 아니라 개연성이나 최소한의 가능성만을 알려주는 것인가? 이 두 가지 사이의 실제적인 차이는 엄청나게 크다. 그 이유는, 두 번째 대안의 경우에 우리는 무기력한 상태로 수동적이 아니라 분발해서 행동해야 하기 때문이다. 이 대안에 따르면 역사의 교훈은 점성가의 천궁도 같은 것이 아니라 항해사의 해도(海圖)와 같다는 것이다. 이 해도를 현명하게만 이용하면 무턱대고 항해한 때보다 난파를 잘 피할 수 있다는 보다 큰 희망을 주게 된다. 왜냐하면 용기를 가지고 능숙하게 잘만 이용하면 해도 위에 표시된 바위와 암초 사이의 항로로 배가 빠져나갈 방법을 알 수 있기 때문이다.

36. 모차르트의 서거 200주년을 맞이하여 그에 대한 열광이 전 세계를 온통 휩쓸고 있는 가운데 많은 사람들은 지금까지 누구도 이 비범한 천재 음악가에 필적할만한 인물이 없었다고 믿고 있다. 런던으로부터 베를린, 샌프란시스코에서 동경에 이르기까지 어느 콘서트 홀에서나 모차르트의 팬들로 넘쳐나고 있다. 뉴욕의 링컨센터에서 열리는 19개월간에 걸친 모차르트 축제에는 626곡이나 되는 그의 작품 모두가 빠짐없이 연주되는데, 연주 작품에는 41개 교

향곡과 협주곡 48개, 오페라 18개와 미사곡 19개의 작품이 포함되어 있다. 모차르트에게 보내는 전 세계적인 경의(敬意)의 중심지는 그가 태어난 오스트리아이다. 내가 연주가로 활동하고 있는 잘츠부르크는 인파로 넘쳐나고 있다. 이 도시가 낳은 가장 유명한 인물을 경축하기 위해서 우리는 1년 내내 하루도 빠짐없이 모차르트의 작품을 연주하기로 계획을 세웠다. "그렇게 모차르트의 음악을 많이 연주하다 보면 좀 지겹다는 마음은 들지 않습니까?" 라고 사람들이 묻는다. 지겹기는커녕 오히려 모차르트의 음악을 연주하게 되어서 내 자신이 무척 행복한 사람이라고 생각하고 있는데 말이다. 그렇게 많은 작품이 연주되는데도 싫증을 느끼지 않을 작곡가가 모차르트 말고 또 누가 있겠는가? 아무리 자주 그의 음악을 들어도 그 풍부한 멜로디는 언제나 사람들에게 감탄을 자아내게 한다. 모차르트의 축제기간 동안 시민들은 길거리에서 '마적' 의 멜로디를 흥얼거리거나 휘파람을 불었다.

37. 공화국의 설립자들은 공공이익을 위해 교육이 필요하다고 생각하고 직업훈련이나 자기실현 또는 자기개선의 수단으로서 교육을 지식보다 우선하는 목표로 간주했다. 혁명세대는 자유주의 또는 보수주의의 어느 쪽 견해를 가졌던 간에 공화국의 복지는 교육을 받은 시민에게 달려있다는 확신과 학교, 특히 무료 공립학교야말로 민주적인 공화국 사회에 사는 모든 사람들에게 요구되는 시민의 가치와 의무를 교육시키는 최상의 수단이라는 믿음을 거듭해서 주장했다. 시민교육의 주된 요소는 읽고 쓰는 능력과 애국적이고 도덕적인 미덕을 가르치는 것이라는 데에 모두가 동의했으며, 공화국 정부 자체의 역사와 원칙에 대한 연구를 포함시키는 사람들도 있었다. 미국의 역사와 정부에 대한 교과서는 일찍이 1790년에 출간되었다. 교과서의 저자들은 대체로 보수주의적 신념을 가진 사람들이었으며, 정치적 미덕은 도덕적, 종교적 교훈에 의존해야 한다는 데 거의 보편적으로 동의하고 있었다. 대부분의 교과서 저자들이 뉴잉글랜드 출신이었기 때문에 결과적으로 이러한 사실은 개신교적인, 그 중에서도 청교도적인 사고방식이 교과서에 주입되었다는 것을 의미했다.

38. 고고학자들은 이집트에서 고대 피라미드를, 중남미에서는 보다 근래에 축조된 피라미드 몇 기(基)를 발굴했다. 주목되는 것은 서로 수천마일이나 떨어진 곳에서 발견된 이 피라미드들이 그 디자인과 구조가 서로 비슷하다는 점이다. 일부 고고학자들 중에는 이들 피라미드 건축가들 사이에 서로 접촉이 있었을 것이라고 생각했다. 노르웨이 고고탐험가인 토르 헤이어달은 고대 이집트의 도면을 토대로 배 한 척을 만들어 이들 간에 문화적 접촉이 있었다는 이론을 뒷받침하기 위해 바바도스로 항해했다. 헤이어달의 바바도스로 가려는 첫 시도는 수많은 난관에 부딪혀 그 노력을 포기해야만 했다. 고대 이집트인들도 그랬을지 모르지만 그는 두 번째 시도에서 마침내 바바도스에 도착할 수 있었다.

39. 법(法)으로부터 자유라는 개념이 생겨났다. 만약 주위 사람들과 사물이 모두 변덕스럽고 예측할 수 없는, 다시 말해서 제멋대로 행동하는 상황이라면 어떤 안정도 누릴 수 없다는 것은 맞는 말이다. 그러나 내가 말하고자 하는 요지(要旨)는 그런 환경에서는 안정이란 없으며, 보다 중요한 문제로 어떠한 자유도 누릴 수 없다는 것이다. 그런 상황에서 자유로울 수 없는 이유는 자기가 가고 싶은 곳에 마음대로 갈 수 없거나, 하고자 하는 일을 성공적으로 수행할 수 없기 때문이다.

40. 여성이 "더 약한 성(性)이라고 불려온 데에는 어떤 이유가 있을까? 여성은 남성보다 약하기도 하고 그렇지 않기도 하다. 여성은 선천적으로 남성만큼 강하지 못하다. 왜냐하면, 여성의 근육조직은 남성보다 훨씬 더 약하고 뼈도 약하며 신체적인 잠재능력도 더 떨어지기 때문이다. 하지만 강하다는 것과 강인하다는 것이 혼동되어서는 안 된다. 즉 어떠한 역경에 처해서도 실제로 여성의 저항력은 남성보다 훨씬 더 강하다. 이런 점에 대한 잘 알려진 일화가 많다. 남성은 대수롭지 않은 가벼운 코감기만 걸려도 호들갑스레 엄살을 떨지만 보통의 여성은 그까짓 코감기쯤이야 아예 무시해버린다는 것이다. 크게 웃음거리가 될 이 같은 남성의 행동은 어쩌면 남성이 여성보다 더 예민한 감성을 가졌다는 사실과 어느 정도 관계가 있을 것이다. 2

차 대전 중에 여성들이 남성들보다 궁핍한 생활과 야간 폭격을 더 자제력 있게 참아 냈거나, 아니면 적어도 그런 영향으로부터 더 빨리 회복하였다. 대체적으로 여성들은 정신적인 충격을 덜 받고 그런 고통으로부터 회복도 더 빠르다.

41. 대기오염으로 인해 스모그, 안개, 책상 위의 먼지, 손과 머리카락의 먼지 같은 눈으로 볼 수 있고 냄새를 맡을 수 있는 무언가가 생성된다. 그리고 수질오염 때문에 호수, 강, 만(灣), 해양 등은 심하게 더러워지고 악취가 난다. 그러나 소음은 생겼다가는 바로 사라진다. 소음이 딱히 무엇이라고 말할 수는 없다. 소음의 기준 정의를 '원하지 않는 소리'라고 하지만 과연 누가, 언제 원치 않는다는 말인가? 분명히 어떤 사람에겐 즐거운 소리로 들리는 것도 다른 사람에게는 소음이 된다. 소음측정에 대한 전문용어도 친숙하진 않다. 피피엠(ppm)으로 측정되는 대기오염도는 누구라도 쉽게 알 수 있지만 소음은 데시벨(dB)로 측정되는 것으로 일상생활에서는 사용되지 않는 단위이다. 이 기본단위는 알렉산더 그래함 벨의 이름을 따서 붙여진 것이다. 제로 데시벨(Zero decibel)은 귀가 들을 수 있는 가장 약한 소리라고 임의적으로 정한 것이다. 조용히 앉아서 책을 읽을 때의 숨소리는 10데시벨이다. 초목이 우거진 지역에서 나뭇잎끼리 스치는 소리나 새 또는 작은 짐승의 소리 때문에 정적이 깨지는 소리 정도는 약 20 내지 30 데시벨이 된다.

42. 진정한 문명이란 삶에 대한 마음가짐을 말한다. 새로운 사상에 개방적이면서 자신의 무지를 깨닫고 이를 극복하고자 하는 정신이며, 인생에 대해서 자신과 다른 접근방식을 갖고 있는 사람들과 국가들을 관용으로써 받아들이는 것이다. 만약 개발도상국가가 문명화되지 못했다면 그것은 그 나라가 자금과 식량, 교육, 공장시설, 의약품 등이 부족해서 우리처럼 안락하고 물질적으로 풍족하지 못한 때문이기도 하지만, 그들 국가가 발전되지 못함으로써 자신들의 세계관과 국가관을 넓혀나갈 여지가 없었기 때문이기도 하다. 그렇다면, 이른바 선진국의 국민이라고 하는 우리는 실로 어느 정도로 문명화되어 있다는 것인가? 공장과 자동차가 내뿜

는 매연으로 공기를 오염시키고, 지나칠 정도로 영양이 많은 음식을 먹고, 고급 수입 의상에 돈을 써버리며, 교육을 세계와 세계적인 문제점들에 대한 인식도를 높이기 위한 도구로 생각하기보다 보수가 좋은 직장을 얻기 위한 하나의 통과과정 정도로 여기면서 우리 스스로가 문명화되었다고 말할 수 있단 말인가? "나는 문명화되었다"라고 자랑하기 보다는 "더 문명화되려고 노력하고 있다"라고 말하는 편이 더 좋을 것이다. 왜냐하면 지금까지 그 누구도 완벽하게 문명화된 상태에 있었던 적이 없으며 또 앞으로도 없을 것이기 때문이다.

43. 여러분이 대학에 입학해서 반드시 겪게 되는 하나의 세계가 책의 세계이다. 여러분은 책의 본질에 대해서 생각해 본 적이 있는가? 책이 갖고 있는 불가사의한 힘은 모든 사람들에게 유용한 하나의 축복이다. 그러나 극소수의 사람들만이 이 사실을 받아들일 뿐이다. 현대의 비극은 많은 사람들이 책의 유익함을 알기는커녕 실제로 책에 등을 돌리고 있다는 사실에 있다. 이런 사실이 비극이라고 말하는 것은 책이 단순히 도움을 주는 도구로서만이 아니라 그 이상으로, 아니 그보다 훨씬 더 유용한 것이기 때문이다. 책은 다른 세계의 문을 여는 열쇠이다. 다시 말해서 가슴 설레는 새로운 경험의 영역으로 들어가는 길을 여는 것이다. 책은 놀랄 정도로 계몽적이고 자극적이며, 사람을 매우 즐겁게 해주거나 기분을 무척 상쾌하게 해주는 힘을 가지고 있다. 그러나 책에 대해 더욱 잘 묘사하고 있는 표현으로는 어떤 유명한 문학가가 언급한 다음과 같은 말이다. "책의 세계는 인간이 창조한 것 중에서 가장 뛰어난 것이다. 책 이외의 인간이 만들어낸 어느 것도 결코 오래가지 못한다. 기념비는 넘어지고, 국가는 망하고, 문명은 성숙되었다가 결국은 몰락한다. 그리고 암흑의 시대를 거친 후에 새로운 종족이 새로운 것을 만들어 내게 된다.

44. 대기(大氣)를 연구하는 과학자들은 오래 전부터 지구의 온난화와 냉각화에는 역사적으로 광범위한 주기가 있다는 사실을 알고 있었다. 대부분의 전문가들은 18,000년 전 절정에 이르렀던 최후의 빙하기 이래로 지구의 표면이 점점 더워지기 시작했다고 믿고 있다. 그런데 이

기후의 주기가 인간에 의해서 영향을 받을 수 있다는 사실을 아주 최근에 와서야 비로소 과학자들이 깨닫기 시작했다. 보울더에 소재하는 국립대기연구센터(NCAR)의 슈나이더 박사는 다음과 같이 말한다. "기후를 보존하고 있는 자연의 힘과 경쟁관계가 될 정도로 인간은 지구를 변형시키고 대기를 변화시킨다. 새로운 사실은 현재 일어나고 있는 변화들을 장래에 원래의 상태로 되돌릴 가능성이 없다는 것이다."

45. 미국의 중년남자 다섯 명 가운데 네 사람이 관상동맥혈전증으로 자기 수명보다 일찍 사망할 위험이 있다. 여기에는 대부분의 의사들이 콜레스테롤 수치가 그리 높지 않다고 생각했던 많은 사람들도 포함되는 것으로 미국의학협회지는 이 문제에 대한 특별 기획물에서 밝혔다. "상위 1% 또는 10%만이 위험성이 높다는 것은 아니다" "전 인구의 80%가 위험 수준에 있다"라고 이 연구를 진행하였던 스탬러 박사는 말하고 있다. 이 위험수준의 새로운 수치는 콜레스테롤과 심장질환 사이의 연관성에 대한 대대적인 조사 결과에서 나타났다. 동 조사는 '국립 심장 · 폐 · 혈액 연구소' 의 지원을 받으며 1973년부터 1975년까지 35세에서 57세 사이의 남자 356,222명을 대상으로 실시되었다. 스탬러 박사와 그의 동료들은 콜레스테롤의 수준과 심장마비로 인한 사망과의 관계를 분석한 결과 놀라운 결론을 얻게 되었다. 지금까지 심장전문의들이 안전한 수준이라고 생각했던 혈중 콜레스테롤 수준, 즉 0.1리터의 혈액 속에 180밀리그램의 콜레스테롤만 있어도 치사율이 상승하는 위험이 시작되었다.

46. 철학은 이러한 사색, 즉 현상의 개관(槪觀)을 전제로 하고 있다. 이러한 개관을 위해서 철학자는 직접 행동하지 않고 관객으로 남아 있어야 한다. 철학자는 경기의 관람객처럼 경기장 밖에서 게임을 지켜보아야 한다. 그러나 현장에 대한 철학자의 사색이 요구되는 객관적 판단은 그것이 비록 용이하다할지라도 공간적 거리에 의해서만 유도되어서는 안 된다. 시간적인 거리, 즉 차분한 관객, 냉정한 참가자로서 생활 속의 사람들을 사로잡는 열정을 평가하면서 그러한 열정을 일으키는 동기나 사상을 인식할 수 있도록 이벤트로부터 벗어나서 그것들에

대해 생각하는 시간 역시 중요한 일이다. 이러한 뒤로 물러선 태도, 즉 실리적이고 개인적인 초연한 자세를 취함으로써 철학자는 현상을 개관하고 평가할 수 있다.

47. 개인적으로든 단체적으로든 보다 많은 사람들이 환경문제에 대해 좀 더 적극적으로 나서지 않으면 환경혁명은 성공하기 어렵다. 인간의 타성(惰性)과 현상을 유지하려는 경제적 기득권 및 사회의 일부 구조적 장애를 극복할 수 있는지 여부에 그 성패가 달려 있다. 기업가들은 단기간에 이익을 올려야 한다는 중압감에 의해 그 태도가 달라진다. 정치가들은 짧은 임기의 재선(再選)에 대한 염려와 특수 이익집단의 영향을 받는다. 그러나 환경단체는 미래 세대를 위하여 일하기 때문에 장기적인 안목을 가질 수 있다. 보다 강열한 대중적 관심이 없다면 단기적인 이익이나 재선에 대한 염려라는 제단(祭壇)에 미래를 희생 제물로 바칠 위험이 도사리고 있다. 개인도 독자적으로 많은 일을 할 수 있다. 환경문제에 민감한 후보에게 투표한다든지 하는 것도 한 가지 일이 될 수 있다. 그러나 환경혁명은 체계적인 변화에 의해 이루어지므로 변화를 위한 압력을 집중시키고 지속시킬 수 있는 수단을 필요로 한다. 개개인의 사람들은 재생할 수 있는 음료수 용기는 분류할 수 있지만 일회용 용기를 재활용품으로 바꿀 수는 없다. 환경정책의 일환으로 덴마크처럼 일회용 용기의 사용을 철저히 금지하거나, 핀란드처럼 일회용 제품에 대해 중과세를 하는 등의 공공정책을 바꾸기 위한 체계적인 노력이 필요하다.

48. 1700년대 중반까지 신문은 그 크기와 종류가 계속 늘어났다. 이전에는 광고가 모두 신문의 뒷면에 실렸었는데 이제는 일부 광고가 신문의 앞면에 실리게 되었다. 1784년, 최초의 일간지가 등장했는데 일간지가 될 수 있었던 주된 원인은 게재할 광고가 매우 많았기 때문이다. 광고는 남북전쟁 후에 늘어났다. 상품은 이제 더 이상 가정집에서 한 두 개씩 만들어지는 것이 아니라 공장에서 대량으로 생산되었다. 대량 생산을 하면 상품을 만드는데 드는 비용은 적게 들지만 생산품을 모두 판매하기 위해서는 광고의 도움이 필요했다. 미국 최초의 잡지는 1880년대 중반에 처음으로 등장했는데, 수필이나 시를 주로 게재한 문학관계의 잡지들로서

독자는 그리 많지 않았다. 잡지사들은 심각할 정도로 더 많은 자금이 필요한 경우가 아니면 광고 게재를 꺼려했다. 해가 거듭되면서 출판사들은 차례로 그런 방침을 포기하고 광고를 게재하기 시작했다. 제이 월터 톰슨이라는 사람은 출판사들이 광고를 받아들이도록 설득하는데 크게 기여 하였다. 오늘날 그의 이름을 상호로 쓰는 광고대행사가 세계에서 가장 크다.

49. 일부 학자들은 우리가 말하는 언어가 세상을 이해하는 방법을 제시해 주지 못하거나 그런 방법을 결정하지 못할 수도 있다는 의구심을 가져 왔다. 언어가 그런 역할을 할 수도 있다는 개념은 사피르 홉의 가설이라고 알려져 있는데, 이 가설은 그런 개념을 제안하고 널리 전파한 에드워드 사피르와 벤자민 리 홉이라는 두 언어학자의 이름을 따서 붙인 것이다. 아무튼 언어는 어떤 현실적 현상에는 우리의 주의를 환기시키면서도 다른 현상에 대해선 주의를 분산시키기도 하는 것으로 보인다. 컬러 스펙트럼은 연속체이긴 하지만 우리의 언어로 붙인 색깔에 대한 명칭이 있기 때문에 무지개를 빨강색, 주황색, 노랑색 따위의 줄로 이어진 연속체로 생각하게 된다.

50. 노동은 보다 나은 일을 할 수 없는 사람들의 피난처라고 오스카 와일드가 말한 적이 있다. 그 말이 사실이라면 미국인들은 지금 이 세상에서 가장 비참한 피난민들 축에 든다고 할 수 있다. 미국의 공장 노동자들은 지난 반세기 동안 그 어느 때보다도 장시간 노동을 하고 있다. 주당 노동시간을 단축하기 위해서 한 때 미국이 선진국들을 선도했었는데, 1850년의 70시간이던 것을 1950년대에 와서 40시간 미만으로 노동시간을 단축시킨 것이다. 점차 살림살이가 넉넉해짐에 따라 늘어난 소득으로 더 많은 여가를 즐기는 것은 당연한 일인 것처럼 생각되었다. 그러나 1970년대 이후로 미국의 노동자들이 단축시켜 놓았던 노동시간은 다시 계속해서 늘어나 1994년에는 제조업의 평균 노동시간이 42시간에 이르게 되었다. 알 수 없는 일은, 어째서 미국인들이 그토록 열심히 일을 하는가 하는 점이다. 노동자들은 경비절감을 원하는 회사에서 쫓겨나지 않으려고 더 열심히 일하는가? 최근의 어떤 조사에에 의하면 선택권이 주

어질 경우, 미국인들 대부분은 지금보다 일을 덜 하는 것이 아니라 더 많이 일하고 싶어 한다는 사실을 시사하고 있다. 그런데 이와는 대조적으로 독일 노동자들은 지금보다 일을 더 적게 하고 싶어한다.

51. 일본의 가장 오래된 전통이며 모든 가치체계의 기반을 이루어 왔던 것은 천황에 대한 존경심과 숭배사상이었다. 일본 역사의 초기에 이미 황족의 혈통을 태양의 여신에게까지 거슬러 올라가 찾았던 신도의식(神道儀式)이 국민의 지속적인 신앙이 되었다. 비록 이후에 외부로부터 유입된 불교와 유교에 종속되긴 했으나 황족을 모신 거대한 사당이었던 이세와 이즈모에서 신도는 이어지고 있었다. 그리고 마침내 메이지 유신자들은 국민을 단합시키고 천황을 국민적 단결의 상징과 일본인의 충성심의 대상으로 복원시킬 준(準)국교로서 신도를 내세웠던 것이다. 전통적으로 내려오던 신도의 천황 숭배 가치관은 이렇게 부활되어 고귀한 지위로까지 격상(格上)되었다. 그때까지 지속되어온 또 다른 전통은 봉건주의에 기반을 둔 근대 이전의 공식적인 이데올로기였던 신(新) 유교사상으로 강화된 사회적 관계의 위계제도였다. 유교사상은 고정된 위계질서에 속한 사람들 간의 윤리적 행동양식을 규정해 놓고 있다. 다섯 가지 유교적 관계 중에서 네 가지, 즉 군신(君臣)관계, 부부(夫婦)관계, 부자(父子)관계, 형제(兄弟)관계는 수직적인 관계였는데, 이러한 관계는 낮은 지위에 있는 자는 높은 지위에 있는 자에게 충성과 복종을, 반대로 높은 지위에 있는 자는 낮은 지위에 있는 자에게 자비를 베풀고 보호를 요구했기 때문이다. 다만, 다섯 번째 관계인 친구간의 관계만은 서로 의무가 따르는 수평적인 관계였다. 이들 다섯 가지 관계에서는 모두 권리보다는 의무를 강조하였다.

52. 산업발전은 부(富)를 창출하거나 오로지 그 자체를 위해 활력과 즐거움의 제공에 공헌한다는 이유로 오랫동안 바람직한 것으로 여겨져 왔다. 최근까지만 해도 발전이란 말은 그러한 양적인 성장과 동일시되었다. 이와는 대조적으로, 현대사회는 기술적으로 실행 가능하고 경제적으로는 유익하지만 사회적 측면에서는 그리 탐탁치 않은 혁신이 과연 바람직한지에 대

해서는 의문을 제기하기 시작하였다. 미국의 초음속 수송기 제작을 보류한 것이 그 적절한 실례(實例)가 되고, 증식로 같은 에너지 생산을 위한 다양한 핵 기술 개발을 뒤로 미룬 것 또한 그 하나의 예가 된다. 인간과 환경에 미칠 잠재되어 있는 장기적인 위험에 대한 평가는 기술정책을 수립하는데 중요한 요소가 되었다. 살충제가 부분적으로 사용금지되는 사태는, 처음에는 앞 다투어 받아들여졌던 어떤 기술이 일단 그 위험성이 알려지게 되자 엄격한 통제를 받게 되었던 상황을 예시(例示)하고 있다. 보다 눈길을 끄는 것은 분무용기에 사용되는 불화탄소(弗化炭素)의 경우이다. 이 물질은 인체에 직접 해를 줄 수도 있고 대기의 오존층에 영향을 미칠 수 있기 때문에 간접적으로 해가 될 수 있다는 몇 가지 징후가 나타나고 있다. 비록 이러한 영향의 정도에 대한 정보가 아직은 명확하지 않고 불화탄소의 사용을 규제하는 법률도 없지만 분무기통의 판매는 크게 감소되었으며, 일부 생산업체에서는 다른 종류의 분무기를 시장에 내놓고 있다.

53. 연구원들이 인간의 배아(胚芽)를 복제함으로써 과학기술이 너무 지나치게 앞서나갔다는 여론이 들끓고 있다. 인간의 배아가 복제(複製)[무성생식] 되었다는 뉴스가 인공위성에서 발사되는 사운드 비트 같은 속도로 전 세계로 퍼져나갔다. 그날 오후 조지 워싱턴시의 전화 교환기는 불이 날 지경이었다. 언론사로부터 250통이나 되는 확인 전화가 걸려온 것이다. 그 다음날에는 더 많은 전화와 팩스가 스페인, 남아프리카, 오스트레일리아와 같은 먼 곳으로부터 쇄도하였다. 바티칸에서 발행되는 로세트바토르 로마노지는 1면 사설에서 인간 배아의 무성생식 같은 기술이 진행되는 것은 '인간을 광기(狂氣)의 터널' 로 이끌어가게 될 것이라고 경고하였다. 이는 15년 전, 최초의 시험관 아기가 태어난 이후 의학 윤리에 대한 가장 격렬한 과학 논쟁의 시작이었다. 이번 논쟁은 이미 한도를 넘어선 것이었다. 윤리학자들은 아기농장, 즉 예비부품으로 쓰게 될 조립된 클론이라는 악몽 같은 모습을 상기시켰다. 정책 수립자들은 미국의 생명윤리학적 지도력의 공백 상태를 지적하였다. 비평가들은 생식기술의 상업화를 비난하고 분노한 항의자들은 거리로 나와 인간배아의 복제를 즉시 금지시킬 것을 요구하였다. 사실,

지난주에 실시한 타임지와 CNN방송의 여론조사 결과는 미국인들이 인간복제를 대단히 우려스러운 일로 인식하고 있음을 보여주고 있다. 네 사람 중 세 사람이 인간복제를 반대하고 있다. 대체적으로 40%에 이르는 사람들이 복제연구를 당분간 중단하기를 원했으며, 46%는 인간복제를 범죄로 규정하는 법률의 제정에 찬성하였다.

54. 과학은 인간에게 건설적 또는 파괴적으로 사용할 수 있는 힘을 부여하며, 좋은 목적만이 아니라 나쁜 목적을 추구하는 것도 용이하게 하는 수단을 제공하기도 한다. 과학 그 자체는 도덕적으로 중립적이다. 다시 말해서, 그 수단이 사용되는 목적의 가치 같은 것에는 관심이 없을뿐더러 도덕적으로도 어떤 방향 제시 같은 것도 할 수 없다는 것이다. 따라서 과학이 제공해주는 그 수단이 좋은 목적을 위해서 사용되도록 하려면 과학은 철학으로 보충되어야만 한다. 오늘날에 와서는 철학이 과학에 비해 쓸모없는 것으로 생각하는 사람들도 적지 않다. 철학은 물건을 생산하는 데 적용될 수 없기 때문이라는 이유에서이다. 그러나 철학적 지식은 과학과는 전혀 다른 측면에서 유용하다.

55. 정복이란 것은 정치권력을 소유하고 행사하기 위한 안정된 기반으로 작용할 수 없다는 견해를 일부 정치철학자들이 보여 왔다. 루소도 이에 대해 다음과 같이 언급했다. “최강자라 해도 자신의 힘을 정의(正義)로, 복종을 의무로 변형시키지 않는다면 언제나 지배자가 될 정도로 결코 강할 수는 없다” 정복은 무력과 폭력에 의해서, 무기를 휘두르는 군대에 의해서, 또는 침략과 점령에 의해서 이루어지는 것이지만 힘을 정의로 바꾸는 일은 설득, 즉 합법적인 지배를 요구하는 설득에 의해서 성취되는 것이다. 지배자들이 무력으로 권력을 얻을 수 있을지는 몰라도 단순히 권력을 가졌다고 해서 순종을 강제하지는 못한다. 그러나 아프가니스탄에서는 저항까지도 강제할 수 있다는 사실을 보게 된다. 아프간 사람들은 비록 침략당하고, 유린되고 살해되면서 점령당하고 있지만 여전히 저항하고 있다. 그들의 저항은 현대의 전설이 되고 있다. 합병과 병합, 정교분리(政敎分離)가 예정되어 있지만, 아프간 사람들은 그들의 사회와 문

화, 한 나라의 국민으로서 자신들이 파괴되는 것을 순순히 그대로 따르기를 거부한다.

56. 한 인간이 다른 인간에게 복종하는 위치에 있게 된다는 것은 인간으로서 비극이다. 불평등이란 진정한 불만이 아니라 남에게 의존하는 것을 말한다. 어떤 사람이 전하(殿下), 성하(聖下) 따위의 존칭으로 불리는 것에 대해서는 대수롭지 않게 생각하지만 자신이 다른 사람의 하인이 된다는 사실은 견디기 어려운 일이다. 어느 집은 좋은 토양을 경작하고 있는데 이웃의 두 작은 집은 아무 수확도 거둘 수 없는 불모지에 살고 있다. 따라서 가난한 그 두 집은 부유한 집의 가족을 섬기든지 아니면 그 집을 파괴시키려는 것은 필연적인 일이 될 것이다. 이런 일은 쉽게 이루어진다. 두 가난한 집 중, 한 집은 부유한 집에 가서 일을 해주고 그 대가로 식량을 얻지만, 다른 한 집은 부자 집을 공격하려다가 오히려 정복당하고 만다. 이처럼 일을 해주는 집의 가족이 하인과 노동자의 기원이며, 정복당한 집의 사람들이 노예의 기원이 된다. 이 음울한 세상에서 함께 사회생활을 하는 사람들 사이에 명령을 내리는 부유 계층과 그에 복종하는 빈곤 계층이라는 두 계층으로 나누어지는 것은 피할 수 없는 일이며, 이들 두 집단은 다시 여러 다른 집단으로 세분되고 그 세분화된 집단은 또 제 나름대로 약간의 차이를 나타낸다.

57. 마침내 오랫동안 지연되어 오던 미국 화폐의 변경 계획이 수립되었음을 미국 재무성이 발표했다. 100달러짜리 지폐에 있는 프랭클린의 초상화는 절반가량 더 커지고, 왼쪽으로 3/4 인치 정도 옮겨지게 된다. 그 밖에도 14군데의 도안이 바뀌고 은밀한 보안장치도 도입될 것이다. 새로운 디자인은 달러화를 쉽게 위조할 수 없게 되겠지만 의회의 전문가들은 이에 대해 그리 탐탁하게 생각하지 않는다. 새 지폐는 1996년에나 가서야 발행될 것이고, 그 때까지 1년이란 시간이라면 이란의 위폐범(僞幣犯)들이 원하는 만큼 많은 위조지폐를 만들어 낼 수 있을 것이라고 그 전문가들은 지적한다. 게다가 현재 유통되고 있는 지폐를 교체할 필요성도 전혀 느끼지 않고 있다. 이 밖에 취할 수 있는 다른 조치들로, 위조지폐를 만들고 있다는 사실이 밝혀지면 어느 국가에서도 강력한 제재조치를 취할 수 있게 하고, 달러화 위조범들은 설사 국외 거

주자라도 누구든지 기소할 수 있도록 하는 법률 등이 포함될 수 있다. 한발 더 나아가, 클린턴 행정부는 이란 정부에 대해 만일 위조지폐가 계속 유통된다면 위폐의 인쇄 및 저장시설에 대한 군사적인 행동도 고려할 것이라는 사실을 경고해야 한다. 국제 금융계와 정상적인 달러화에 자국의 경제를 의존하고 있는 전 세계 여러 나라들은 미국의 조치를 기대하고 있다.

58. 미국의 실업교육은 두 개의 주요 부분으로 나뉘어 지는데 중등실업교육과 대학 실업교육이 그것이다. 중등학교의 일차적인 실업교육 목적은 이중적으로 되어 있는데 첫째, 다양한 실업분야 혹은 취업분야로 진출하려는 학생들을 훈련시키는 것과 둘째로, 학생들에게 시민, 또는 개인으로서 비즈니스 서비스를 이용하는 능력을 제공하는 것이다. 제2차 세계대전 이전에는 타자, 부기, 속기 등의 세 부문이 실업교육의 주요 과목으로 제공되었었다. 젊은 여성들은 비서업무에 뛰어난 능력이 있음이 인정되었고, 회계분야에서는 젊은 남성들을 필요로 했다. 2차대전 이후, 1950년대에는 대부분의 일상적인 사무직, 기술직이나 서비스업에서 전자정보처리가 필수적인 것으로 되었다. 따라서 연방정부, 지방정부 모두 실업교육의 교육과정과 프로그램의 패턴 개선이 필요하다는 사실을 인식하게 되었다. 1963년 직업교육법이 통과됨에 따라 새로운 설비, 교사의 재교육, 여러 형태의 협동적인 작업 등, 구체적으로 연방정부와 지방정부로부터의 원조가 제공되었다. 그 결과, 실업교육은 컴퓨터조작, 기술교환업무, 의료건강서비스, 호텔 및 식당과 관광, 건설, 자동차 기계공, 직업연구소, 직업 및 산업기술, 협동작업체험 같은 오늘날의 필요에 부응하여 개선된 교육과정과 특수한 프로그램을 다양하게 제공하게 되었다.

59. 많은 경제학자, 정치지도자, 은행가들이 "제각기 다른 화폐를 가진 국가들이 고정 환율을 유지함으로써 국제적인 협력을 증진하기 위하여" 전 세계를 하나로 건실한 세계 경제를 회복하고 유지할 수 있도록 국제적인 기구를 조직해야 한다고 주장하였다. 영국의 경제학자로서 통화 전문가인 J. M. 케인즈와 미국 재무성 차관보 화이트가 IMF조직의 지도적인 인물이

었다. 그래서 1944년 7월 1일 44개국의 대표자가 참석한 가운데 뉴 햄프셔주 브레튼 우즈에서 IMF가 설립되었다. IMF는 당초에 고정환율 체계를 조장하기 위하여 설립되었으나 이것이 실패하자 문제가 있는 회원국의 경제를 돕는 역할까지 확대하기 시작했다. IMF는 일시적으로 지불에 문제가 생긴 회원 국가들을 위한 대부(貸付)기관이다. 예컨대 회원국가가 벌어들이는 돈보다 쓰는 돈이 더 많을 때나 국가의 신용이 떨어졌을 경우에 그 국가는 구매력 상실에 직면하게 된다. 그런 경우 해당 국가는 통화를 안정시키고 무역을 강화하기 위해서 IMF에 금융지원을 요청할 수 있다. 회원국가에게만 허용되는 대부금은 3년 내지 5년 내에 상환해야 한다(경우에 따라서는 10년까지 상환을 연장할 수 있다). 자주 이용되는 대부 구조로는 (1) 대기성차관, (2) 확장성차관이 있는데, 대기성차관은1~2년, 확장성차관은 3~4년에 상환해야 한다.

60. 나는 신념이라는 것의 가치를 믿지 않는다. 그러나 현대는 신념의 시대로 대단히 전투적인 신념이 횡행하고 있으므로 자기방어를 위해서는 자신의 명확한 신념 체계를 정립해 둘 필요가 있다. 종교적, 인권적 박해에 의해 갈기갈기 찢겨지고, 무지가 지배하며, 당연히 지배했어야 할 과학이 비굴한 뚜쟁이 역할에 만족하고 있는 이 세상에 관용과 상냥함, 동정심만으로는 더 이상 충분하지 않다. 관용과 상냥함과 동정심 – 정말로 중요한 것은 이것들이며, 인류가 파멸해서는 안 된다고 한다면 멀지 않아 이들이야 말로 무엇보다도 앞장서서 적극적으로 나서야 될 것들이다. 그러나 당장은 이것들만으로는 부족하다. 이들의 능력은 군화에 짓밟힌 화초(花草) 만한 힘도 없다. 설사 조작(操作)으로 그 질이 조잡해진다고 해도 보다 단단하고 강하게 만들 필요가 있다. 신념이란 단단하고 강하게 만드는 어떤 조작이라고 생각한다. 다시 말해서 신념은 정신적 의미에서 일종의 풀(糊)인데, 될 수 있는 대로 적게 사용해야 하는 것이다. 그런 풀 같은 것을 나는 싫어한다. 하물며 그 자체를 위해서 그런 것을 믿는다는 것은 도저히 불가능한 일이다. 아마도 이런 점에서 나는 대부분의 다른 사람들과 다르다고 생각한다. 사람들은 신념이라고 하는 것의 가치를 믿고, 지금도 많은 신념을 충분히 받아들이면서도 더 받아들일 수 없다는 사실을 그저 유감스러워하고 있는 형편이다. 나의 입법자는 에라스무스와

몽테뉴이지 모세나 바울 사도가 아니다. 내 신전(神殿)이 세워져 있는 곳은 모레아 산상(山上)이 아니라 부도덕한 사람도 들어갈 수 있는 엘리시안의 동산이다. 나의 좌우명은 "신이여, 저는 믿질 못합니다. 원컨대 저의 불신앙을 도와주소서"라는 것이다.

61. 관찰된 것을 영속성 있는 어구(語句)나 기억하기 쉬운 낱말을 적절한 리듬과 어투로 구체화시키고자 하는 충동 – 이러한 충동은 모든 언어에서 수많은 속담을 만들어냈는데, 이는 분명히 인간이 태생적으로 가지고 있는 강한 충동이다. 아포리즘은 이러한 충동이 교양 있는 사람들의 정신이라는 토양으로 이식되어 꽃피운 것을 말한다. 아포리즘은 사설 화폐주조소(貨幣鑄造所)에서 주조된 속담이라고 정의되는데 이는 매우 적절한 정의라고 생각한다. 왜냐하면 아포리즘이란 것은 속담과 마찬가지로 관찰의 결과이고 더구나 그 주조소가 아무리 사적이고 훌륭하다 해도 그곳에서 주조되는 화폐가 일반에게 받아들여지기 위해서는 널리 유통되고 있는 금속으로 주조되어야 하기 때문이다. 다시 말해서, 아포리즘을 만드는 사람은 대개의 경우 통상적인 경험을 토대로 해야 하기 때문에 그가 하는 일의 주요한 부분은 누구나 잘 알고 있는 교황의 말씀처럼 "생각은 나는데, 생각대로 그렇게 잘 표현된 적은 없다"는 것을 눈에 확 뜨일만한 멋진 형태로 표현하는 것이다.

62. 대부분의 사람들에게 인생이란 그리 대단한 것이 되지 못한다. 인생은 먹고 자는 것, 친구들을 만나고 작별 인사를 하고, 재상봉과 송별회, 눈물과 웃음, 화분에 물을 주고 이웃사람이 자기 지붕에서 떨어지는 것을 바라보는 것 따위로 이루어지는 일상적인 일이다. 중국 사람들은 이것을 안다. 그래서 가볍고도 거의 유쾌할 정도의 생활철학을 발전시켰다. 문화는 본질적으로 여가의 산물이다. 중국인의 관점에서 볼 때 한가로움을 현명하게 보내는 사람이 가장 교양 있는 사람이다. 왜냐하면 분주함과 현명함 사이에는 모순이 있는 것처럼 보이기 때문이다. 현명한 사람은 지나치게 분주하지 않고 지나치게 분주한 사람은 현명할 수가 없다. 일을 완성하는 고상한 기술만이 아니라 일을 미완성으로 남겨 두는 고상한 기술도 있다. 삶의 지혜

는 본질적이 아닌 것을 제거하는 데 있다. 대체로 편지를 받고 곧바로 답장을 보내면 아예 답장을 보내지 않았을 경우와 그 결과에 있어서는 대략 비슷하게 나쁘거나 좋거나 한다. 대개 편지를 서랍에 그대로 넣어두었다가 석 달 뒤에 읽어보면 답장을 보냈더라면 정말 쓸데없는 시간을 허비했을 것이라는 사실을 깨닫게 된다.

63. 오번(Auburn) 시스템에서 죄수들은 밤에는 독방에 감금되고 낮에는 다른 죄수들과 함께 노동을 하였다. 이 시스템에서는 침묵이 강조되었다. 죄수들은 서로 말을 할 수 없었고 쳐다보는 것조차 금지되었다. 교도소 관리들은 이처럼 말을 못하게 하고 격리시킴으로써 수형자들이 자신의 범죄와 감화에 대해 생각해 보기를 원했던 것이다. 관리들은 죄수의 성품이 바뀌어야 비로소 감화가 일어날 수 있다고 생각하였다. 그러나 이 시스템은 엄격한 규칙과 격리 같은 부분적 이유로 수형자들이 정신이상을 일으킴으로써 실패하고 말았다. 뉴욕주의 엘마이라 감화원이 16~30세의 범법자들을 대상으로 하는 모델 교도소로서 개원되었다. 이 시스템은 부정기형(不定期刑)제도를 활용하여 선행을 하면 가석방될 수 있도록 하였으며 육체적, 군사적 훈련과 교육프로그램도 제공 하였다. 교육을 통해서 사회복귀를 할 수 있도록 강조한 점은 엘마이라 감화원의 큰 공헌이었다. 그러나 이 제도는 생각만큼 큰 기대에 미치지 못하였다. 그 주된 이유는 석방을 위한 수형자들의 실질적인 적합성 여부보다는 교도소에서의 행동에 따라 그들을 판단했기 때문이었다. 여러 연구에 따르면 대부분의 감화원 수형자들은 석방된 후 다시 범행을 저질렀다고 한다.

64. 자신과 싸우고 있을 때 불안이 더 널리 나타난다. 불안은 내적인 갈등으로부터 생기는 영속적이고 고통스러운 심리상태로 귀결되는데, 이런 고통은 공포, 분노, 안절부절, 성마름, 의기소침 같은 여러 가지 형태로 나타날 수 있다. 내적인 갈등은 양립할 수 없는 충동, 욕망, 또는 가치관으로부터 일어난다. 그래서 충돌이 있게 된다. 인기를 얻게 되기를 간절히 바라지만 이를 얻기 위해서 필요한 행동을 하는데 많이 망설이는 사람이 이런 갈등의 예가 될 수 있

다. 어떠한 충동도 적극적인 감정으로 귀착되지는 않는다. 이러한 갈등은 불안을 유발하며, 불안한 사람이 내적갈등의 본질과 그 갈등이 감정과 행동에 영향을 미치는 방식까지도 인식하고 있을 때 불안은 의식적인 상태로 존재한다. 그러나 때로는 의식하지 못하는 경우도 있다. 불안감을 느끼는 사람은 문제가 무엇인지 깨닫지 못하고, 자신이 왜 그런 식으로 느끼는지 알지 못하거나 그 문제가 행동에 미치는 영향을 의식하지 못하기도 한다.

65. 1914년 8월부터 1918년 11월까지 대영제국과 그 연합국은 문명을 지키기 위해 전쟁을 하고 있었기 때문에 문명이 정확히 무엇인가에 대해 검토해 보는 것이 부적절한 일은 아니라고 생각한다. '자유'와 '정의'라는 말은 옛날부터 항상 비싼 대가를 지불하는 말이라고 생각되었는데 '문명'이란 말이 하루에 몇 백만 파운드인지는 잊었지만 상당히 많은 돈이 드는 말이 될 수 있다는 점이 사려 깊은 많은 납세자에겐 뜻밖의 놀라운 일이었다. 이 말이 영국의 전쟁목적의 첫째 자리를 차지하게 된 경위가 너무 재미있어 설사 조금 적절치 못한 감은 있어도 나는 그 경위를 말해야 되겠다는 기분이 된 것이다. 사실 그 경위를 설명함으로써 비로소 이 논문이 쓰이게 된 전말을 설명할 수 있겠다. "여러분은 문명을 옹호하기 위해서 싸우고 있는 것이다." 우리를 전쟁으로 끌어들인 대단히 현명하고 뛰어난 지도자들은 이렇게 소리쳤다. 그러자 군인들까지도 그 외침에 부응하여 "입대하라, 문명을 위하여"라고 외친 것이다. 정치가이든 징병담당 하사관이든 그 때까지 거의 아무런 흥미도 보이지 않았던 하나의 추상적인 단어에 대해서 이처럼 갑자기 열을 올리는 것을 보고 깜짝 놀란 나는 이번에는 내 쪽에서 "그런데 문명이란 무엇이란 말인가?"라고 외치게 되었다. 나는 분명히 큰소리로 부르짖지는 않았다. 당시는 그런 종류의 말을 큰소리로 외쳐대다가는 감옥으로 보내지는 그런 시절이었다. 그러나 지금은 무슨 질문을 해도 더 이상 죄가 되지 않고 비애국적이지도 않기 때문에 우리가 그것을 위해 싸웠고 지금도 그것을 위해 대가를 지불하고 있는 이 문명이라는 것이 도대체 무엇인가를 알아보려는 것이다. 다시 말해서 나는 우리의 주된 전쟁목적의 성격에 대해서 검토해 보려는 것이다. 내 검토의 결과로 무엇이 발견될 것인지, 만약 발견된다면 그 발견된 것이 과

연 베르사유조약과 조금이라도 유사한 점이 있는지의 여부는 앞으로 밝혀져야 할 일이다.

66. 경제학자들이 인플레를 예측하거나 통제할 수 없다는 사실은 무엇보다도 사람들을 실망시켰고 경제이론의 흐름도 크게 바꾸어 놓았다. 경제학자가 아닌 사람 중 경제행위의 표준모델에서 인플레가 중요하지 않다는 것을 알고 있는 사람은 별로 없다. 다만 상대가격, 즉 어느 상품의 다른 상품에 대한 가격만이 문제가 되는 것이다. 따라서 물가수준의 일반적인 상승은 균형가격 경매모델의 상대가격에 영향을 미치지 않으므로 인플레를 회피해야 할 이론적 이유는 없다. 그런데 이 가격경매 경제학자들은 사회는 인플레 방지를 위해 과감한 조치를 취해야 한다고 가끔 앞장서서 주창한다. 이들 경제학자들의 우려가 그들이 제창하는 경제이론에서 벗어날 수 없으므로 이 우려는 경제이론과 대중의 믿음이 엇갈릴 때 나타나는 그들의 직업적인 반응이다. 균형예산의 중요성과 같은 대부분의 다른 문제에 있어서와 마찬가지로 이런 경우에도 대중의 믿음이 승리한다.

67. 모국어 이외에 다른 언어를 배운다는 것은 중요한 일이다. 왜냐하면 외국어를 배움으로써 우리는 다른 나라 사람들과 서로 의사소통을 하고, 그 나라의 문화에 대해서 보다 많은 것을 배울 수 있기 때문이다. 그러나 다른 언어를 배우게 되는 진정한 중요성은 그보다 훨씬 심오한 곳에 있다. 다른 언어를 공부함으로써 우리가 가지고 있는 가치관이 문화에 대한 것이든 언어에 대한 것이든 간에 상대적이란 사실을 인식할 수 있게 된다. 그렇게 해서 현실을 보는 우리의 방식이 유일한 것이 아니며, 우리의 가치관도 유일한 것이 아닐 수 있다는 사실을 이해할 수 있게 된다. 외국어를 배운다는 것은 두 가지를 동시에 경험하는 것이다. 즉 새로운 언어에 대한 공부가 진행되어 감에 따라 이 새로운 지식으로부터 자신의 모국어 대해 보다 많은 것을 발견하게 된다. 한 가지 언어밖에 말하지 못한다는 것은 창문도 방문도 없는 방안에 살고 있는 상태와 비교될 수 있다. 안전하기는 하겠지만 방안은 어둡고 외부와 차단되어 있다. 외국어를 배우게 되면 그 방에 빛을 들어오게 할 수 있다. 초보적인 지식만 있으면 창문 밖을 내다

보면서 새로운 다른 세계를 볼 수가 있는 것이다. 완전한 지식이 있으면 문밖을 나서서 새롭고 다른 세계를 탐험할 수 있다. 그 곳에서 발견한 것은 우리의 생활에 풍요함과 깊이를 더해준다. 이런 새로운 세계를 탐험하면서 우리는 인류 최대의 창조물인 언어의 중요성을 이해할 수 있게 된다.

68. 이야기는 우리에게 어느 한 가지 결말을 약속해 주고 있으며, 우리는 마음을 졸이면서 사건이 어떻게 해결되는가를 기다린다. 무슨 일이 일어날지에 대해서 뿐 아니라 그 사건이 의미하는 바가 무엇인지에 대해서도 더욱 마음 졸이는 것이다. 우리가 소설 속의 이야기에 대해 마음을 졸이는 이유는 우리와 무척 가깝고 우리에게 훨씬 중요한 또 다른 이야기, 즉 지금 살고 있는 우리 자신의 삶의 이야기에 대하여 마음 졸이고 있기 때문이다. 우리 자신의 삶의 이야기가 어떻게 결말이 날지 모른다. 그것이 무엇을 의미하게 될지를 알지 못한다. 그래서 소설 속의 이야기에서 느끼게 되는 긴장감에 드리워질 삶에 대한 깊은 긴장감을 통해 우리가 영위하는 삶 속의 이야기에 대한 어떤 작은 암시라도 얻으려고 소설을 읽는다. 본질적인 의미에서, 소설을 읽는 것은 우리의 삶과 소설 속의 삶이 서로 관련을 맺고 있기 때문이다. 이를테면 "도피하기" 위해 책을 읽을 때조차도 우리는 삶으로부터 도피하는 것이 아니라 삶 속으로, 즉 우리 자신의 따분한 삶보다 더 만족스런 삶 속으로 도피하는 것이다. 소설은 우리들에게 삶에 대한 이미지를 보여준다. 그런데 그 이미지는 이따금 지금 살고 있고 앞으로도 계속 살고 싶어지는 그런 삶에 대한 이미지이지만 흔히 그 이미지는 우리가 지금까지 살아왔지만 이제는 더 이상 살지 않는 그런 삶, 또는 우리가 결코 살아보지 못했으며 앞으로도 살아볼 수 없을 그런 삶에 대한 쓰라린 이미지인 것이다.

69. 그렇게 하지 못할 것이 분명하지만, 비록 학교와 대학이 그 역할에 최선을 다하고, 또 학생들이 자신의 능력을 성실하게 활용할 뿐만 아니라 가장 훌륭하고 최고로 명석한 부류에 속한다 할지라도 그것은 앞서 말한 경우와 마찬가지일 것이다. 이유는 간단하다. 젊음 자체,

즉 미성숙함은 교양인이 되기에 극복하기 어려운 장애가 된다. 정규의 학교교육은 젊은이를 위한 것이고, (교양)교육은 그 이후 훨씬 나중에 이루어진다. 학교가 해야 할 최선의 일은 젊은 이들에게 학문의 기술과 학문에 대한 사랑을 가르쳐 줌으로써 앞으로 인생에서 끊임없이 공부할 수 있도록 그들이 준비하도록 하는 일이다. 오늘날 학교와 대학들이 이런 일을 제대로 못하고 있지만 이것이야말로 바로 학교가 해야 할 일이다. 교양 있는 젊은이나 기본적인 개념과 문제에 대해 풍부한 이해력을 가진 똑똑한 젊은이에 대해 말하는 것은 사각형이 둥글다고 말하는 것처럼 용어상으로 모순이 있다. 젊은이들은 장래의 교육에 대한 준비는 할 수 있지만 성숙한 성인(成人)이 되어야 비로소 교육이란 것을 받을 수 있다. 40대나 50대에 교육 과정을 시작하여 60살이 되어서야 진정한 의미의 통찰력, 건전한 판단력과 어느 정도의 실용적인 지혜를 갖게 되는 것이다. 이것은 고등학교 졸업자나 대학졸업자들로서는 알 수도, 이해할 수도 없는 일이다. 사실 이들을 가르치는 교사들 대부분도 이 점을 잘 모르는 것 같다. 될 수 있으면 많은 것을 가르치려 하며, 학생들을 테스트하고 시험하는 방법에만 집착하기 때문에 교사들은 분명히 학교라는 테두리 안에서 교육을 완성시키기보다 학생들이 졸업하고 난 이후의 교육을 위해 오직 그들을 준비시킨다는 사실을 이해하고 행동하지 않는다. 물론 무지를 깨닫는 것이 지혜가 시작되는 것이라는 고대인의 통찰에도 진실이 담겨 있기는 하다. 그 깨달음은 단지 시작에 불과하다는 사실을 잊지 말아야 한다. 그 깨달음에서 시작하여 무지의 상황에 대해 무언가를 해야 한다. 그리고 그에 대해 현명하게 대처하기 위해 먼저 자신의 무지에 대한 원인과 그 해결 방법을 알아야 한다. 즉 성인들에게 교육이 왜 필요하며, 그들이 무지에 대해 무엇이라도 할 수 있다면 과연 무엇을 할 수 있을 것인가에 대해 알아야 한다. 젊은 성인들이 학교에서 배운 것이 별로 없다는 것을 깨달았을 때 그들은 으레 자신들이 공부했던 학교에 문제가 있었거나 자신들이 학창시절에 보냈던 생활에 문제가 있었다고 생각한다. 그러나 사실은 가장 훌륭한 학교를 졸업한 가장 우수한 학생도 가장 열등한 졸업생과 마찬가지로 끊임없이 공부를 해야 한다.

70. 언론계에 대한 비평은 언론출판 자체의 역사만큼이나 오래 되었다. 제 구실을 하는 자유언론은 사회의 일부 사람들을 분노하게 만들기 마련이다. 우리가 직면하고 있는 위기는 일부 비평가들이 자신의 노여움을 우리의 권리를 제한하게 될 행동으로 옮기려고 시도한다는 점에 있다. 전국적으로 증가일로에 있는 명예훼손 재판과 소송절차 및 정부의 정보에 대한 언론의 접근을 제한하려는 지속적인 노력에서 이러한 위협을 보게 된다. 우리가 신문사설을 통해서 내리는 판단에서 가끔 범하는 실수로 인해서 이러한 반응이 일어나는 것이며, 흔히 정확성 및 공정성의 합당한 기준을 충족시키지 못하기 때문에 많은 사람들이 언론 자체의 윤리공약을 의심케 하는 현상을 초래했다. 얼마 전, L. A. 타임스지가 언론에 대한 국민의 인식에 관한 전국적인 여론조사를 실시했는데, 응답자의 약 40%는 매스컴이 무책임하게 행동함으로써 매스컴의 위력을 잘못 사용하는 것으로 생각한다고 말했다. 약 20%는 정부의 보도조정관들이 보도매체의 권리남용을 보다 엄하게 다루어야 한다고 말했다. 네 사람 가운데 한 사람만이 보도매체가 본질적으로 윤리를 지키고 있다고 생각했으며, 세 사람 중 한 사람은 뉴스를 공정하게 다룬다고 말했다. 이러한 인식은 국민의 상당수가 언론이란 것은 교묘히 몸을 피하는 것, 즉 방패막이가 되는 여러 법률과 미국 헌법 수정조항 제1조의 성역으로부터 뛰쳐나가, 여론에 대한 언론의 힘을 이용해서 해악을 저지르다가 보복을 피하려고 은신처로 재빨리 되돌아가는 것쯤으로 간주하고 있음을 시사하고 있다. 이런 언론의 특성에 대한 묘사는 부당하고 부정확하며, 미국헌법이 언론을 보호하는 이유를 잘못 나타내고 있는 것이다. 그러나 이것이 전혀 예상하지 못했던 일은 아니다. 즉, 좋지 않은 뉴스의 보도자에 대해서 사람들이 분개한다는 주장에 대해서는 수긍할만한 점이 꽤 많다는 것이다. 하지만 뉴스는 항상 좋은 뉴스만 있는 것은 절대 아니다. 언론은 일반적으로 우리가 경원(敬遠)하는 기관이며, 국민의 감시자이자 대변자로서의 언론의 역할은 항상 좋은 평판만을 받을 수는 없다는 것이다.

71. Q: 당신은 아주 평온한 마음으로 죽음을 바라보시는 것 같습니다. 영혼, 즉 우리들 속에 내재하는 정신적인 본질이, 예컨대 기독교 신자들이 생각하는 것처럼 사후(死後)에도 생존한

다고 생각해본 적이 있는지요?

A: 그런 적이 있는 것 같습니다. 하지만 사후의 생존은 거의 자연스런 사실로 여겼던 거지요. 의식 구조 자체 때문에 내가 이미 존재하지 않는 시간을 상상하기가 어려웠습니다. 이를테면 내가 내 장례식을 상상하는 경우, 그 장례식을 상상하고 있는 것은 바로 나 자신입니다. 그래서 나는 거리 한쪽 모퉁이에 숨어서 장례행렬이 내 앞을 지나가는 것을 바라보는 겁니다. 그렇지만 사실, 무신론자인 나는 사후에는 아무 것도 없는 것이라고 늘 생각해 왔지요. 존재하는 것이라곤 유사생존(類似生存)이라고 볼 수 있는 불후(不朽)의 명성뿐이지요.

Q: 점점 나이가 들어가면서 당신의 무신론에 어떤 변화가 있었나요? 동요 같은 것은 없었습니까? 아니면 무신론에 대한 신념이 더 확고해지지는 않았는지요?

A: 더 확고해졌다고 말할 수 있겠지요. 무엇보다도 내 무신론이 관념론적 무신론에서 유물론적 무신론으로 변했다고 생각합니다. 그리고 그것은 주로 니잔과 대화를 나누는 중에 일어난 변화였습니다. 관념론적 무신론은 설명하기가 쉽지 않아요. 하지만 내가 "신은 존재하지 않는다"라고 말한 것은 마치 내가 세상에 존재하는 하나의 관념을 없애버리고 그 대신 전반적으로 내 사상의 테두리 안에 하나의 정신적인 공허, 즉 제대로 형성되지도 못한 어떤 관념을 설정한 것과 같은 것이었습니다. 그런데 그것은 결과적으로 길거리와 나무, 사람들이 앉아 있는 벤치 따위와는 직접적인 관계가 거의 없는 그런 것이었지요. 하나의 거대한 종합적인 관념이 직접적으로 세상에 전혀 영향을 끼치지 않은 채로 사라져버린 것이었습니다. 그리고 니잔과의 대화와 나 자신의 사색으로 해서 차츰 다른 그 무엇, 사라져버리는 것이 아닌 세상에 대한 다른 하나의 개념에 이르게 되고, 그곳에서 신(神)을 보게 되지만 유일한 실재(實在)인 '낙원' 과 접하게 된 거지요. 신이 없다는 것은 어디에서나 읽을 수 있었습니다. 사물은 홀로 존재하였고, 무엇보다도 모든 인간은 홀로 존재했어요. 절대자가 혼자인 것처럼 말입니다.

Q: 무신론이란 장기적인 과업이고, 어느 정도의 노역(勞役)이 들지 않은 것은 아니지만 그것을 끝까지 성취했다고 어디선가 말씀하신 적이 있습니다. 그것은 무슨 뜻으로 말씀하신 것인지요?

A: 그 말은 바로 관념론적 무신론에서 유물론적 무신론으로 옮겨가는 일이 어렵다는 뜻이었지요... 유물론적 무신론이란 신이 존재하지 않는 상태에서 본 세상을 의미합니다. 그리고 관념의 부재로부터 존재, 즉 사물 가운데 남겨져 있으면서도 사물을 생각하고 그것들을 존재하게 만드는 신성한 의식(意識)에 의해 사물에서 분리되어 있지 않은 존재에 대한 이러한 새로운 개념으로 옮겨가는 것은 분명히 오랜 시간이 필요한 일입니다.

Q: 당신이 뜻하는 것은, 비록 신을 믿지 않더라도 세상을 바라보는 데는 어떤 방식이 있어서....

A: 비록 신을 믿지는 않지만, 신이란 관념의 몇 몇 요소가 우리 속에 남아 있어서 우리가 어느 정도 신성한 측면으로 세상을 보도록 하는 것입니다.

72. 공산주의를 이해하기 위해 공산주의의 '국가적 여러 변형 형태'에 대해 특별한 의미를 부여할 필요는 없다. 오히려 이데올로기 그 자체와 135년 공산주의 역사에 초점을 맞추는 것이 더 바람직하다. 현재의 모든 공산주의자들은 마르크스와 엥겔스가 1848년 공저(共著)로 출간한 '공산당 선언'의 후예들이다. 또한 오늘날 유럽 민주주의로 위장하고 있는 자들까지도 그들의 가장 근본적인 야망을 살펴보면, 폭력은 권력을 장악하고 유지하는 제일의 수단이라고 하는 마르크스의 원칙을 여전히 고수하고 있다. 이 원칙은 초창기부터 지금까지 마르크스주의의 한 특색이었다. 마르크스와 엥겔스 사이에 주고받은 서신(그들 서간집(書簡集)의 러시아어판에만 나와 있음)을 보면 처음부터 그들은 음모자였고 무지막지한 사기꾼들이었다.

73. 영국인들이 아메리카의 대서양 연안을 따라 정착하면서, 거의 초창기부터 남부 식민지와 뉴잉글랜드 지방의 식민지 간에는 중요한 차이가 있었다. 남부에서는 거대한 농장, 즉 "플랜테이션"에서 담배를 재배하기 위해 흑인 노예의 노동력을 이용하였다. 부(富)와 권력을 가진 대농장주들은 자신들의 문학을 발전시키는데 소극적이면서도 영국에서 수입한 서적을 선호하였다. 그러나 뉴잉글랜드 지방의 청교도 정착민들은 엄격한 기독교 신앙을 토대로 한 사

회를 이루기 위하여 신대륙으로 왔던 것이다. 1642년부터 1652년까지 계속되었던 전쟁에서 영국 왕에 대항하여 싸웠던 영국의 청교도들처럼 사회는 하나님의 율법 위에 기초를 두어야 한다고 그들은 믿었다. 그래서 그들은 자신들이 단결되어 있으며, "공동 목적"을 가지고 있다는 의식을 남부인들 보다 훨씬 더 강하게 가지고 있었는데 바로 이런 점이 문화와 문학이 남부보다 훨씬 더 빠른 속도로 발달하게 된 까닭이었다. 식민지 최초의 대학인 하버드가 새로운 청교도 목회자를 양성하기 위해서 1636년 보스턴 근교에 설립되었으며, 아메리카 최초의 인쇄소가 1638년에 그곳에서 문을 열었고, 아메리카 최초의 신문은 1704년에 보스턴에서 발간되기 시작하였다.

74. 살아가면서 한 때나마 사람은 언젠가 늙고 죽게 된다는 사실에 대해 내심으로 부인해 본 적이 없다고 말하는 사람은 거짓말쟁이다. 사람은 병이 들 때까지는 건강을 당연한 것으로 여긴다. 나는 죽지 않을 것이라는 사실에 대해 눈곱만큼도 의심해 본 적이 없었다. 몇 해 전까지만 해도 그랬다. 그때의 고통은 대단치 않은, 짜증이 날 정도의 심하지 않은 아픔이었다. 그렇지만 그 고통은 늘 똑 같은 아픔 그대로였다. 잠자리에 들기 전 마지막으로 의식하는 것이었고 깨어나자마자 처음으로 느끼는 것이었다. 그때보다 1년 전만해도 나는 병원가기를 꺼리는 환자가 된다는 생각을 비웃었을 것이다. 왜냐하면 젊은 시절 나는 위험할 정도로 늦게까지 건강검진을 미루는 사람들을 너무도 많이 보았기 때문이다. 내 경우는 병의 징후를 내가 너무도 잘 알고 있었으니, 말하자면 내 경우 특별한 기술을 요하는 치료가 필요하다는 것을 판단하는데 의사인 나 자신보다 더 적합한 사람이 있겠는가? 그럼에도 나는 담당의사와 진료약속을 할 수 없도록 하기 위해 이런저런 많은 구실을 찾아냈다. 갑자기 내 달력에는 긴급한 모임이나 여행, 점심과 저녁식사 약속, 강의 등으로 가득 채워졌다. 이 모든 일은 너무 중요해서 꼭 지켜야 하는 약속들이었다. 빠른 시일 안에 의사와 만날 예약을 하겠지만 지금은 아니라고 생각했다. 그렇게 할 여유가 없다. 그것은 건강보다 더 중요한 것은 없다는 내 생각과는 전적으로 모순되는 것이다.

75. 과학 덕분으로 우리가 살고 있는 세상에서 일어나는 물리적, 사회적 현상을 어느 정도는 정복하거나 지배할 수 있다. 과학은 사물을 생산할 수 있도록 한다. 기술자나 의사가 이를 활용함으로써 과학은 다리를 만들거나 건강을 회복시키는데 도움이 된다. 그러나 알다시피 사물을 파괴하고 사람을 불구로 만들거나 죽이는데도 동일한 지식이 사용될 수 있다. 바꾸어 말해서 과학은 건설적이거나 파괴적으로 이용할 수 있는 힘을 주며, 좋은 목적 뿐 아니라 나쁜 목적도 용이하게 추구할 수 있는 수단을 제공한다. 과학 자체는 도덕적으로 중립이다. 즉, 수단이 사용되는 목적의 가치 같은 것에 개의치 않을 뿐만 아니라 어떠한 도덕적 방향도 제공할 수 없다. 따라서 과학적 수단을 가치 있는 목적에 이용하려면 과학은 철학에 의해 보완되어야 한다는 주장은 옳다. 오늘날, 철학은 생산적이지 못하므로 과학에 비해 쓸모없는 것으로 생각하는 사람이 많다. 그러나 철학적 지식이 전혀 다른 방향으로 보다 뛰어난 측면에서 유익하다고 나는 생각한다. 철학의 효용성이나 적응성은 기술적이거나 생산적인 것이 아니라 도덕적이고 방향제시적이다. 과학은 우리가 이용할 수 있는 수단[방법]을 제공하지만 철학은 우리가 추구해야할 목표를 제시해 준다.

76. 각 세대(世代)마다 자체의 경험에 비추어 역사를 다시 기술한다는 말이 있다. 하지만 일본이 제2차 세계대전에서 패배한 것이나 월남전에서 미국이 패배한 경우처럼 역사적 전쟁에서 패배한 경우에 그 사실을 무시해 버리든지 적당히 설명하고 넘어가거나, 혹은 그것을 미화시키고 싶은 충동이 유독 강하게 나타난다. 이런 경우, 역사는 하나의 난처한 문제 거리가 된다. 만약 이러한 패배가 일본의 경우처럼 전쟁터에서 대규모로 잔악행위를 저질렀거나 패전국이 먼저 침략을 한 경우라면 이런 곤혹스러움은 그만큼 더 굴욕적인 것이 되며, 따라서 이를 미화시키려는 충동은 훨씬 강하게 나타난다. 국민들이 최근에 일어난 우울한 측면의 과거를 아예 기억하고 싶지 않을 경우, 그 국가는 기억 상실기를 거치기 쉽다. 이런 기억상실은 여러 해 동안 계속될 수도 있다. 때로는 이 기억상실의 시기가 끝난 다음에 역사가 왜곡된 모습으로 다시 나타나기도 한다. 역사상 곤혹스러웠던 사실은 영웅적인 사실이나 승리에 가까웠던 사

실 등과 같이 그렇게 분명히 기억되지는 않는다. 어느 국가라도 다른 나라에 가했던 고통보다도 자신이 겪은 고통을 더 잘 기억하게 되는 법이다. 여기에 필연적으로 다음과 같은 질문이 제기된다. 암흑기의 역사에 대해 다음 세대들에게 무엇을 가르쳐야 할 것인가? 그런 기간에 대해 얼마만큼의 비중을 두어야 할 것인가?

77. 나에 대해서 말하자면, 나는 내 자신이 이 세상에 생겨난 흙이라기보다 예견되고 미리 형성되어 만들어진 하나의 존재로 간주한다. 요컨대, 오직 창조주만이 만들 수 있을 것으로 생각되는 하나의 존재로 생각한다는 것이다. 그리고 나를 창조한 창조의 손길이라는 관념은 나를 다시금 신에 대해 생각하도록 만든다. 그것은 당연히 분명하고 정확한 관념은 아니지만, 내가 내 자신을 생각할 때는 언제나 그러한 관념이 작용하는 것이다. 내가 가진 다른 많은 관념들과 모순 되지만 그것은 막연하게 떠돌면서 그곳에 있는 것이다. 그리고 내 자신을 생각할 때 달리 생각할 수가 없기 때문에 곧잘 이렇게 생각한다. 내가 신을 믿지 않으므로 해서 얻게 되는 이득은 무엇인가? 믿지 않는 다는 사실은 나의 자유를 강화시켜주면서 그것을 더욱 건전하게 만들어 주었다. 현재 이 자유는 신이 나에게 요구하는 것을 신에게 바치기 위해서 있는 것이 아니다. 나의 자유는 나 자신을 발견하기 위해서, 그리고 내가 나 자신에게 요구하는 것을 나에게 주기 위해서 있다. 그것은 본질적인 것이다. 그리고 다른 사람들과 나의 관계가 직접적인 것이다. 그들은 이제 더 이상 전능한 신이라는 중개자를 필요로 하지 않는다. 그것은 인간과 인간 사이의 직접적인 관계이다. 나는 신의 곁을 지나가야[경험] 할 필요가 전혀 없다.

78. 미국의 사법결정[판결]은 흔히 '판례', 즉 유사한 사건에 대한 과거의 판결에 기반을 두고 있다. 시민법국가에서는 판사가 정부가 제정한 성문법에 의해서 판결해야 하고, 시민법국가에서는 배심(陪審)은 거의 이용되지 않는다. 민사소송에서 법원이 누가 옳은지를 결정해야 한다. 예컨대, 어떤 사람이 상대방에게 돈을 갚기로 각서에 서명하게 되면 그 상대방은 지불을 받을 권리를 갖게 된다. 만약 각서에 서명한 사람이 지불을 이행하지 못할 경우 그 상대방은

서명인을 민사법원에 소송을 제기할 수 있다. 그 밖의 다른 민사소송은 사고로 인해 발생한다. 사고에 연루된 사람들은 그 잘못이 누구에게 있는가에 의견을 달리하는 경우가 많은데, 민사법정에서 이를 판결해야 한다. 원고는 피고로 인하여 발생한 손해에 대한 배상으로 항상 금전을 요구한다. 한편, 형법은 공공(公共)의 문제에 관한 것이다. 형법에서 손상(損傷)이라고 하면 사회전체에 피해를 주는 것으로 간주된다. 형사사건에서 피고가 유죄판결을 받게 되면 대부분 교도소로 가게 되지만 민사소송에서 그렇게 되는 경우는 거의 없다.

79. 문학에서의 리듬이란 글의 일정한 요소, 즉 단어, 구, 아이디어, 단락, 음 또는 문법구조가 어느 정도 규칙적인 것을 말한다. 우리는 또한 음악에서도 번갈아 일어나는 강한 박자와 약한 박자가 반복되는 것에 익숙해 있다. 우리가 리듬을 좋아하는 것은 타고나는 것 같다. 어린 아이가 신나는 음악을 듣고 나타내는 반응을 보면 알 수 있다. 아이들은 장난감 북이나 빈 상자 두드리기를 좋아하며, 원시시대의 무용수처럼 발을 구르고 동요를 부르거나 제멋대로 된 음절로 노래한다. 아이들은 나이를 먹어감에 따라 리듬에 대한 반응을 억제하도록 배우지만 리듬에 대한 애정은 그대로 남아 있다. 우리는 리듬 속에 산다. 사실, 리듬이 우리를 지배하고 있는 것이다. 생리적으로 인간은 리드미컬하다. 먹고, 잠자고, 숨쉬며, 건강을 유지하기 위해서는 규칙적으로 놀아야 한다. 정서적으로도 리드미컬하다. 왜냐하면 모든 사람은 비교적 우울할 때와 명랑할 때가 번갈아 일어남을 느낀다고 심리학자들이 말하고 있기 때문이다. 지적으로도 리드미컬하다. 인간은 집중하는 시간 뒤에는 쉬는 시간을 가져야 하기 때문이다. 그렇다면 당연히 우리 생활의 기본적인 측면인 리듬은 시, 산문 어느 것이든 모두 훌륭한 문학작품의 일부가 되어야 한다는 결론에 이르게 된다.

80. 진정한 신(神)이기 위해서 신은 만물의 창조주여야 하며, 삼라만상에 책임을 지고 삶의 목적을 통제할 책임을 져야 한다는 것을 히브리인들이 최초로 직관적으로 이해한 것으로 생각되었다. 극심한 미신의 혼란 상태와 호전적인 부족신(部族神)의 편협한 사상으로부터 이원

론(二元論)과는 모순 되는 일신론적인 교리가 생겨났다. 이후의 선지자들에 따르면 이 히브리 신이야말로 유일신으로서 의롭고 성스러웠다. 그렇다면 히브리인들은 자기 민족에게 엄습한 재앙들과 죄 없는 백성에게 들이닥친 재앙에 대해서는 어떤 설명을 할 수가 있었을까? 오랜 세월동안 보다 확고한 신념과 인습에 젖어 있던 히브리인들은 고난을 죄에 대한 형벌로 여겼다. 그러나 히브리 문학 전체를 통해서 볼 때 저항적이거나 정직한, 또는 온건한 사상가들이 연이어 등장하는데, 이들은 고난의 문제에 대한 이러한 해결책이 너무 안이하고, 사실은 거짓이며, 지속적일 수 없다고 생각한 사람들이었다. 그런데 그들이 비록 궁극적인 진리[신비] 앞에 머리를 조아리고 신앙 속에서 개인적인 만족을 찾기는 하지만 불신자들에게 납득할만한 '대답' 을 주지는 못하는 것이다.

81. 내 기억력은 결코 좋은 편이 못되었다. 그러나 비록 좋지 못하고, 변변치 못했지만 그 기억력마저도 점점 잃어가고 있다. 그런데 이런 사실이 걱정스럽기도 하지만 재미있기도 하다. 내가 무엇을 잊어버리느냐고? 그걸 다 말하고 싶지는 않다. 당연히 그것이 도가 지나칠 수도 있으니 말이다. 나는 엑스터 주교였던 윌리엄 세실 경(卿) 정도의 챔피언 급은 아니다. 세실 경은 자기의 교구를 이곳저곳 기차로 여행을 하곤 했는데, 한 번은 검표원에게 차표를 보일 수가 없었다. "걱정 마십시오, 주교님. 이 노선의 우리 모두는 주교님을 알고 있습니다."라고 검표원이 말하자, 주교는 "당신네야 괜찮겠지만 나는 어쩌란 말이오? 차표가 없으니 내가 지금 어디로 가고 있는 중인지 어떻게 알 수 있단 말이오?" 하고 반문하는 것이었다. 주교는 하는 수 없이 역에서 집으로 전화를 해서 자기 아내나 비서에게 자신의 행선지를 알려 달라고 호소할 수밖에 없는 그런 처지가 되었다. 앞서 말했듯이 나는 그런 정도까지는 아니지만 전반적으로 기억력이 상당히 나빠져 있다. 내가 한 말들, 여러 가지 일들, 날짜들, 사람들의 이름과 얼굴, 이런 것들을 모두 기억해내지 못할 때가 있다. 게다가 내가 잊은 것이 무엇인지조차 잊어버리는 고통스러운 경험을 하는 경우도 매우 흔히 있는 일이다.

82. 웃음은 우리 인간에게 매우 독특한 것으로 인간은 웃는 동물이라고 정의 되어 왔다. 인간의 다른 여러 가지 특성과 마찬가지로 웃음도 동물들 가운데 그 근원을 두고 있다는 것은 사실이다. 동물의 경우, 웃음은 어떤 종류의 일반적인 쾌감을 표현하는 것인데, 실제로는 웃음이라기보다 미소에 더 가까운 것이라고 할 수 있다. 예컨대 일부 동물 가운데, 예컨대 갈가마귀 같이 심술궂은 유머감각을 느끼게 하는 것도 있다. 그러나 인간의 웃음은 이런 것 이상이다. 웃음에 대해서는 여러 가지 이론이 많은데 그 대부분이 나름대로 어느 정도의 타당성은 갖고 있지만 생물학적 측면에서 인간 웃음의 중요한 특색은 갈등으로부터의 해방, 즉 곤란한 상황을 해결해 주는 데에 있는 것 같다.

83. 글이란 무엇인가? 글은 문자라고 부르는 어떤 상징[기호]들이 말의 소리를 표현하기 위해 사용되는 정교하고도 편리한 장치에 지나지 않는 것이다. 단어는 여러 가지 소리의 집합체로 구성되어 있다. 따라서 글을 쓸 때 그 단어를 구성하고 있는 각 소리에 대한 문자를 사용하도록 되어 있다. 문자 그 자체는 본질적으로 언어가 아니라 언어를 구성하고 있는 소리를 위해 사용되는 기호일 뿐이다. 기록된 기호들은 그 자체로는 생명력이나 아무 의미도 없지만 요컨대, 그것들이 상징하는 소리들로 옮겨져야 하고 그런 후에야 비로소 그 기호들은 언어가 되고 어떤 의미를 가지게 된다. 우리는 단어를 나타내도록 그룹으로 되어 있는 문자의 모양에 매우 익숙해져서 아주 빠른 속도로 읽어서 문자들이 상징하는 소리로 바꾸는 방법을 익히게 된다. 심지어 단어들을 큰소리로 발음하지 않고 속으로 읽을 때조차 우리는 마음속으로, 때로는 무의식적으로 문자들이 상징하는 소리로 바꾸는 과정을 거치며, 쓰인 문자의 의미를 그런 식으로 이해하게 되는 것이다. 우리는 지금까지 말의 소리 그 자체는 생각 자체가 아니라 단지 생각의 상징에 지나지 않는 다는 사실에 대해 언급하였다. 그렇다고 해도 문어(文語)는 구어(口語)보다 생각, 아이디어들과는 여전히 거리가 멀다. 왜냐하면 문어는 단지 구어의 상징[기호]들, 즉 문어는 상징의 상징이기 때문이다.

84. 나는 인간과 인간의 성장에 관해 끊임없이 흥미를 느끼기 때문에 삶을 즐긴다. 이러한 흥미로 해서 인간에 대한 지식을 계속 넓혀가게 되고, 그래서 인간의 마음은 일반적으로 선량하게 태어난다는 사실을 믿지 않을 수 없게 된다. 다시 말해서 인간의 마음은 태생적으로 다정다감하고, 남으로부터 인정받고 또한 남을 인정해 주고 싶어 하며, 소박한 행복과 삶의 기회를 갈망한다. 또한 죽임을 당하거나 죽이기를 원치 않는다. 환경으로 인해서 악(惡)이란 것에 굴복하는 경우가 있을지라도 결코 근본적으로 악해지지는 않는다. 아무리 역행되는 일이 있더라도 인간의 마음에는 선(善)의 요소가 그대로 남아 있어서 언제나 정상으로 회복할 수 있는 가능성을 가지고 있다. 나는 인간을 믿는다. 그렇다고 해서 인간에 대한 내 신념이 감상적인 것은 아니다. 인간은 불안하고 굶주린 상황에서 무의식중에 왜소해지고 틀에 갇혀버리고 만다는 사실을 나는 알고 있다. 마치 돌 밑에 깔려서 몸부림치고 있는 식물이 자신의 상태를 모르고 있듯이. 그 돌이 제거되어서야 비로소 빛을 향해서 뻗어 나올 수 있게 되는 것이다. 그러나 뻗어 나올 수 있는 그 힘은 타고나는 것으로서 죽음 이외의 무엇도 그 힘을 꺾지 못한다.

85. '다른 나라에는 기후가 있지만 영국에는 날씨가 있다.' 이 말은 흔히 영국 사람들이 자기 나라의 특이한 기상상태를 말할 때 쓰는 의미 있고 지당한 말이다. 영국 아닌 다른 어떤 나라에서도 단 하루 동안에 사계절을 경험할 수 없다는 말은 늘 들어온 말이다. 상쾌한 어느 봄날 아침 날이 밝은 뒤, 두어 시간쯤 지나자 느닷없이 먹구름이 나타나고 비가 쏟아질 수도 있다. 이처럼 날씨가 불안정함으로 해서 영국인의 성품도 분명 영향을 받았다. 이를테면, 그런 날씨는 영국인을 주의 깊게 만드는 경향이 있다. 영국인이 햇빛이 찬란한 아침에 비옷을 입고 우산을 든 채 집을 나서는 광경을 보고 외국인은 이를 비웃을 수도 있겠지만, 그날 저녁때는 자기가 웃었던 일을 당연히 뉘우치게 된다. 영국의 날씨는 또한 영국인이 환경에 잘 적응하는데 도움이 되어 왔다. 영국국민이 세계 도처에 그렇게 많은 식민지를 가질 수 있었던 이유 중의 하나는 그들이 해외에서 만나게 되는 어떠한 기후조건이라도 이미 자기 나라에서 그와 유사한 기후를 경험을 했기 때문이다.

86. 역사와 마찬가지로 정의(正義)라는 것은 인간 특유의 관념으로, 인간의 의식 속에 매우 깊이 그 뿌리를 내리고 있기 때문에 정의를 배격한다는 것은 비인간적이라고 말해도 마땅하다. 역사란 각종 테러집단들이 그들의 무자비한 살육을 정당화하기 위해 들먹이는 논법이다. 마치 역사는 언제나 정의로웠고, 지워버릴 수도 있는 것이며, 그것이 폭력적이었다는 구실로 더 끔찍한 역사를 만들 수 있듯이 말이다. 역사란 길게 드리워진 과거의 그림자이며, 그것이 중요하다는 것은 역사는 피할 수도 수정할 수도 없다는 데에 있다. 역사는 현재를 이해하는데 도움을 준다. 그러나 역사를 왜곡하여 친구나 적대자에게 사형선고를 내릴 수는 없다. 인간과 사회가 삶의 질을 높일 수 있는 능력이 있다는 사실 이외에 역사는 아무 것도 증명하지 못한다. 이스라엘인, 팔레스타인인, 레바논인, 아르메니아인, 일부 아일랜드인들, 그리고 그 밖의 많은 민족들이 자신의 주장을 정당화하고 그들 나름대로의 정의(正義)라는 말을 정의(定義)하기 위해서 역사를 인용한다. 이것은 케케묵은 진부한 이야기로 무엇이 누구에게 "귀속"되고, 누가 "역사적인 권리"를 설정했느냐 하는 따위에 관한 것들이다. 오늘날의 여러 분쟁을 역사를 참고로 해서 해결할 수 있었다고 한다면 이런 분쟁들은 벌써 사라졌을 것이다. 그러나 정의(正義)는 다른 문제이다. 정의란 역사가 강요하는 다양한 시련을 극복하는 것과 관련되는 것으로서 시련을 극복하는 것이 부당했기 때문이 아니라 그 해결책을 찾는 것이 필요하면서도 가능했기 때문이다.

87. 나는, 여러분과 전능하신 하나님 앞에, 우리 선조가 약 175년 전에 규정해 놓은 그 엄숙한 서약을 하였습니다. 오늘날 세계는 매우 변했습니다. 왜냐하면 인간은 온갖 형태의 빈곤을, 그리고 온갖 형태의 인간생활을 끝장낼 수 있는 힘을 유한한 존재인 자신의 손에 쥐고 있기 때문입니다. 그렇지만 우리의 선조가 싸웠던 그 혁명의 신념, 즉 인간의 권리는 국가의 관용에서가 아니라 하나님으로부터 주어지는 것이라는 신념이 여전히 세계 도처에서 문제가 되고 있습니다. 우리는 오늘, 우리가 그 최초 혁명의 후손임을 감히 망각할 수가 없습니다. 지금 이 시간, 이 자리에서, 우리의 친구와 우리의 적대자들 모두에게 함께 전하는 바입니다. 횃불은 이

제 새로운 세대의 미국인들에게 넘겨졌다는 사실을 말입니다. 이들 새로운 세대는 금세기에 태어나 전쟁으로 단련되고, 어렵고 쓰라린 고통 속에 쟁취한 평화에 훈련되었으며, 유서 깊은 유산에 자부심을 갖고 있습니다. 그리고 이 새로운 세대의 미국인들은 자신이 항상 이바지해 왔고, 지금도 국내에서, 그리고 전 세계에 걸쳐서 헌신하고 있는 인권이 서서히 무너져 가는 것을 방관하거나 허용하지 않을 것이라는 사실을 전해드려야 하겠습니다.

88. 전 세계적으로 존재하는 일반적인 두 가지의 정부 형태로는 선거와 대표제에 의해 구성되는 정부와 세습적인 계승에 의한 정부가 있다. 통상적으로 선거와 대표제에 의한 정부는 공화국으로, 세습적인 승계에 의한 정부는 군주정치와 귀족정치로 알려져 있다. 이처럼 분명히 상반된 두 형태의 정부는 합리성(合理性)과 무지(無知)라는 두 가지의 명백하고 상반된 근거로 대조를 이룬다. 세습적 승계는 분명히 인간의 이성으로는 동의할 수 없는 것이고 무지 위에서만 이루어질 수 있다는 신념이 필요하다. 그러므로 국민이 무지하면 할수록 이런 형태의 정부가 더 적합하다. 정부는 본질적으로 공동체 전체의 것으로서 이러한 공동체의 희생 위에서 지지되는 것이다. 따라서 설사 책략의 힘으로 정부를 빼앗아 승계한다고 하더라도 그 탈취로 인해서 어떤 상황에 대한 정당성이 달라지지는 않는다. 주권이란 권리의 문제로 국민에게만 귀속되는 것이지 어느 개인에게 속하는 것이 아니다. 국민은 불편하다고 판단되는 어떤 형태의 정부도 언제든지 갈아 치울 수 있는, 침해될 수 없는 고유한 권리와 국민의 이익과 성향과 행복에 부합되는 정부를 세울 수 있는 권리를 가진다.

89. 시(詩)는 의미, 음향, 운율을 통해 특별한 감정적 반응을 창조하기 위해 언어를 배열, 선택함으로써 집약된 상상적인 인식을 경험할 수 있게 하는 명쾌하게 표현된 문학의 한 형태이다. 시는 훨씬 복합적이고 강렬한 감정과 관련되어 있다. 이러한 감정을 지속시키고 강조하며 구체화하기 위하여 운율, 보격(步格), 절(節)의 형식, 일정한 길이를 가진 행(行)같은 수단을 동원한다. 이렇게 해서 산문과 시의 차별을 만들어 낸다. 산문은 특정 정보를 전달하기 위해 쓰

이지만, 시는 언어의 상상적인 사용을 통해 평범한 생각들을 신선하고 생기 넘치게 만들거나 탐구함으로써 감정과 사상을 표현한다. 따라서 시는 산문보다 더 광범위하게 의미를 전달한다. 왜냐하면 시는 독자로부터 감정적인 반응을 끌어낼 수 있는 언어 예술의 한 형태로서 하나의 가치판단을 시사하기 때문이다. 오늘날에는 서정시가 뚜렷한 운율과 음악적 효과, 활발한 비유, 효과를 위해서 주의 깊게 선택된 어휘를 가진 모든 단시(短詩)를 대표한다.

90. 아무리 담대하거나 조심성이 있어도 일생을 살아가는 동안 우리 인간은 악이라고 알려진 것과 직접적으로 대면하게 되어 있다. 내가 말하려고 하는 악은 공포소설에서나 나오는 그런 추상적인 속성을 가진 것이 아니라 적어도 우리가 도저히 어찌 할 수 없는 명백한 사회적인 현실을 의미하는 것이다. 아무리 선한 본성을 가져도, 아무리 슬기롭게 계산을 한다 해도 이 악과의 만남은 막을 수가 없다. 사실 계산을 하면 할수록, 조심하면 할수록 이 만남의 가능성은 더 커지고 그것이 미치는 충격 또한 더 커지게 된다. 인생의 구조가 바로 이렇게 되어 있어서 악으로 생각되는 것이 선으로 위장해서 나타나는 경향이 있기 때문에 세상도처에 악이란 것이 존재할 수 있는 것이다. 악이란 것은 결코 "안녕하시오, 나는 악이올시다!"라고 정체를 밝히면서 여러분의 문간을 들어서지는 않는다. 물론 이것은 악의 부차적 본성을 가리키는 것이지만 이처럼 악의 부차적 본성에 대해 언급함으로써 파생되는 위안도 악이 빈번하게 출현함으로 해서 무뎌져버린다. 내가 이런 말을 하는 목적은 그저 여러분이 언젠가 편리하게 사용할 수 있는 저항의 방법 한 가지를 제시해 주기 위해서이다. 즉 여러분이 악과 조우(遭遇)했을 때 선인(先人)들보다 반드시 더 잘 이겨 내지는 못한다 해도 악에 심하게 물들지 않고 빠져나올 수 있게 해주는 방법을 말해주려는 것이다. 물론 내가 생각하고 있는 방법은 오른뺨을 때리면 왼쪽 빰을 내밀라는 유명한 이야기를 말하는 것이다. 아마도 여러분은 어떤 식으로든지 톨스토이나 마하트마 간디, 마틴 루터 킹 등, 그 밖에 많은 사람들이 설파한 산상수훈에 나오는 이 구절에 대한 여러 가지 해석을 들었을 것이다. 달리 말하면, 여러분은 악을 선으로 갚는 것, 즉 악에 대해 같은 방법으로 대응하지 않는다는 것을 주요 원칙으로 하는 비폭력, 혹은 수동적

저항의 개념에 대해 잘 알고 있을 것으로 생각한다. 오늘날의 세계가 지금과 같은 상태로 있다는 사실은 최소한 이러한 개념이 범세계적으로 존중되고 있지 않다는 것을 암시하고 있는 것이다. 이 개념이 환영받지 못하는 데에는 두 가지 이유가 있다. 첫째, 이러한 개념이 효력을 발생하기 위해서는 먼저 민주주의의 여지가 있어야 하기 때문이다. 그런데 정확히 말해서 지구상의 86%가 민주주의의 결핍 상태에 놓여 있다. 둘째로, 피해자가 다른 쪽 뺨을 대주고 같은 방식으로 대응하지 않으므로 해서 얻는 것이 기껏 도덕적인 승리뿐으로, 말하자면 매우 실질적이지 못하다는 것이 상식이기 때문이다. 그리고 그 도덕적 승리라고 하는 것도 결국은 그다지 도덕적이지 못할 수도 있는데, 그 이유는 고통이라는 것은 흔히 자아도취적 양상을 띠고 있을 뿐 아니라 피해자를 자기의 적보다 더 우월한 것으로 만들기 때문이다. 그러나 여러분의 적이 아무리 악질적이더라도 중요한 것은 그 사람도 인간이라는 것이다. 비록 다른 사람을 자신처럼 사랑할 수는 없다 할지라도 우리는 인간이 자기가 다른 사람보다 우월하다는 생각을 시작할 때 악이 뿌리내린다는 사실은 알고 있다. 이것이 여러분이 애초에 오른뺨을 맞았던 이유이다.

91. 인간이 완전해질 수 있다는 가능성에 대해 열정적인 신념을 가지지 못하는 작가는 문학에 아무런 기여도 못하고 또한 문인의 자격도 없는 사람이라고 생각한다. 지금 전 세계적으로 공포가 만연되어 있는 것은 물질세계의 어떤 위험한 요소들에 대한 우리의 지식과 기술이 크게 진전된 결과이다. 다른 측면에서의 이해가 아직 이런 커다란 발전을 따라가지 못해 온 것은 사실이다. 그러나 그것들이 보조를 맞추지 않을 것이라고 생각할 아무런 이유도 없다. 사실, 이 두 가지가 서로 보조를 같이 하도록 확인하는 것이 작가가 책임져야할 한 부분이다. 때로는 거의 확정적인 패배와 멸망에 직면해도 우리가 쟁취할 수도 있을 최대의 승리를 눈앞에 두고 싸움터에서 물러선다면 비겁하고도 어리석은 일이 될 것이다. 이해하리라 생각하지만, 지금 나는 알프레드 노벨의 전기(傳記)를 읽고 있는 중인데 그는 고독한 인간이면서도 사려 깊은 인간이었다고 한다. 폭발력을 방출시키는 방법, 창조적인 선(善)을 이룩하거나 파괴적인 악(惡)

을 자행할 능력은 있지만 행동의 선택능력이 없기 때문에 양심이나 판단력이 제어하지 못하는 폭발력의 방출 방법을 완성했다. 노벨은 자신의 발명품이 피를 보도록 잔혹하게 오용된 몇 가지 사건을 목격하였다. 그는 심지어 자기가 탐구한 것의 마지막 결과인 궁극적인 폭력, 즉 종국적으로 파멸을 야기하게 될 수단을 예견했는지도 모른다. 더러는 그가 냉소적인 사람이 되어 버렸다고 생각하는 사람도 있지만 나는 그렇게 생각하지는 않는다. 그는 통제할 수 있는 방법인 안전판을 고안해 내려고 무척 애를 쓴 것 같다. 결국 그는 그 안전판을 오로지 인간의 마음과 정신에서 발견하였다고 생각한다. 나로서는 그의 사상이 이 시상(施賞)의 종류에 명백히 드러나 있는 것 같다. 이 상들은 인간과 인간 세계에 관한 지식을 증대시키고 영속적으로 만든 것에 대하여, 즉 '이해와 의사소통' 에 대해 수여되는 것으로 이들이야말로 문학의 기능인 것이다. 아울러 이 상은 다른 모든 능력을 능가하는, 평화를 이룩할 수 있는 능력을 실증한 사실에 대해 수여되는 것이다. 그가 세상을 떠난 지 채 50년도 못되어 자연의 문이 열렸고 우리는 선택이라고 하는 부담을 지게 된 것이다. 지금까지 우리는 한 때 하나님이 가진 것으로 여겼던 능력 가운데 많은 능력을 탈취하여 우리의 것으로 만들었다. 아무 준비도 못한 채, 두려운 마음으로 우리는 이 세상에 살아 있는 모든 생물의 사활을 결정할 수 있는 권한을 가지게 되었다. 위험과 영광, 선택은 궁극적으로 인간에게 달려있다. 인간이 완벽해질 수 있는가에 대한 시험이 가까이 다가온 것이다. 우리는 하나님과 같은 능력을 가졌으므로 한때는 어떤 신이 가지고 있기를 기도(祈禱)했던 책임과 지혜를 우리 자신 속에서 찾아야 한다. 인간 자신이 우리에게 가장 위험한 존재가 됨과 동시에 유일한 희망이 된 것이다. 그래서 사도 요한이 한 말을 다음과 같이 바꿔 써도 좋을 것이다.

"종국에 말씀이 있나니 그 말씀은 곧 인간이요 그 말씀은 인간과 더불어 있느니라."

92. 민주주의라는 것이 현존하는 정부를 국민 대다수가 지지하는 어떤 체제라고 말할 수도 없다. 민주적으로 선출된 정부가 여전히 다수를 차지하는가의 여부 – 이를 위해서는 틀림없이 갤럽 씨가 큰 도움이 되겠지만 – 를 말하는 것이 때로는 어려운 일이라는 기술적인 문제는

별문제로 하고, 독재체재가 다수의 지지를 받을 수도 있다는 바람직하지 않은 명백한 사실과 민주주의를 독재주의와 구별할 수 없는 어떤 정의(定義)도 쓸모없는 것 이상으로 해악이 되는 것이다. 어떤 정의라도 민주주의를 지혜롭게 방어하는 것을 뜻하는 것이 아니란 것은 명백하다. 단순히 다수의 지배로 보는 민주주의에 대한 정의를 우리는 조심스럽게 피해야 한다. 민주주의는 다수 지배의 형태를 반드시 포함하는 것이다. 이 형태에서 다수를 소수로 다시 전락시킬 수 있는 국민의 여론에 아랑곳 하지 않고 계속 다수로 남아 있을 수 있는 다수란 존재하지 않는다. 그러나 모든 반대를 침묵시키고 모든 반대의견을 검열하는 다수제도는 결코 민주주의라고 이름 붙일 수는 없다. 하물며 민주주의가 대중의 지배로 정의될 수는 더더욱 없는 것이다. 여기서 내가 사용하고 있는 '대중' 이란 용어의 의미는 스페인의 작가 오르테가 이 가세트(Ortega y Gasset)가 그의 유명한 경세(警世) 저서인 '대중의 반란' 에서 말한 그 대중의 뜻을 말하는 것이다. 그에게 있어서 대중이란 다수로서의 보통 사람이다. 그리고 그는 주장하기를 이와 같은 의미의 대중이 지도자나 저명인사들을 모두 지배하여 일종의 "초(超) 민주주의"를 만들어 내고 있다는 것이다. 나는 이 책이 결코 보편적이지도 않고 특별히 현대적이지도 않은 현상을 보편적 현대적인 위협인 것으로 독단적으로 제시하기 때문에 그것을 경세적(警世的)이라고 부른다. 일반적으로 보통사람이 저명인사들을 증오한다는 것은 사실이 아니다. 이해를 하는 경우엔 박수갈채를 보낸다. 이런 현상이 매우 분명하게 나타나는 곳이 스포츠 분야이다. 그런데 정치 지도자들은 흔히 진부한 경우가 많다. 이런 비난은 특히 미국의 정당들이 많이 받아왔는데, 그러나 실제로 조사를 해보면 이런 상황이 된 것은 통상적인 사람의 본능보다는 뒤에서 조종하는 이해집단들의 공작(工作)과 음모가 더 큰 역할을 했다는 것을 알 수 있다. 사실 가세트의 입장에도 진실한 요소는 있다. 그것은 긴장과 위기의 시대에 대중은 다른 것에 대해서는 아무 것도 아는 게 없지만 대중의 정신상태를 이해하는 웅변가나 선동가에게 감동되어 하나 또는 그 이상의 역동적인 운동에 묵종(默從)하는 경향이 있다는 점이다. 그러한 시대에 그와 같은 운동은 쉽게 승리할 수 있고 민주주의가 그런 운동이 조성되는 자유롭고 공개적인 포럼을 제공하는 것은 사실이다. 그러나 민주주의가 지탱되는 한, 이런 운동은 쉽게 일어나는 것만큼 또한 쉽게 시들어버린다. 이런 운동이 가세트가 귀속시키는 성격을 가지게 되는 것은 민주주의가 무너지는 경우밖에 없다.

93. 어렸을 적에 나는 곱셈 구구단을 배우면서 인쇄된 곱셈표를 한 번에 한 칸씩 – 1자리와 2자리, 그리고 계속해서 9자리까지 – 암기해야만 했다. 그때 선생님은 우리가 이미 알고 있던 덧셈법을 이용해서 답을 구할 수 있는 방법을 우리에게 알려줄 생각 같은 것은 전혀 하지 못했다. "자 보아라, 4곱하기 4가 16이라면 너희들은 각자가 암기한 것에 의존하지 않고도 5곱하기 4가 얼마인가를 계산해 낼 수 있어야 된다. 왜냐하면 그건 16에다가 4를 보탠 것과 마찬가지니까 말이다." 라고 말해준 선생님은 아무도 없었다. 이렇게 계산하는 것이 처음에는 종잡기 어렵고 암기를 이용한 계산법보다 훨씬 더 복잡하고 어려웠을지 모르지만 일단 설명을 듣고 이해를 하고나면 그런 계산법은 곱셈에 관한 모든 것을 배우고 확인하는 도구가 될 수도 있었다. 그렇게 되었다면 우리는 잠간동안이지만 선생님 없이도 계산을 해낼 수 있었을 것이고 인쇄된 곱셈표에 매달리지 않아도 되었을 것이다. 내가 이런 말을 하는 것은 누구에게든지 가르쳐줄 만한 유일한 가치가 있는 것은 그 원리라고 하는 사실을 달리 지적해주기 위해서이다. 원리에는 사실들이 포함되게 마련이며 원리에 따르지 않고 있기 때문에 "있는 그대로" 받아들여야 할 사실들도 있게 마련이다. 내가 알기로는 알래스카의 수도는 주노인데 이 사실에 달리 덧붙일만한 것은 다른 아무 것도 없다. 그러나 유럽의 어린이는 워싱턴이라는 도시와, 동포들을 자유의 길로 이끈 워싱턴이란 인물간의 관계를 머릿속에서 분명하게 상정(想定)하지 못한 채 워싱턴은 미국의 수도라는 사실을 배워야만 한다. 이렇게 되면 하나의 원리를 만들어 내는 근원에 해당되는 관념의 연관관계를 놓치게 된다. 까다로운 체조기술의 습득이 신체의 신속하고 정확한 조정 작용에 의해 가능해지는 것과 마찬가지로 모든 가치 있는 공부 역시 서로 밀접하게 관계되고 뜻이 통하도록 결합함으로써 효력을 발휘하는 것이다. 훌륭한 가르침의 목적은 오로지 선천적으로 맹목적인 모방자인 어린 학습자가 자신의 능력을 최대한도로 활용하여 주체적으로 공부할 수 있는 독립적인, 따라서 스스로 일을 추진해 나아갈 수 있는 인간으로

바꾸는데 있다. 이러한 변화에 의해서 어린 학생이 성숙한 학생으로 바뀌게 되는 것인데 배워가는 과정의 어떠한 단계에서도 일어날 수 있는 일이다.

94. 여러 세대를 거치는 동안 문학은 그 자체를 위한 문학이었고 자체의 영역 속에 안주해왔다. 문학은 또한 그 자체의 전통적인 양식에 맞춰 오면서 일반 세상으로부터 낭만적인 격리, 즉 탈속(脫俗)을 받아들였다. 이러한 탈속이 몇 작품의 걸작을 탄생시킨 것은 사실이나 지금까지 문학을 나약하게 만들기도 했다. 작가의 탈속주의는 어느 정도 현대문명의 한 가지 이론을 의식적으로 수용하도록 한다. 이 이론이 실제로 주장하고 있는 것은 현대 대중사회는 무섭고 잔인하며, 인간의 마음속에 있는 순수한 것이면 무엇에든 적대적이고 황무지이자 무시무시한 곳이라는 것이다. 현대 대중사회의 추악함, 획일화된 관료집단, 약탈, 허위, 전쟁, 그리고 비할 데 없는 잔인스러움 등과는 예술가로서 도저히 타협할 수가 없는 것이다. 이런 사실이 문학이 아무 비판 없이 받아들이면서 지켜왔던 전통 중의 하나이다. 그러나 각 세대의 예술가와 비평가에 맡겨진 일은 그들 자신의 눈으로 세상을 바라보는 일이다. 이런 과업을 수행하는 동안에 더욱 심한 해악을 만나게 될지는 모르지만 적어도 그들은 자신의 눈으로 직접 보게 되는 것이다. 그들은 대를 이어서 자신이 직접 검토하지 않은 견해를 가질 수도 없고 갖지도 않을 것이다. 그처럼 의도적으로 회피함으로써 우리가 스스로를 예술가라고 부를 권리를 잃게 된다. 왜냐하면 우리 자신이 비난하고 있는 것들, 즉 편협한 전문화(專門化), 직업근성, 속물근성과 계급의 형성 같은 것을 받아들였기 때문이다. 그런데 불행하게도 이런 계급주의적인 태도와 자유스럽고 독자적이며, 독창적인 태도는 어느 곳에서건 보다 알차고 보다 자유로운 삶을 꿈꾸는 가련한 영혼들에게 매혹적으로 보이는 것이다. 작가는 존경받고 또한 선망의 대상이 되기도 한다. 그러나 자신에게는 무어라고 말해야 하는가? 그것은 백년 이상의 오랜 세월동안 작가들이 줄곧 말해 왔듯이 자신은 사회로부터 격리된 사람이고 그 사회의 명사들, 소위 예술가라고 하면 경멸만을 일삼는 냉소적인 인사들로부터 천대받는 인간이며, 이해해 줄 진실한 대중 하나 없이 고립된 사람이라고 말한다. 작가는 시인이나 화가가 온전한 일단의 시공(時空)을

표현하던 시대, 다시 말해서 진심으로 인정받던 시절, 그리고 주위 환경과 생동감 있는 조화를 이루던 시절을 꿈꾸고 있다. 바로 황금시대를 꿈꾸고 있는 것이다. 사실, 황금시대가 없다면 황무지도 없다. 그런데 지금은 황금시대가 아니다. 현재는 단지 현재일 뿐이다. 현재에 대해서 그저 불평 밖에 할 수가 없는가? 우리 작가들은 더 나은 대안을 갖고 있는데도 말이다. 우리가 살고 있는 시대가 너무도 사악해서 입을 다물고 있을 수도 있지만 우리는 이 왜곡된 시대조차도 지울 수 없는 가진 재능으로 책을 쓸 수 있는 영감을 갖고 있으므로 계속 글을 쓸 수 있는 것이다. 고립된 직업의식은 죽음이다. 대중사회를 갖지 못한 소설가는 단지 호기심의 대상일 뿐이고, 미래의 언젠가 어느 박물관 복도의 유리 진열장 속에 있는 자신을 발견하게 될 것이다.

95. 우리는 언론을 규제하는 새로운 법률, 행정명령 또는 제한적인 법원판결 등을 필요로 하지 않는다. 그런 것들은 가증스럽기도 하지만 위헌적이며, 우리 언론의 민주적 생활양식의 가장 큰 이익을 위해서도 도움이 되지 않는 다. 나는 옴부즈맨이나 뉴스 심의회 같은 제도적 장치가 발행인이나 편집인, 기자들의 판단을 대신 할 수 있거나 대신해야 한다고는 생각하지 않는다. 저널리즘에 종사하는 일부 인사들이 이해 상충되는 문제에 저촉되는 행위를 하거나 사실을 가공(架空)의 이야기로 제시하고, 무책임한 또는 편견 있는 보도를 하거나, 다른 여러 가지 적절치 못하고 비윤리적인 행동의 과오를 범해온 사실은 여전히 그대로 남아 있다. 오늘날에 와서 이러한 사건들이 과거보다 줄어들긴 했지만 그 영향은 우리 언론계 전체에 미치게 되는 것이다. 이들은 국민과 우리의 헌정제도가 자유언론에 부여한 신뢰를 크게 배신하는 일들이다. 언론계는 정부, 산업계 또는 우리 사회의 다른 여러 분야에서 언론에 대해 좋지 않은 감정을 갖고 있는 사람들의 의구심과 적대감을 완화시키는 데에는 거의 속수무책이다. 그렇지만 우리는 많은 사람들이 우리에게 느끼고 있는 정당한 분노를 좋은 방향으로 돌리기 위해 당연히 힘써야 하고 반드시 그렇게 해야 할 것이다. 우리가 다른 사람들에게 요구하는 것과 같은 기준을 언제나 기꺼이 우리들 언론 자체에게도 꼭 같이 적용시키고자 할 때까지 이러한 분노는 사라지지 않을 것이다. 난처한 질문들을 가지고 우리의 사무실을 찾아오는 비판자들을

좇아버리면서 우리는 정부의 각종 위원회, 법원, 회사 중역실(重役室) 같은 곳에 접근할 수 있도록 요구할 수는 없는 일이다. 또한 우리들 자신이 답변을 요구 받을 경우에는 “할 말 없다” 라든지, “우리는 우리 기사(記事)를 지지한다”라고 대응하면서 우리가 인터뷰하는 사람들에게 답변을 요구할 수는 없는 것이다. 요컨대, 언론 자신에 대한 책임은 거부하면서 사회의 다른 힘 있는 기관들에게 책임을 지라고 주장할 수는 없는 것이다. 우리가 정부의 어리석은 일처리, 거짓말, 이해관계의 충돌 등을 폭로하거나, 사법기관의 극비주의에 도전하는 일은 전적으로 옳은 일이며, 우리 언론의 헌법상의 책무를 이행하는 것이 된다. 언론은 법인체의 결정들이 어떻게 새로운 문제를 야기할 수 있는가, 또는 예기치 못한, 그리고 때로는 파괴적인 결과를 가져오는가를 입증해 보일 수 있다. 이것은 헌법이 자유언론에 보장한 역할이다. 불행히도 선의와 선행의 관행이 성공을 보장하지는 않는다. 우리 언론이 자신의 결점을 언제나 숨김없이 인정하고 다른 사람들에게 기대하는 만큼 똑같이 우리가 솔직하다고 해도, 미국 국민 중에 회의적인 일부 사람들은 계속 우리를 언론에 대한 특이한 헌법상의 보호로 해서 생기는 부당한 혜택을 누리고 있는 또 하나의 힘 있는 기관으로 간주하기 쉽다. 그러나 책임 있는 언론이라면 개인의 특권이 아니라 공익에 이바지할 것이다. 우리 언론의 윤리원칙들이 그러한 목적을 제1차적으로 강조하는 한 우리는 국민의 욕망을 충족시켜 주는 것만큼 국민을 괴롭히게 될 것이며, 틀림없이 우리 언론의 권리와 신뢰성에 대한 비난도 계속될 것이다.

96. 우리가 예술작품을 즐기는 이유는 그것에는 필요한 질서와 조화(調和)의 가치가 있기 때문이다. 그러나 동일한 형식적인 가치가 인간정신 발달의 모든 단계에서 지능을 지각(知覺) 및 운동신경의 반사작용과 구별지우고 있다는 사실을 잊고 있는 경우가 많다. 기술문명은 이와 같은 구별과정에 엄청난 영향을 끼치고 있지만 현대사회의 전체 구조에 대해서 개괄적으로 설명할 수 없다는 것은 맞는 말이다. 사회구조는 국가에 따라 차이가 있을 뿐 아니라, 아시아와 아프리카 등지의 국가에서는 기술의 산물을 수입해서 즐기기는 하지만 그 직접적인 영향에 완전히 지배되지는 않는다. 따라서 내가 하는 말은 주로 북미와 유럽, 즉 인구의 절대 다

수가 토양과 동물, 목재수공, 점토(粘土)나 금속류와는 거의 아무런 감각적인 관계도 맺지 않고 살아가는 지역을 두고 한 것이다. 일부 진보적인 학교에서는 어린 학생들에게 감각적인 경험을 맛보게 하려고 여러 가지 시도를 하고 있다. 그러나 기술은 무자비한 폭군과 같은 것으로, 기술과정이 교육제도로부터 필요로 하는 것은 오로지 사유(思惟)의 개념 양태만을 노린 훈련일 뿐이다. "돈, 기계화, 대수(代數), 이것들이야 말로 현대문명의 세 가지 괴물"이라고 시몬 웨일은 말했다. 그러나 이들 세 가지 괴물들이 과학이 최대의 승리를 거두도록 해준 방법이라고 사람들은 말할 것이다. 다시 말해서 우리가 원자시대에 가지는 경이로움과 공포는 논리와 수학 때문이며, 관찰보다는 내성(內省), 분류보다는 가설의 힘이다. 이 모든 것은 사실이며, 나는 과학의 업적을 거기에 수반되어온 여러 악(惡)들과 상쇄시키려고 하지는 않으며 사회문제, 즉 우리시대의 죄악과 폭력을 분명히 촉진시키고 있는 널리 팽배한 불안감을 우려하고 있는 것이다. 진지한 수많은 사람들은 도덕적인 제재를 요구하고 있으며, 인간의 윤리규범이 과학적인 발전과 병행하지 못했다는 사실을 지적하고 있다. 인간은 죄의식을 갖지 않게 되었으며 징벌을 두려워하지 않는다. 그럼에도 우리 사회의 도덕철학자들과 종교지도자들은 기술문명에 윤리규범을 고취시킬 어떠한 실제적인 방법도 제시하지 못하고 있다. 도덕이란 신앙의 문제라기보다는 관습적인 행위나 전통의 문제이다. 도덕적 습관은 가정이나 학교, 사회적 환경 속에서 얻어진다. 사람들은 도덕적 습관을 길들여진 동물의 습관처럼 조건반사라고 말할지 모른다. 인간은 단순히 선(善)에 대한 신앙을 가졌기 때문에 착해지는 것이 아니라 자신이 자라온 생활양식이 선하기 때문에 착해지는 것이다. 기술사회의 기계화된 생활양식에 존재하는 선의 유인(誘因)이 되는 것은 무엇인가? 이것은 정치적 문제, 즉 사회주의나 자본주의의 상대적인 도덕 가치를 논하는 정치적인 문제가 아니다. 현대의 모든 정치제도는 기술적인 제도이다. 이런 관점에서 볼 때 두 제도의 목표와 이상(理想)은 동일하다. 기술적인 이상주의가 세계를 지배하고 있으며 모든 형태의 이상주의를 압도하고 있다.

97. 욕구를 채우고 분별없는 쾌락을 느끼기 위해서는 정서적인 노력이 필요 없다. 긴장을

해소시키는 조건만 만들 수 있으면 그것으로 족한 것이다. 기쁨이란 것은 성취한다는 것이다. 이것은 내적인 노력, 즉 생산적 활동의 노력을 전제로 한다. 행복이란 신의 선물이 아니라 인간의 내적 생산성이 가져다주는 성취이다. 행복과 기쁨은 생리적 또는 심리적 결핍에서 싹트는 욕구의 충족이 아니다. 이들은 긴장으로부터의 해방이 아니라 사고(思考)와 감정과 행동에서 모든 생산적 활동을 수반하는 것이다. 기쁨과 행복은 질적인 면에서 다른 것이 아니다. 기쁨은 오직 하나의 행동만을 가리키는 반면에, 행복은 기쁨을 지속적으로 또는 완벽하게 체험하는 것이라고 말할 수 있기 때문이라는 점에서만 다르다. "기쁨들"이라고 '복수형' 으로 말할 수 있지만 "행복"은 '단수' 로만 말할 수 있다. 행복은 인간이 인간의 존재 문제에 대한 해답을 발견했다는 표시, 즉 인간의 잠재능력의 생산적 실현과, 동시에 인간이 세계와 하나가 되었으며 그 자신의 정체성(正體性)을 보존하고 있다는 표시인 것이다. 자신의 에너지를 생산적으로 소비함으로써 인간은 자신의 힘을 증대시키고 소진(消盡)됨이 없이 그 힘을 연소시킨다. 행복은 삶이라는 예술에서는 탁월함, 인본주의적 윤리에서는 덕(德)의 기준이 된다. 흔히 행복이란 것을 슬픔이나 고통과 논리적으로 정반대인 것으로 간주한다. 육체적이거나 정신적인 고통은 인간 존재의 일부로서 이들을 경험하는 것은 피할 수 없는 일이다. 어떻게 해서든지 슬픔으로부터 벗어나는 것은 세속으로부터 완전히 초월될 때에만 가능한 것으로 이럴 경우에 행복이란 것은 체험할 수 없게 된다. 따라서 행복의 정반대는 슬픔이나 고통이 아니라 내적인 불모(不毛)와 비생산 때문에 생기는 의기소침(意氣銷沈)이다.

98. 지금 존재하고 있는 모든 것, 일찍이 존재하고 있던 모든 것, 앞으로 존재하게 될 모든 것을 가리키는 대우주 체계가 코스모스이다. 너무나 빈약한 우리의 지식으로는 코스모스란 것에 대해 생각만 해도 흥분되어 버리고 마는데, 등골이 오싹오싹해지고, 목이 메여 소리도 잘 나오지 않고 마치 먼 과거의 기억 속 한 장면처럼 높은 곳에서 떨어지면서 차츰 정신이 가물가물해져 가는 것 같은 그런 기분이 된다. 우리는 신비 중에서도 최고의 신비를 향해서 다가가고 있는 우리 자신을 발견하게 된다. 코스모스의 크기와 나이는 평범한 인간으로서는 이해할 수

없는 것이다. 광대무변(廣大無邊)한 공간과 영겁(永劫)의 시간과의 사이 어딘가에 길 잃은 듯 떠도는 것이 지금 우리가 살고 있는 지구라는 아주 작은 혹성이다. 전(全)우주적인 시야에서 바라보면 인간만사의 걱정거리 따위는 그리 중요한 것이 못된다. 심지어 너무 하찮은 것이라고까지도 생각되는 것이다. 그럼에도 우리 인류는 아직 젊고, 게다가 호기심이 넘치고 용감하며 전도양양(前途洋洋)하다. 지난 수 천년동안 우리는 코스모스와 코스모스 속의 우리가 살고 있는 이 지구에 관해서 실로 놀랄만한, 그리고 예상조차 하지 못했던 수많은 발견, 생각만 해도 가슴 두근거리게 하는 여러 탐색들을 해 왔다. 이들을 보고 있으면 생각나는 일이지만, 인간은 진화해서 사물에 대해 의문을 가지게 되고, 그것을 이해하게 된다는 것은 더없는 즐거움이 되며, 지식이야 말로 인간이 생존하기 위해 없어서는 안 될 전제조건이 되는 것이다. 마치 아침 햇살이 비치는 공중에 먼지처럼 떠도는 우리 지구를 둘러싸고 있는 코스모스에 대해 우리가 얼마만큼 잘 알고 있는가에 우리 인류의 장래가 달려 있다는 사실을 나는 믿어 의심치 않는다. 이런 종류의 탐색을 하는 데에는 회의심(懷疑心)과 동시에 상상력(想像力)이 필요했다. 상상력은 흔히 우리를 이 세상에 한 번도 존재한 적이 없는 세상으로 이끌어 가버린다. 그러나 상상력 없이는 아무데도 갈 수 없다. 무엇에 회의심을 가지는 태도가 있으므로 해서 상상과 사실을 식별하고 추정하는 것을 검정할 수 있게 된다. 코스모스는 측정할 수 없을 정도로 풍부하다. 황홀한 수많은 사실들, 이들의 절묘한 상호관계, 즉 외경(畏敬)의 마음이 우러나올 만치 그 정체를 포착할 수 없는 절묘한 조직으로 가득 차 있는 것이다.

99. 소설이라고 하는 백일몽은 일반 대중이라면 누구라도 경험할 수 있다는 점에서 보통 말하는 백일몽과는 다르다. 이런 사실은 여러 가지 결과로 나타난다. 개인적인 백일몽의 경우 비록 그 꿈이 실제의 삶보다 더 고귀하고, 더 강하고, 더 부유하고, 더 아름다울지라도 자기 자신 그대로 남아 있게 된다. 그러나 꼬마둥이 대학 1년생이 편안하게 앉아서 미키 스필레인의 괴기소설을 읽을 때, 빈약한 가슴을 지닌 가엾은 슬림이 원하는 것과는 달리, 단단한 턱을 가진 주인공의 이름이 결국 슬림 윌릿이 아니라는 사실을 발견한다. '누구를 위하여 종은 울리나'

를 차분히 앉아서 읽고 있는 슬림의 대학 강사는 슬리핑 백, 교량 폭파, 비극적 사랑, 그리고 고독한 용기를 다룬 그 유명한 주인공인 또 다른 대학 강사의 이름이 로버트 조던이라는 사실을 슬픈 마음으로 발견하게 된다. 우리는 감상적인 어느 노파가 어떤 책에 대해 다음과 같이 말하는 것을 자주 듣는다. "나는 정말로 그 여주인공을 좋아했지요. 내말은, 정말로 나는 그 여자가 겪은 일들을 함께 모두 겪었고, 그가 느낀 감정을 정확하게 알고 있었답니다. 그래서 그 여자가 죽었을 때는 몹시 울었지요." 이 다정다감한 노파는 비록 그렇게 세련된 인물은 아니지만 이 노파는 본능적으로 이중적인 역할을 하고 있다. 말하자면 그녀는 자신을 여주인공과 동일시하면서도 그 여주인공보다 오래 살아남아서 감상적인 눈물을 흘리고 있는 것이다. 따라서 이 노파조차도 이른바 역할 수행을 이용하는 방법에 대해 잘 알고 있다. 동일화라고 하는 바로 그 행위에서 이중성은 역할 수행의 본질에 속한다는 사실, 즉 역할 수행자가 있고, 또 수행해야 할 역할이 있다는 사실을 이 노파는 잘 알고 있는 것이다. 소설 또한 상상적인 연출에 있어서 일종의 역할 수행이다. 역할 수행은 삶의 과정으로부터 비롯될 뿐만 아니라 삶의 과정 또한 긍정한다. 이를테면, 역할 수행은 아이들의 놀이에서 매우 중심적인 위치를 차지하는데, 이것은 아이가 다른 사람들과 적응하는 기나긴 과정의 시작이다. 이와 같은 역할 수행을 통해서만이 아이는 다른 사람들이 실제로 존재하고 그들은 욕구와 희망, 공포, 심지어는 권리까지도 소유하고 있는 사람들이라는 사실을 궁극적으로 중요한 유일한 방법, 즉 "내심으로" 알게 되는 것이다. 또한 역할 수행이라는 상상의 연출을 통한 이런 조화(調和)훈련은 우리들 마음속 깊이 간직하고 있는 또 다른 욕구, 즉 인간 공동체 속에 들어가 그 속에서 편안함을 느끼고 싶은 열망을 충족시켜준다. 그러나 그런 과정을 통해서 역할 수행을 함으로써 마찬가지로 우리 자신에 대해서도 깨닫게 된다. 사실, 그것 때문에 우리는 자아를 창조하게 된다. 우리의 모든 침잠(沈潛)된 자아들과 오랜 욕망과 가능성은 잠들지 않은 채 또 다른 기회를 기다리며 우리의 마음 속 깊은 곳에 숨어 있다. 소설은 흔히 미묘하게 위장된 여러 형태를 취하면서 우리들에게 그런 내적 갈등을 해소시켜 주듯이 재현시켜준다. 비록 그 즐거움이 어디서 비롯되는지 딱히 꼬집어 말할 수 없을 경우에도 우리는 해방의 즐거움을 느끼게 되며, 만일 자신의 운명에 대해 무턱대고 분통을 터뜨리는 어떤 아이가, 혹은 어른이, 우연인듯 아무 이유도 없어 보이던 그 운명이 사실은 자기 자신이 과거에 저지른 행동의 결과이거나 삶의 일반적인 형태의 일부라는 사실을 알게 될 때, 그 사람의 감정적 반응은 그런 지적인 이해 때문에 누그러지게 된다. 그렇게 되면 지적으로 제어할 수 있는 일을 감정적으로 제어하기가 더욱 쉬워지게 되는 것이다.

100. 밀리센트 블레이드는 타고난 금발 머리로 뭇사람의 눈길을 끌었고, 성격도 온순하고 상냥한 편이었다. 애교스런 표정을 짓다가도 갑자기 깔깔대며 웃기도 하는가 하면, 그렇게 웃어대다가는 기특하게도 이야기에 흥미가 있다는 듯한 표정을 짓는, 전광석화처럼 표정이 빨리 바뀌는 그런 아가씨였다. 그런데 이목구비 가운데서 앵글로 색슨의 감상적인 남성들의 마음을 제일 많이 사로잡는 것은 그녀의 코였다. 누구나가 다 좋아할 그런 코는 결코 아니었다. 사람들은 대체적으로 큰 코를 좋아한다. 밀리센트의 코는 화가들이 좋아할 그런 종류의 코도 아니다. 너무 작고 도무지 윤곽도 제대로 잡히지 않은데다, 겉으로 보기에는 속에 뼈도 없이 그저 회반죽 한 덩이를 달랑 찍어 발라 놓은 것 같은 그런 코이기 때문이다. 그런 코를 가지고 있는 사람은 오만하게 보인다거나, 당당하다거나, 재치가 있어 보인다는 말과는 거리가 멀다. 가정교사로도 어울리지 않고, 첼로 주자(奏者)로서도 그렇고, 심지어 우체국 직원으로서도 어울리지 않는 코이지만, 미스 블레이드에게는 더할 나위 없이 잘 어울린다. 왜냐하면 바로 그 코, 영국인 마음의 엷고 단단한 표피를 벗기고 따스하고 부드러운 속까지 뚫고 들어오는 코, 영국 남성들을 지난날 학창시절의 추억으로 되돌아가게 하는, ……탈의실, 예배실, 찌그러진 밀짚모자의 추억까지 되살아나게 하는 그런 코였다. 분명히 다섯 남자 중 세 사람은 사회로 진출하게 되면 점점 목에 힘을 주게 되면서 그런 따위에는 별로 관심이 없는 척하게 되고, 코도 사람들 눈에 띄는 오뚝한 코를 좋아하게 마련이다. 그러나 평균해서 다섯 사람 중 두 사람이 그렇지 않다고 한다면 그렇게 재산도 많지 않은 평범한 처녀로서는 당연히 그런 코로 만족해야 할 것이다. 헥터는 밀리센트의 그 코끝에 정중하게 키스를 했다. 그러는데 갑자기 머리 속

이 빙글빙글 돌면서 한순간 정신이 혼미해지더니 저물어 가는 11월 오후에 내려쬐는 햇살, 운동장을 온통 뒤덮은 차가운 안개가 눈앞에 선하게 떠오르는 것이었다. 스크럼을 짜고 있는 사람들은 뜨거운 열기를 내뿜고 있는 젊은이들. 추위에 꽁꽁 언 몸으로 터치라인을 따라 늘어서 있는 젊은이들. 땅바닥에 깐 판자 위에서 발을 동동 구르고 손가락을 부비면서 비스킷을 씹어 삼키고는 입속이 비게 되면 '힘내라, 힘내라, 이겨라, 이겨라' 라고 자기 팀에게 목청껏 응원을 하는 모습이었다.

"기다려 줄 거지, 응?"

"으응, 달링."

"그리고, 편지도 보낼 거고?" "으응, 달링." 이번에는 얼버무리듯 약간 애매한 목소리로 대답했다. "가끔씩은요, 열심히 쓴다고 쓰긴 하는데...... 근데, 나는 글 쓰는 데 소질이 영 없나 봐요."

"그곳에 가면 늘 당신 생각만 할 거야. 힘든 일이 되겠지—제일 가까이 산다는 백인과도 몇 마일이나 떨어져 있고, 다니기 힘든 험한 짐마차 길에다가, 쨍쨍 내려 쬐는 뜨거운 햇볕에 눈도 제대로 뜰 수 없을 게고, 사자며 모기며, 게다가 적대적인 원주민하며, 동틀 무렵부터 해 질 때까지 만만치 않을 자연을 상대로 혼자서 일해야 하고, 열병이며 콜레라하며...... 하지만 될수록 빨리 당신이 올 수 있도록 할테니까." "으응, 달링."

부록

- **번역능력인정시험(TCT) 시험요강 및 참고자료**
  〈2014. 12. 현재〉
- **기출예시문제**

1. 시험요강

본 요강은 번역능력인정시험 전체적인 요강으로 각 시험 회차별 요강은 각각 다를 수 있습니다. 각 회차별 시험 요강은 번역능력인정시험 홈페이지(www.kst-tct.org) 초기화면의 Notice를 참고해 주시기 바랍니다.

* 시험 공식 명칭

본 번역시험의 공식 명칭은 "번역능력인정시험" 으로 합니다.

* 시험주관

본 번역시험은 문화관광부 산하 사단법인 한국번역가협회가 주관합니다.

* 번역시험 시행목적

번역은 국제화 · 세계화 시대로 급변하고 있는 상황에서 세계 각국을 서로 연결시켜 주는 핵심 연결고리 중의 하나로서 외국어 번역능력 없이는 외국문화와 선진기술을 수용하는 것은 물론 우리문화를 세계화하는 것도 불가능합니다. 본 시험은 고등학생 및 대학생의 외국어원서 이해능력을 증진하고 글로벌 시대가 요구하는 직장인들의 번역능력을 향상시킴은 물론 대한민국의 정신적 컨텐츠를 선도해 나갈 신인 번역가를 발굴하여 외국 문화를 올바르게 수용하고 한국문화의 세계화를 통해 대한민국의 정신문화를 풍요롭게 하고자 하는 원대한 목적으로 민간자격 기본법에 따라 시행하는 민간자격시험입니다.

* 응시자격

국적, 성별, 학력 등 응시자격의 제한이 없습니다.

* 시험언어

본 시험은 영어, 일본어, 중국어(북경어), 독어, 불어, 스페인어, 러시아어 총 7개 국어에 한해서 실시합니다.

– 3, 7월 시험 : 영어, 일어, 중국어 – 11월 시험 : 영, 일, 중, 독, 불, 서, 노어

* 시험급수 및 급수별 특징

★ **1급 번역시험** : 직업번역능력인정시험(Professional Competence Test for Translation)

- 인문과학일반, 사회과학일반, 경제경영일반, 과학기술일반, 외국어역분야(한국어 → 외국어역)로 구분 시행
- 주관식 필답고사 유형으로만 출제됨. 절대평가

★ **2급 번역시험** : 전문번역능력인정시험(Specialized Competence Test for Translation)

- 인문과학일반, 사회과학일반, 경제경영일반, 과학기술일반, 외국어역분야(한국어 → 외국어역)로 구분 시행
- 주관식 필답고사 유형으로만 출제됨. 절대평가

★ **3급 번역시험** : 일반번역능력인정시험(General Competence Test for Translation)

- 외국어 → 한국어역만 출제
- 기업직무상 필요한 문서번역 및 생활문장 번역
- 주관식 필답고사 유형으로만 출제됨. 절대평가

* 시험급수별 출제 및 평가기준

★ **1급** : 전문 번역가로서 활동할 수 있는 번역능력 소지 여부를 검증하기 위한 시험으로, 번역속도, 표현력, 정확도 등 전체적인 번역완성도를 평가하여 출판사, 기업체, 정부기관 등에서 의뢰하는 번역물을 수행가능한지 또는 전문서적, 보고서, 매뉴얼을 이해 가능하게 타 언어로 전환이 가능한지 여부를 평가함.

★ 2급 : 언어적인 특성 및 학문과 기술 등 분야별 전문성을 검증하는 시험으로, 해당 분야에 대한 지식을 두루 갖추고, 원문 이해력이 우수하며 번역전문가로서 발전할 수 있는 능력 소지 여부를 평가함.

★ 3급 : 글로벌 기업 및 정부 직무상 필요한 문서번역능력 시험으로, 상식과 실용지식의 이해 정도, 외국어 문장의 이해, 타 언어로의 문장전환 기술 등을 평가하고 기본적인 번역 테크닉 소지 여부를 평가함.

*분야별 출제 및 평가기준

■ **외국어 → 한국어역**

★ **인문과학일반** : 소설, 에세이, 역사, 철학 등 인문과학 관련 서적 및 저널에 대한 해당 분야 전문용어처리 및 이해 가능한 타 언어로의 문장화 능력을 평가함.

★ **사회과학일반** : 정치, 사회, 법률 등 사회과학 관련 서적 및 저널에 대한 해당 분야 전문용어처리 및 이해 가능한 타 언어로의 문장화 능력을 평가함.

★ **경제경영일반** : 경제, 경영, 무역 등 경제경영 관련 서적, 저널, 매뉴얼에 대한 해당 분야 전문용어처리 및 이해 가능한 타 언어로의 문장화 능력을 평가함.

★ **과학기술일반** : 전자, 토목, 컴퓨터, 화학, 의/약학 등 과학기술 관련 서적 및 저널, 매뉴얼에 대한 해당 분야 전문용어처리 및 이해 가능한 타 언어로의 문장화 능력을 평가함.

■ **한 → 외국어역** : 인문과학일반 및 사회과학일반과 관련된 한국어 문장을 해당 외국인이 이해 가능한 타 언어로의 문장화 능력을 평가함.

*시험급수별 응시제한

본 시험의 급수별 응시제한은 없습니다. 단, 인증서 취득자가 차 상위 급수에 응시할 경우 획득 점수의 5%의 가산점을 부여함.

*시험시기

본 시험의 시기는 매년 3, 7, 11월에 실시함을 원칙으로 하며, 시험의 세부 일자는 매 시험 공고시 발표합니다. 회차별 시험 요강은 본 홈페이지 초기화면의 Notice를 참고하기 바랍니다.

*시험공고

본 시험의 각 회차 시험공고는 시험 시행일 5주 전에 공고함을 원칙으로 하며, 시험의 공고는 인터넷 홈페이지를 통해 공고합니다.

*시험 실시 지역

본 시험의 실시 지역은 서울, 부산, 대구, 광주, 제주로 하며, 향후 기타 주요 지역으로 확대해 나갈 예정입니다.

*시험장소

본 시험의 시행 장소는 해당 회차별로 다를 수 있으므로 해당 시험 회차의 공고문을 참고하시기 바랍니다.

*출제자 및 채점자의 신원 공개

출제자 및 채점자는 현재 노출된 현업에 종사하고 있는 해당 분야 전문가들로 부정행위의 방지 및 개별 신원 공개시 사생활 침해의 소지가 있는 관계로 공개하지 않는 것을 원칙으로 합니다.

*시험문제 및 답안의 공개

본 번역능력인정시험은 대다수가 주관식으로 출제되는 관계로 외국어능력, 전문지식, 관점, 취향 등에 따라 여러 가지로 판단될 수 있는 소지가 많아 일관성 있는 시험시행을 위해 출제문제와 그 답안을 공개하지 않는 것을 원칙으로 합니다.

*참고 : 100% 객관식으로 출제되는 토익시험의 경우도 출제문제와 답을 공개하지 않고, 응시자의 성적표만 교부함을 참고 바랍니다.

*응시자 개별 시험지 및 개별 점수 공개

본 번역능력인정시험은 응시자 모두에게 성적표를 교부하여 상대적인 평가자료로 활용하게 하는 시험제도(미국식)와는 달리 합격 데드라인을 정해놓고 일정 수준에 도달해야만 그 능력을 인정받을 수 있는 절대평가 시험제도(독일식)를 채택하고 있는 관계로, 합격자만 발표하고 응시자 개별 시험지 및 개별 점수는 공개하지 않는 것을 원칙으로 합니다. 단, 응시자는 합격에 관계없이 전화로 개별 점수를 확인할 수 있습니다.

*시험시 사전 지참

본 번역시험은 사전 지참을 허용하는 것을 원칙으로 하지만 문제 유형에 따라서 사전지참을 일부 제한할 수도 있습니다.

*단, 노트북은 지참을 제한합니다.

*시험 응시료

- 1급 번역시험 : 110,000원(부가세 포함)
- 2급 번역시험 : 77,000원(부가세 포함)
- 3급 번역시험 : 66,000원(부가세 포함)

*시험 응시료 납부

본 시험의 응시료는 무통장 입금과 신용카드 납부로만 가능하며 현금 납부는 불가합니다.

＊시험 연기 및 응시료 환불

★ **시험의 변경** : 응시언어, 급수, 전문분야 등에 대한 변경은 응시원서 접수기간 내에만 가능합니다.

★ **시험의 연기** : 응시료를 납부한 상태에서 시험을 연기할 경우에는 1회에 한해서 차기 시험으로 연기가 가능하며, 당 회차 시험의 연기마감기간은 시험 1주일 전 업무시간까지입니다.

★ **응시료 환불** : 응시료를 납부한 상태에서 시험 응시를 취소하고자 할 경우

- 시험 시행일 15일 전 취소시 : 납부한 응시료의 20%를 수수료로 공제 후 환불합니다.
- 시험 시행일 7일 전 취소시 : 납부한 응시료의 50%를 수수료로 공제 후 환불합니다.
- 시험 시행일 6일 전부터 시험 시행일 이후 취소시 : 응시료 환불 불가합니다.
- 연기자 해당사항 없음

＊시험 합격자 발표

본 시험의 각 회차 합격자 발표는 시험 시행일 이후 5주차 수요일에 함을 원칙으로 하며, 발표는 인터넷 홈페이지를 통해서 합니다.

＊시험 합격기준

- 1, 2급 : 총 100점 중 80점 이상 취득자(절대평가)
- 3급 : 총 100점 중 70점 이상 취득자(절대평가)

＊인증서 교부

본 시험의 각 급수에 합격한 자에게는 사단법인 한국번역가협회 회장 및 번역시험평가위원장 명의의 국/영문이 병기된 '번역능력인증서 / Certificate of Translation Competence'를 교부합니다.

2. 참고자료

(1) 잦은 질문 (FAQ)

1. 번역능력인정시험은 어떤 시험입니까?

"번역능력인정시험"은 문화관광부 산하 비영리 사단법인인 한국번역가협회가 주관하는 시험입니다.

사단법인 한국번역가협회(KST)는 국제번역가연맹(FIT) 한국 대표기관으로 1971년에 창립한 후 번역을 통한 국제교류 및 번역가 권익옹호, 번역가의 저변 확대 등에 노력해온 기관으로 1994년 "제1회 번역능력인정시험"을 시작으로, 2014년 7월 "제53회 번역능력인정시험"을 시행함으로써 글로벌시대에 필요한 번역능력의 필요성을 홍보함은 물론, 학생, 일반인의 실질적인 번역능력향상을 가져왔으며, 유능한 신진 번역가를 발굴해왔습니다.

사단법인 한국번역가협회(KST)는 글로벌시대는 외국어 번역능력 없이는 국제경쟁력을 높일 수 없을 뿐만 아니라 한국이 선진국으로 도약하기 위해서도 번역능력이 대단히 중요하다는 데 인식을 하고, 본 "번역능력인정시험"을 통해 외국어 번역교육에 대한 붐을 조성하고 국민 여러분의 외국어 번역능력 향상을 꾀함은 물론, 공정한 시험시행과 관리를 통해 본 시험이 한국 최고의 공신력 있는 외국어 번역 민간자격시험으로 인정받도록 하는데 최선을 다할 것입니다.

*사단법인 한국번역가협회 : www.kstinc.or.kr

2. 번역능력인정시험은 1년에 몇 회 시행합니까?

번역능력인정시험은 1년에 3회(3, 7, 11월) 시행함을 원칙으로 하며, 단, 독어, 불어, 스페인어, 러시아어, 영상번역(영어, 일어, 중국어)은 11월에만 시행합니다.

회차별 자세한 시험일정은 홈페이지를 참고하시기 바랍니다.

3. 응시료는 얼마입니까?

언어의 구분없이 시험 응시료는 다음과 같습니다.

* 1급 : 110,000원(부가세 포함)
* 2급 : 77,000원(부가세 포함)
* 3급 : 66,000원(부가세 포함)

응시료는 온라인 무통장 입금과 신용카드(인터넷접수시만 가능)로만 납부가 가능하고, 현금 수납은 하지 않습니다

인터넷 접수가 불가할 경우는 전화로 접수하실 수 있습니다. (Tel : 02-725-1231, 1267)

4. 시험의 제한 시간을 알려 주세요.

본 번역시험의 제한 시간은 언어와 급수 등과 관계없이 모두 동일합니다.

* 1교시 시험시간 : 70분
* 2교시 시험시간 : 70분
* 1교시와 2교시 사이 휴식시간은 20분입니다.

5. 시험문제는 어떤 형식으로 출제됩니까?

언어와 시험 분야에 상관없이 1, 2, 3급 시험은 모두 주관식으로 출제되며 전자사전을 제외한 모든 종류의 사전을 활용할 수 있습니다.

*문항 수와 문제의 길이 등은 난이도에 따라 유동적이므로 본 홈페이지 "기출/예시문제"를 참고하시기 바랍니다.

6. 시험언어와 급수, 전문분야 등은 어떻게 구분되어 있습니까?

*시험언어 : 영어, 일본어, 중국어(북경어), 독일어, 프랑스어, 스페인어, 러시아어

*시험급수 : 1, 2, 3급(단, 독, 불, 서, 노어는 1, 2급만 시행함)

*시험구분 : 각 언어 1, 2급은 외국어 → 한국어번역과 한국어 → 외국어번역으로 구분될 수 있습니다. (단, 외국어역은 영, 일, 중 1, 2급만 시행)

*시험분야 : 각 언어 1, 2 급은 전문분야(예, 인문과학, 사회과학, 경제경영, 과학기술)로 구분 시행할 수 있습니다.

7. 시험 접수는 어떻게 합니까?

시험을 접수하는 방법은 다음과 같습니다.

*인터넷 접수 : 번역능력인정시험 사무국 홈페이지에 접속하여, "시험접수"를 클릭해서 절차대로 접수를 하면 됩니다. (신용카드 결제시는 수험표를 바로 출력할 수 있지만, 온라인 무통장 입금시는 시험접수 6시간 후, 수험표를 출력할 수 있습니다(공휴일을 제외한 근무시간 기준))

*전화 접수 : 인터넷접수가 불가할 경우, 전화로 접수후 지정된 은행계좌로 응시료를 무통장 입금하시면 확인후 수험표를 우편으로 보내드립니다.

8. 번역능력인정시험의 합격점수와 평가기준을 알고 싶습니다.

본 시험의 급수별 합격점수와 평가기준은 다음과 같습니다.

*합격점수

- 1, 2급 : 100점 만점에 80점 이상
- 3급 : 100점 만점에 70점 이상

*평가기준

① 번역능력의 평가는 원문이해력, 표현력, 문장력에 큰 비중을 둡니다. 초보적인 수준의 번역이나 직역으로는 원문의 의미를 전달하기 어려운 경우가 많으므로 좋은 번역이라 볼 수 없습니다.

② 번역능력의 평가는 번역가로서의 소양 즉, 번역기술을 평가하고 번역문의 구성력과 낱말의 응용력을 평가합니다.

③ 단어의 풀어쓰기나 전체문장의 균형을 중시하며 원문이 의도하는 바를 어느 정도 수용했는지를 평가합니다.

④ 번역문의 띄어쓰기, 맞춤법 등 번역가가 갖추어야 하는 기본적인 우리말 표기법도 평가의 중요한 부분을 차지합니다.

9. 1교시와 2교시 점수배정은 어떻게합니까?

본 시험의 교시당 배점은 다음과 같습니다.

∗ 1교시 : 50점

∗ 2교시 : 50점

10. 시험 응시자격에 제한이 있습니까?

본 시험은 국적, 연령, 학력, 성별 등 응시자격 제한을 두지 않습니다.

11. 전자사전을 사용할 수 있습니까?

인터넷 검색 기능이 없는 전자사전에 한하여 사용 허용합니다. 단, 파일 저장 기능이 있는 사전은 SD카드(메모리칩) 분리 후 사용 허용합니다. 노트북과 스마트기기(스마트폰, 타블릿 PC 등) 지참은 제한합니다.

12. 3급 시험에 합격해야만 2급 시험을 응시할 수 있습니까?

본 시험은 급수별 응시제한을 두지 않습니다. 응시자의 능력과 필요에 따라 자유롭게 선택할 수 있습니다. 단, 하위 급수 합격자가 상위 급수에 응시할 경우는 5%의 가산점을 부여합니다. (예, 3급 합격자가 2급에 응시할 경우 5% 가산점 부여함)

13. 한 번에 2개의 시험을 볼 수는 없습니까?

본 시험은 언어, 급수, 번역구분, 전문분야별로 나누어져 있고, 각 시험을 같은 날 같은 시간에 시행하기 때문에 한 번에 2개의 시험을 볼 수는 없습니다.

연 3회 시행하므로 1회당 1개씩 차례로 응시하기 바랍니다.

14. 외국인도 시험을 볼 수 있습니까?

국적제한이 없으므로, 외국인 신분이라도 시험에 응시가 가능합니다. 단, 신원을 증명할 수 있는 여권, 외국인 등록증을 제시할 수 있어야 합니다.

15. 시험문제는 공개하지 않습니까?

아직까지 공식적으로 시험문제를 공개하지는 않았습니다. 그러나 응시자 및 응시를 준비하는 여러분의 많은 요청에 따라 본 시험문제와 유사한 예시문제를 제시함으로써 시험을 준비하는 데 도움을 드리고 있습니다. 시험의 수준이나 분량 등을 파악하는 데에 도움이 될 것입니다.

16. 시험 출제자와 채점자의 신원을 알 수 없을까요?

본 시험은 사단법인 한국번역가협회 정회원과 외국어전문가 및 분야 전문가들로 구성되는 번역능력인정시험 출제 및 평가위원회 소속 위원들이 진행합니다만, 출제 및 채점자가 노출된 현업에 종사하고 있는 관계로 사생활 보호 차원에서 공개하지 않는 것을 원칙으로 하고 있습니다.

17. 응시자의 채점지와 시험점수를 공개하지 않습니까?

본 시험은 주관식으로 출제되고 복수 채점을 통해 평점으로 평가하는 방식을 취합니다. 하지만, 주관식 문제 출제와 채점 결과를 두고 안목과 주관에 따라 의견이 판이하게 다를 수 있기 때문에 채점지와 시험점수를 공개하지 않는 것을 원칙으로 하고 있습니다. 하지만, 주관 시행 기관의 명예를 걸고 공정하게 시행함을 말씀 드립니다.

18. 번역공부는 어떻게 해야 됩니까? 추천할만한 학원이나 교재가 있습니까?

본 사무국에서는 어느 것이 좋은지 평가하기가 곤란하므로, 번역교육기관이나 교재를 공식적으로 추천하지는 않습니다. 단, 홈페이지에 링크되어 있는 교육기관은 본시험과 관련한 교육을 성실히 하는 기관으로 평가하므로 활용해도 좋으리라 봅니다.

19. 대학입학 전형시 번역능력인증서를 어떻게 활용할 수 있습니까?

대학입학을 앞둔 고교생 또는 재수생일 경우, 각 대학의 입학원서 상에 있는 "외국어 자격증 기재란"에 번역능력인증 급수를 기재하면 됩니다. 번역능력인정시험의 급수별 번역수준 및 평가 기준, 효용성 등은 본 사무국에서 각 대학 입학 담당부서로 알립니다.

20. 취업시에 어떤 면에서 번역능력인증서가 필요합니까?

글로벌 기업들이 요구하는 직원들의 외국어능력은 크게 나누어 외국인과 대화를 할 수 있는가 하는 "외국어를 통한 대화능력"과 외국어로 주고받는 문서나 매뉴얼의 내용을 이해하고 번역해서 활용하거나, 상사에게 보고할 수 있는 능력 즉, "외국 문서의 번역능력"입니다. 따라서, 입사원서의 외국어 자격증란 외국어 대화능력을 나타낼 수 있는 자격증과 더불어 번역능력인증서를 기재하면 외국어 평가만큼은 자신을 가질 수 있습니다. 실제 글로벌 기업에 대한 설문조사에서도 외국어 회화와 더불어 가장 중요한 외국어 능력은 외국어번역능력과 외국어 작문능력으로 나타났습니다.

21. 번역능력인정시험에 합격하면 취업추천을 해 주거나 번역일을 추천해 줍니까?

본 시험에 합격하는 것이 곧 취업알선과 번역일거리 제공과 직결되지는 않습니다. 시험에 합격함으로써 그 급수에 해당하는 번역능력을 갖추었다는 객관적인 증명자료를 확보한 것이므로, 대학입학시, 취업시, 승진시, 번역가 활동시 활용하면 됩니다. 일부 회사가 시험에 합격하면 취업추천이나 일거리를 제공한다는 무책임한 광고를 하는 경우가 많은데, 시험을 주관하는 기관이 당연히 취업추천이나 일거리를 제공하는 것처럼 인식되는 것은 잘못된 것입니다.

단, 본 시험 1급에 합격한 자로 당장 번역을 할 수 있는 경우, 사단법인 한국번역가협회 산하 번역사업부(바벨코리아)에서 번역일을 할 수 있도록 추천하고 있습니다. 아울러, 앞으로는 1, 2급 합격자에 대한 다양한 연수프로그램을 개발해 번역완성도를 높여 글로벌 기업과 번역회사로 취업추천을 증진해 나갈 예정입니다.

22. 초벌번역가는 무엇입니까?

신문이나 잡지에 초벌번역에 대한 광고가 많이 게재되어 마치 초벌번역가라는 개념이 실존하는 것과 같은 혼동을 불러일으키고 있습니다. 그러나 실제로 초보자가 번역을 한 후 전문가가 감수하기란 현실적으로 여러 가지 면에서 어렵습니다. 일단 번역가가 번역물을 의뢰 받으면 정해진 기한 내에 책임지고 번역을 완성해야 하고, 이 과정 속에는 인터넷이나 서적을 통한 자료 수집, 용어 확인, 편집 등이 모두 포함됩니다.

만일 초보자의 번역성과물이 전반적인 원문대조 없이 약간의 감수 또는 편집을 거쳐 납품할 수 있을 정도의 품질이라면, 굳이 이를 초벌번역이라 할 필요가 없습니다(일반적으로 번역회사에 번역성과물을 납품하기 전에 이 정도의 작업은 해야 합니다). 또한 이 정도의 감수 또는 편집으로 해결할 수 없을 정도의 번역성과물이라면 차라리 다른 번역가가 재번역을 하는 편이 모든 면에서 유익하기 때문에, 이 번역성과물은 아무런 쓸모가 없게 되는 것입니다. 그래서 실무번역에서는 아예 '초벌번역'이라는 용어가 존재하지 않습니다.

E1-1

번역능력인정시험(TCT) 주관 : 사단법인 한국번역가협회

감 독 확 인	

1급 영·한 번역
(공 통)

[1교시 : 70분]

응시자 유의사항

1. 시험 종료 후 본 시험지 전체를 제출해야 합니다.
2. 답안 수정은 두 줄을 그어 삭제하거나 수정액을 사용하기 바랍니다.
3. 연필 사용은 불가합니다.
4. 문제지 여백은 메모가 가능합니다.
5. 사전류는 모두 열람이 가능하나 전자사전 및 책형태는 열람이 불가합니다.(사전 열람시 정숙 유지 요망)
6. 출제된 문제의 오타여부에 관한 질문은 답변하지 않습니다.
7. 기타 질문 시는 손만 드시기 바랍니다.
8. 시험 종료가 선언되면 지체없이 답안지를 제출해야 합니다. 지연으로 인한 불이익을 받지 않도록 하시기 바랍니다.

응시번호	-
성 명	

평 가		1교시
	1차	
	2차	
	3차	
	평점	

1급 영·한 번역 1교시

※ 다음 문제를 모두 한국어로 번역하시오. [제한시간 70분, 50점]

[문제 1]

Men and women is equal, to be sure. (Or at least, should be!) But I am an abashed "difference feminist," as it's labeled. There is no doubt I think, beyond a shadow of a doubt that men and women are different. As you read through this book, you'll learn that differences in men's and women's attitudes, aptitudes, and abilities have developed through a combination of biological factors, like chromosomes and hormones, and behavioral causes, like evolutionary roles and cultural socialization. They are factual findings.

[문제 2]

To the reader I want to win I say: don't judge us before you have tried us. It may be that the last few years have been a time of creative ebb in literature; but it may also be that the tide is at last turning. It may even be that the writers were there all the time, but concealed from view, lacking a platform on which to show their skills, on which to gain the assurance to become truly themselves. It may be that they need time for that, after so long in the shadows: don't condemn us then too early. Above all, don't condemn us for not being what we never intended to be, or could be. Twenty years ago there were several excellent literary magazines in existence in England; but there was still a need for another kind of magazine, to express the sense that appeared to be growing in a whole generation, and in many countries at the same time, that literature had to come out of what seemed at that moment an airless room, and acknowledge the truth of D. H. Lawrence's prophecy: 'I know that a change is coming and I know we must have a more generous and more human system based on the life values and not on money values.' Out of that feeling New Writing was born. Today much of the change Lawrence foresaw has taken place; and, inevitably not the millennium, has brought it quite different dangers, quite different needs in the world of art. Today, while the hopeful beginning of one opportunity for writers in the birth of Stephen Spender's Encounter is almost immediately followed by the lamentable ending of another kind of opportunity for them in the death of Dr. Leavis's Scrutiny, the need is to keep the creative spirit alive and athletic against more impalpable and perhaps therefore more insidious forces that cannot be visualized so concretely as a Hitler or Mussolini. No 'ideologies' are likely to help writers today to write. It is the obstinate will to create, whatever form it takes, that must be fanned and fed, like a fire when the rain has been coming down the chimney all night.

(번역문)

1급 영·한 번역 2교시 – 인문과학

※ 다음 3문제중 2문제를 선택하여 한국어로 번역하시오. [제한시간 70분, 50점]

[문제 1]

Jean Grenier, in a small book entitled Choice, wrote: 'We are not in the world, this thought is the genesis of philosophizing... It is not that the world seems bad, but that it seems different. Pessimism is not necessarily the starting-point of philosophical speculation, but rather a more general feeling, a feeling of strangeness.' In his Myth of Sisyphus Camus describes man as 'divorced' from his world. Yet on the other hand 'being-in-the-world' and Mitsein are key concepts of phenomenology. How are these apparently mutually exclusive positions reconciled, if at all? Is there any meeting-point between human sense and the world's nonsense? The most extreme expression of the 'feeling of separation' and strangeness spoken of by Grenier is to be seen in those two works of twenty and more years ago, Sartre's La Nausée and Camus's Le Mythe de Sisyphe. Here the world of things is presented as something intractable, incompatible with our rational and moral demands; it is the view of disappointed idealists. Because predictability is only intermittent and partial in the real world, and logical necessity entirely absent from it, we find French writers, just before and after the war, adopting a tragic, not to say melodramatic, attitude to life, which was seen as an 'interminable defeat'. Camus's Myth of Sisyphus purports to be a systematic exposition and justification of this attitude. Camus's argument in this work runs roughly as follows. The absurd means, variously and interchangeably, in the first place the irrational, that which has not rational link with other things.

[문제 2]

Language for Deleuze and Guattari is a means of action, a way of doing things. As speech-act theorists have long pointed out, there are certain expressions that in their enunciation clearly constitute an action, such as "I thee wed" when pronounced by a minister. Deleuze and Guattari see in such performatives the paradigm of all language and argue that linguistics should be regarded as a subdivision of a general pragmatics, or theory of action. The function of language is not primarily to communicate, they argue, but to impose order - to transmit what they call mots d'ordre ("slogans," "watchwords," literally "words of order"). Every language encodes the world, categorizing entities, actions and states of affairs, determining their contours, specifying their relations, and so on. With the inculcation of a language comes the organization of reality according to a dominant social order, and everywhere speech-acts take place a dominant social order is confirmed and reinforced. Language operates by inducing "incorporeal transformations" of the world, speech-acts changing things, acts, states of affairs, and so on, through their codification, in the same manner as the groom and bride are transformed into husband and wife with the phrase, "I now pronounce you man and wife." Such incorporeal transformations presuppose regular patterns of action and organized configurations of entities, and it is via socially sanctioned networks of practices, institutions and material entities that the codification of language is enacted. These complex networks are comprised of "assemblages", collections of heterogeneous actions and entities that somehow function together.

[문제 3]

With a clamor of bells that set the swallows soaring, the Festival of Summer came to the city. Omelas, bright-towered by the sea. The rigging of the boats in harbor sparkled with flags. In the streets between houses with red roofs and painted walls, between old moss-grown gardens and under avenues of trees, past great parks and public buildings, processions moved. Some were decorous: old people in long stiff robes of mauve and grey, grave master workmen, quiet, merry women carrying their babies and chatting as they walked. In other streets the music beat faster, a shimmering of gong and tambourine, and the people went dancing, the procession was a dance. Children dodged in and out, their high calls rising like the swallows' crossing flights over the music and the singing. All the processions wound towards the north side of the city, where on the great water-meadow called the Green Field boys and girls, naked in the bright air, with mud-stained feet and ankles and long, lithe arms, exercised their restive horses before the race. The horses wore no gear at all but a halter without bit. Their manes were braided with streamers of silver, gold, and green. They flared their nostrils and pranced and boasted to one another; they were vastly excited, the horse being the only animal who has adopted our ceremonies as his own. Far off to the north and west the mountains stood up half encircling Omelas on her bay. The air of morning was so clear that the snow still crowning the Eighteen Peaks burned with white-gold fire across the miles of sunlit air, under the dark blue of the sky. There was just enough wind to make the banners that marked

1급 영·한 번역 2교시 – 사회과학

※ 다음 3문제중 2문제를 선택하여 한국어로 번역하시오. [제한시간 70분, 50점]

[문제 1]

The large achievement gap between students of different backgrounds has persisted for four decades despite a significant federal investment in educating disadvantaged students during that time. Many disadvantaged children start school with fewer skills than their more advantaged peers. Research shows that early intervention helps children succeed in school and is particularly effective for the most disadvantaged students. It is less clear whether current levels of coordination among the myriad federal and state programs efficiently produce desired results for particular subgroups of children. For example, systematic information is not available on the total number of preschool children receiving subsidies through various federal programs and/or participating in state-funded preschool. This prevents a comprehensive assessment of how fully the combination of federal and state programs addresses preschoolers' needs. Recent legislative initiatives, such as the No Child Left Behind Act with its emphasis on accountability, may help change this trend and could be aided by retargeting of federal investments. The Elementary and Secondary Education Act was passed in 1965 to provide assistance to states in educating disadvantaged students through Title I, the largest federal program for elementary and secondary education. However, since about 90 percent of school districts receive these Title I funds to improve the education of disadvantaged students, including a growing number with limited English proficiency, an opportunity exists to improve targeting of funds to school districts having the greatest number and percentage of disadvantaged children.

[문제 2]

The research with the Druze, along with the other research in non-Western cultures, indicates that concepts of rights, welfare, and justice are found across cultures. In the context of these similarities among cultures, however, there are also differences. In addition to differences in assumptions about reality, there are differences in the degree of hierarchically based distinctions in relationships between males and females and those of different social castes and classes. Many analyses of culture have focused on differences between cultures on these dimensions, interpreting them in accord with the proposition that cultures form integrated patterns represented either by an individualistic or collectivistic orientation. The hierarchical distinctions in gender or castes are said to be connected with the role designations of persons, through which persons are submerged in the group. It is not at all clear, however, that the presumption of coherent, integrated cultural patterns and associated consistencies in individuals' judgments and actions are in line with other formulations central to the propositions of those emphasizing culture often have voiced that there be acceptance of a variety of moral perspectives. Shweder and Haidt (1993) asserted that Gillligan "won the argument for pluralism"by augmenting the traditional views on justice with the care orientation. They also argue that Gilligan's proposition does not go far enough in the quest for pluralism because it does not account for further variations among cultures.

[문제 3]

Secretary Duncan urged the nation's governors and state education leaders to continue the movement toward adopting internationally benchmarked standards for public K-12 education during his keynote address at the 2009 Governors Education Symposium in Cary, NC. He also applauded the 46 states and three territories that agreed this month to develop common standards as a means to prepare American students to compete and succeed in the global market place. "Perhaps for the first time, we have enough money to really make a difference. We have proven strategies for success in schools all across America. This is where reform will play out. It will filter up from classrooms and schools, districts and localities, but then it will arrive on your desks," Duncan told the governors. "And when it does, I urge you to remember that the truest measure of a society's worth is whether it offers all of our children the opportunity to go where they want to go, do what they want to do, and fulfill their dreams. This is the promise of education. This is my promise. This is your promise. This is the American promise." Currently, each state sets its own academic standards, and many of those standards fail to prepare children for college or careers. The National Governors Association and the Council of Chief State School Officers have committed to leading an effort to create common standards in English language arts and mathematics for grades K-12. These standards will be research- and evidence-based, internationally benchmarked, aligned with college and work expectations, and include rigorous content and skills.

1급 영·한 번역 2교시–과학기술

※ 다음 3문제중 2문제를 선택하여 한국어로 번역하시오. [제한시간 70분, 50점]

[문제 1]

Decisionmakers searching for options to stabilize or mitigate concentrations of greenhouse gases in the atmosphere are faced with two broad approaches for controlling atmospheric carbon concentrations: (1) reduction of carbon emissions at their source, such as through reducing fossil fuel use and cement production or changing land use and management (e.g., reducing deforestation); and/or (2) enhanced sequestration of carbon, either through enhancement of biospheric carbon storage or through engineering solutions to capture carbon and store it in repositories such as the deep ocean or geologic formations. Enhancing carbon sequestration is of current interest as a near-term policy option to slow the rise in atmospheric CO2 and provide more time to develop a wider range of viable mitigation and adaptation options. However, uncertainties remain about how much additional carbon storage can be achieved, the efficacy and longevity of carbon sequestration approaches, whether they will lead to unintended environmental consequences, and just how vulnerable or resilient the global carbon cycle is to such manipulations. Successful carbon management strategies will require solid scientific information about the basic processes of the carbon cycle and an understanding of its long-term interactions with other components of the Earth system such as climate and the water and nitrogen cycles. Such strategies also will require an ability to account for all carbon stocks, fluxes, and changes and to distinguish the effects of human actions from those of natural system variability. Because CO2 is an essential ingredient for plant growth, it will be essential to address the direct effects of increasing atmospheric concentrations of CO2 on terrestrial and marine ecosystem productivity.

[문제 2]

Clinical trials have become the primary method of establishing medical benefit. The randomized, placebo-controlled, double-blind clinical trial (DB/PC RCT) has come to dominate the field. Without data from an RCT showing a statistically significant effect, an intervention is considered unproved, which many take to mean "not beneficial." This has led to the attempt to find the "best" medicine from the "perfect" data: an evidence-based approach to medicine. Certainly, the testing of many approaches that were in common practice has made a strong and highly beneficial impact on medical practice. For example, estrogen replacement therapy (ERT) was considered a standard practice for decades. Maintaining estrogen levels in women over 50 at levels similar to those for younger women was thought to be beneficial, and early observational studies suggested that the benefit extended to the cardiovascular system. However, more recent investigations of ERT, utilizing the RCT, did not support the findings from those early observational studies, indicating instead that some women on ERT may be at increased risk for thrombotic events and stroke, especially within the first two years of beginning ERT. The trials that showed increased risk of ERT generally included post-menopausal women who were not exhibiting symptoms of the menopause transition, such as hot flushes, whereas the benefit of exogenous hormones was observed in studies with younger women. As noted by Rosano et al., "several biological reasons may have contributed to the divergent findings from observational studies and RCTs." Older women may have fewer estrogen receptors, or a different pattern of expression of these receptors, and also may be more susceptible to inflammation and thrombotic events, factors that could alter their response to exogenous hormones, when compared to younger women.

[문제 2]

External systems are systems or components of systems that are outside of the accreditation boundary established by the organization and for which the organization typically has no control over the application of required security levels or the assessment of security effectiveness. External information systems include, but are not limited to, personally owned information systems (e.g., computers, cellular telephones, or personal digital assistants); privately owned computing and communications components resident in commercial or public facilities (e.g., hotels, convention centers, or airports); information systems owned or controlled by nonfederal governmental organizations; and federal information systems that are not owned by, operated by, or under the direct control of the organization. Authorized individuals include organizational personnel, contractors, or any other individuals with authorized access to the organizational information system. This control does not apply to the use of external information systems to access organizational information systems and information that are intended for public access (e.g., individuals accessing federal information through public interfaces to organizational information systems). The organization prohibits authorized individuals from using an external system to access the AMI system or to process, store, or transmit organization-controlled information except in situations where the organization: 1) can verify the employment of required security mechanisms on the external system as specified in the organization's security policy and system security plan; or 2) has approved system connection or processing agreements with the organizational entity hosting the external system.

1급 영·한 번역 2교시 – 경제경영

※ 다음 3문제중 2문제를 선택하여 한국어로 번역하시오. [제한시간 70분, 50점]

[문제 1]

Without a very long term reform, education and trust-building, any attempt to transfer fast 'global'(social) standards would fail, and fail miserably, in many parts of the world. Lest it should be forgotten that 'it took 400 years for England to develop from that stage to its present one. To do the same elsewhere in half the time of 200 years would be a tremendous achievement; to aspire to do it in 25 or 50 years may be to court disaster'. There are stubborn local differences. Until the world becomes homogeneous, adaptation towards the local preferences and capabilities will be necessary. Problems regarding globalisation that appeared in the form of troubles regarding progress in the WTO or in the Multilateral Agreement on Investment illustrate signals of regional(eg, US, EU and Japan) or even local power. It is true that the greatest and matchless advantage of free markets and globalisation is that they give free choice to consumers. Economic interactions are voluntary, so consumers are free to choose, for example, between local and global goods and services. But this is only on the surface. If global products are advertised by large transnational corporations(TNCs) aggressively, including campaigns that are often beyond the financial capacity of local competitors, then the 'free choice' by consumers may be restricted and the local products (and certain dimensions of the local culture) may be damaged. Critics of such unchecked global capital movements say that global TNCs put 'profits before people'. When these TNCs 'start talking about how they will no longer put profits first, people (rightly) think they are lying'.

[문제 2]

Corporate responsibility involves the search for an effective "fit" between businesses and the societies in which they operate. The notion of "fit" recognises the mutual dependence of business and society - a business sector cannot prosper if the society in which it operates is failing and a failing business sector inevitably detracts from general wellbeing. "Corporate responsibility" refers to the actions taken by businesses to nurture and enhance this symbiotic relationship. Of course, societies can also act to nurture this relationship by providing such services as law enforcement, appropriate regulation, investment in the many public goods used by business and by financing these activities via a well designed, disciplined tax system. If the actions of both business sectors and societies are successful, then the "fit" between the two helps to foster an atmosphere of mutual trust and predictability that facilitates the conduct of business and enhances economic, social and environmental welfare. The core element of corporate responsibility concerns business activity itself - the function of business in society is to yield adequate returns to owners of capital by identifying and developing promising investment opportunities and, in the process, to provide jobs and to produce goods and services that consumers want to buy. Economic history attests to the power of business sectors operating in effective environments of private and public governance to raise general welfare and living standards. However, corporate responsibility goes beyond the core function of conducting business. Businesses are expected to obey the various laws which are applicable to them and, as a practical matter, often have to respond to societal expectations that are not written down as formal law. Since many enterprises now straddle numerous legal, regulatory, cultural and business environments, the challenge of legal and ethical compliance has become more complex.

[문제 3]

(On FRB) ; The boardroom of the austere white-marble Federal Reserve building in Washington DC is where Winston Churchill held councils of war with Franklin Delano Roosevelt to set Allied strategy in World War •±. Now the men and women who meet in that room eight times a year set the price of America's money. Since the US abandoned the gold bullion standard in 1971, its dollar has not been backed by any precious metal but rests on a common faith that the greenback is something more than a piece of paper. Once lost, as we know from a barrowful of cases of hyperinflation and crisis around the world, the faith in a paper currency is desperately difficult to recover. Preserving a shared myth that bits of coloured paper are stores of value - a kind of trance that the poet Samuel Taylor Coleridge called elsewhere "the willing suspension of disbelief" - depends in large measure on faith in the people who meet in this room. It is a faith as mysterious as any religion. It is no coincidence that the word "credit" stems from the Lation credere-to believe. And, as a monetary system only a little over thirty years old, it may be considered to be still in its experimental phase. It is a system of "fiat" money, so called because its value derives from nothing more than a fiat of government. The Fed, as it is commonly called, is America's central bank. It is the country's fourth attempt at a central bank, and, founded in 1913, its most enduring. But as if to emphasise the transient nature of monetary arrangements, the walls of its boardroom are decorated with framed specimens of US currency from other eras, all defunct. It is much harder to preserve the fragile faith in money when the public can see that it is a creation of politicians, those experts in broken promises and profligacy. To combat this, the Federal Reserve, although it was begotten by the US Congress and could be struck down by it at any time, was given independence from politicians in its conduct of monetary policy.

E1–1

번역능력인정시험(TCT) 주관 : 사단법인 한국번역가협회

감 독 확 인	

2급 영·한 번역
(공 통)

[1교시 : 70분]

▨ 응시자 유의사항

1. 시험 종료 후 본 시험지 전체를 제출해야 합니다.
2. 답안 수정은 두 줄을 그어 삭제하거나 수정액을 사용하기 바랍니다.
3. 연필 사용은 불가합니다.
4. 문제지 여백은 메모가 가능합니다.
5. 사전류는 모두 열람이 가능하나 전자사전 및 책형태는 열람이 불가합니다.(사전 열람시 정숙 유지 요망)
6. 출제된 문제의 오타여부에 관한 질문은 답변하지 않습니다.
7. 기타 질문 시는 손만 드시기 바랍니다.
8. 시험 종료가 선언되면 지체없이 답안지를 제출해야 합니다. 지연으로 인한 불이익을 받지 않도록 하시기 바랍니다.

응시번호	–
성 명	

평 가		1교시
	1차	
	2차	
	3차	
	평점	

2급 영·한 번역 1교시

※ 다음 문제를 모두 한국어로 번역하시오. [제한시간 70분, 50점]

[문제 1]

(a) Our Asian cultures teach us moderation in everything we do, and it is not for us to conquer nature but rather to live in harmony with it. We should refuse to join in the rat race that causes high blood pressure.(b) Whatever his home was like, it must have been a good one to grow up in. No child who lacked affection or security could have been as good-humored and friendly as he was.(c) All the educator can do is to surround the student with a rich variety of intellectual and personal experience with a view to quickening his mind and emotions into action. (d) She knows now that there are, in the air she breathes every day, sounds that her ears cannot discern, listen as she may, and lights that his eyes cannot distinguish, strain them as he may. (e) Naturally alert and bright, he extracted from every experience in life all the lessons that it could teach him. His love of reading he satisfied whenever he found it possible, and was never happier than when absorbed in his books.

[문제 2]

Experts gathered on Wednesday to figure out how to halt the rapid spread of bird flu through Asia, which has killed at least eight people and threatens to develop into an epidemic more terrifying than SARS. Their task was huge now that the virulent virus struck in China, the birthplace of Severe Acute Respiratory Syndrome. The world's most populous nation is home to a vast poultry industry. So overwhelming is the job of killing tens of millions of domestic birds in hopes of removing the breeding grounds of the virus, international organizations have launched an urgent appeal for the money and expertise to fight an all-out war on it. The great fear is that the avian flu virus might mate with human influenza and unleash a pandemic among people with no immunity to it. So far, there is no evidence of people-to-people transmission. Humans infected so far are believed to have caught the virus directly from birds. But experts say no matter how remote the possibility, they fear it could happen and the WHO underlined that by launching its appeal with the Food and Agricultural Organization and the world Organization for Animal Health. A bird flu outbreak in China was what experts dreaded most given the speed at which the virus spreads.

2급 영·한 번역 2교시– 인문과학

※ 다음 3문제중 2문제를 선택하여 한국어로 번역하시오. [제한시간 70분, 50점]

[문제 1]

History never repeats itself exactly, and yet it is strange how near it comes to it sometimes. This incident of the throwing overboard of the tea at Boston in 1773 has become very famous. It is called the "Boston tea-party." When Bapu [Gandhi] started his salt campaign and the great march to Dandi, and the salt raids, many people in America thought of their "Boston tea-party" and compared the new "salt-party" to it. But of course there was a great deal of difference between the two. In 1775, war began between England and her American colonies. What were the colonies fighting for? Not independence, not to cut away from England. Even when fighting had begun and blood had been shed on both sides, the leaders of the colonists continued to address George III of England as their "Most Gracious Sovereign"and to consider themselves as his faithful subjects. So the colonies did not begin fighting for the sake of independence. Their grievances were taxation and restrictions on trade. They denied the right of the British Parliament to tax them against their will. "No taxation without representation" was their famous cry, and they were not represented in the British Parliament. The colonists had no army, but they had a vast country to retire and fall back upon whenever necessary. They built up an army, and Washington ultimately became their Commander-in-Chief.

[문제 2]

Ireland for many centuries was less of a destination than a memory. Indeed, it was said that the Irish boomerang differed from its Australian counterpart in one important respect. When you threw it, it never came back - it only sang about coming back. Ireland remained a country of marked net outward migration for most of the twentieth century and, notwithstanding independence in 1922, the country continued to lose large numbers of young people to foreign labour markets. The situation was so critical in the 1950s that a popular book of the period had as its title, The Vanishing Irish. Though the situation improved somewhat with economic reforms and a move away from protectionist policies in the 1960s, Ireland emerged from the severe economic slump of the late 1970s and 1980s as the country with the highest net emigration rate in the European Union. By the 1990s, however, there had been a dramatic change in the country's migratory fortunes. Between 1996 and 2002 over a quarter of a million people came to live in Ireland and over half of these were foreign nationals. Work permits issued to EU nationals rose from 5,750 in 1999 to 40,504 in 2002 so that by the end of 2002 Ireland had become the country with the highest net immigration rate in the European Union. The new immigrants were largely made up of Irish nationals returning from abroad and economic migrants, with political refugees and asylum seekers accounting for 10 per cent of net migration to Ireland since 1995.

[문제 3]

The concept of minor literature cuts across at least three different categories: the literature of numerically small nations and groups; the literature of oppressed minorities; and the literature of modernist avant-garde. In some cases, the first two categories coincide, but not in all. Small groups may be comprised of relatively autonomous, homogeneous populations, whose literary aspiration is simply to create great works that rival those of major literatures. In such cases, small groups have little in common with oppressed minorities. Conversely, oppressed minorities may be numerically small, but they may also form a statistical majority, for as Deleuze and Guattari argue, minorities are defined by their deviance from the norm rather than their actual numbers. Worldwide there may be relatively few white male adults, but nonwhites, women and children remain minorities nonetheless. Linguistically minorities may form a separate, small group, speaking their own ethnic tongue, but in other cases they may be differentiated from the larger population only through their particular use of a common language. The latter instances are what interest Deleuze and Guattari, and their concern with "small literatures" is restricted to those that involve a minor usage of language. It is through the concept of a minor usage of language that Deleuze and Guattari bring together the linguistic inventions of a minority inhabiting a majority's tongue and the experimentations with language of the modernist avant-garde.

2급 영·한 번역 2교시–사회과학

※ 다음 3문제중 2문제를 선택하여 한국어로 번역하시오. [제한시간 70분, 50점]

[문제 1]

The shift to a global economy and changes in technology, the nature of work, and workforce demographics are challenging customary federal approaches to education and employment. The global economy and advances in technology enable work to be shifted to other countries or render some jobs obsolete. If we are to compete effectively in a growing, knowledge-based economy, our educational system must equip children with appropriate skills to meet high standards and provide means for adults to continue to learn new skills and enhance their existing abilities. This will require ensuring that diverse populations have access to postsecondary, vocational, and adult education. As an increasingly volatile job market creates and eliminates jobs, federal programs that train new workers or support workers who lose their jobs must also be capable of responding to sudden changes in the economy. Federal efforts to protect workers must account for changes in the nature of work: membership in organized labor has declined, traditional work arrangements are giving way to alternatives such as temporary employment and teleworking, and lifelong service with a single employer is becoming much less common. Changes in workforce demographics pose additional challenges. The U.S. labor force has more than doubled in the past 50 years but is now growing at a much slower rate.

[문제 2]

Children's social interactions involve a dynamic interplay of personal goals and social goals, as well as inter play among different social goals. Reciprocity of social interactions means that individuals both participate in cultural practices and can stand apart from culture and take a critical approach to social practices. Typically, there are elements both of harmony and tension or conflict. Moreover, though the development of different domains of judgment, individuals deal with social situations from more than one perspective, taking into account varying features of situations and contexts. The diversity in judgments of individuals includes domain specificity in people's thinking and contextual variations in the ways judgments are applied. People in so-called individualistic cultures have multiple social orientations, including concerns with social duties, the collective community, and interdependence, as well as independence, rights, freedoms, and equality. People in so-called traditional, collectivistic cultures endorse traditions, status, and role distinctions, but they also endorse individual freedoms and rights even when in contradiction with status and hierarchy. Another issue of importance to moral and social functioning that involves contextual variations in judgments and actions is that of honesty.

Honesty is often regarded as one of those moral matters that once acquired by the individual will be and should be applied consistently.

[문제 3]

The Department of Education will conduct a national competition among states this year for $4 billion of the Race to the Top Fund to improve education quality and results statewide. The Race to the Top Fund will support states' effort to drive substantial gains in student achievement. These grants will focus on four reform goals using data to drive instruction, raising standards, turning around historically low-performing schools, and improving teacher and principal quality as described in the American Recovery and Reinvestment Act. Additionally, the ARRA allocates $650 million for the "Invest in What Works and Innovation Fund."The money will be awarded to school districts and non-profit groups with strong track records of results. Guidelines and applications for the competitive funds will be posted on the Federal Register next month. Race to the Top grants will be made in two rounds. Secretary Duncan will give two more major policy speeches leading up to the request for proposals. He will speak about school turnarounds on June 22 at the National Charter School Conference in Washington DC, and he will discuss teacher quality July 2 at the National Education Association annual meeting in San Diego.

2급 영·한 번역 2교시 – 과학기술

※ 다음 3문제중 2문제를 선택하여 한국어로 번역하시오. [제한시간 70분, 50점]

[문제 1]

To stay competitive the industry needs to reduce to maintenance and fuel cycle costs, while enhancing safety features. Extended burnup is one of the methods applied to meet these objectives. There are a number of issues that need resolution to be able to successfully implement extended burnup. While the nuclear design of fuel can apparently be extended well beyond our current burnup limits, albeit at some economic cost, the physical performance of materials and components can have a finite end as burnup increases and no amount of analytical work will extend their life. The performance of the critical fuel components is the result of a complex interaction of a large number of variables that challenge the evaluation of the mechanisms in progress and the prediction of their behavior at extended and more severe conditions. The technologies involved include just about every aspect of materials science imaginable: properties of materials, metallurgy, structure mechanics, coolant chemistry, physical chemistry, and their basic mechanisms just to mention a few examples. In addition, exposure to radiation changes all of the physical properties and processes: the properties of the structural materials and of the coolant change. Transformations in structure and composition occur in all the materials (true alchemy!), and these processes occur in a non-homogeneous and non-equilibrium manner throughout the core.

[문제 2]

The heat sensitivity of a pavement surface determines the bonding characteristics between the surface and most hot-applied marking materials. At temperatures greater than 160°F, asphalt behaves as a viscous liquid, which allows for thermal bonding with many hot-applied pavement marking materials. For example, thermoplastic materials bond to asphalt surfaces by melting and fusing with the asphalt. Thermal bonding provides for a tight bond between the surface and the marking. Concrete pavements do not react to hot-applied pavement markings in this way, and as such thermal bonding does not occur. In these cases, other bonding mechanisms are relied upon, which are often inferior to thermal bonding. It is for this reason that some hot-applied marking materials, such as thermoplastic, are not recommended for use on concrete surfaces. The surface porosity of a pavement surface determines the mechanical bonding characteristics for pavement markings with the surface. Mechanical bonding occurs when the pavement marking material seeps into the pores of the pavement surface and creates a tight mechanical bond upon drying. Thermoplastics and other hot-applied pavement markings adhere to concrete through mechanical bonding. Traffic volumes greatly influence the performance of a pavement marking regardless of the pavement surface. The service lives of nearly all pavement marking materials are decreased when exposed to higher traffic volumes. However, some materials are clearly more resistant to traffic than others.

[문제 3]

The potential effects of climate variability and change on ecosystems and human activities will not be determined solely by their sensitivity and adaptability, but also by multiple, cumulative interactions among physical, ecological, economic, and social conditions. For example, some crops and plants that might otherwise experience reductions in productivity as a result of changes in climate alone could actually experience increased growth and productivity as a result of increases in atmospheric CO2 concentrations and nutrients (from deposition and runoff). Other species and ecosystems, which could adjust to climate change alone, might be endangered when land use and other factors interfere with adaptive mechanisms such as migration. Interacting factors must be identified and understood to develop accurate projections of effects. The CO2 "fertilization effect" (increased plant growth due to higher atmospheric CO2 concentrations), nitrogen deposition, disturbance (e.g., fire, pest infestations), land-cover fragmentation, air pollution, and other factors affect the functioning (e.g., water use efficiency, biomass allocation) and composition of natural and managed ecosystems over long periods of time. Similarly, estuarine and coastal ecosystems face multiple-stressor problems associated with point source and non-point source pollution, increased sedimentation resulting from upstream land-use practices, invasive species and sea-level rise.

2급 영·한 번역 2교시–경제경영

※ 다음 3문제중 2문제를 선택하여 한국어로 번역하시오. [제한시간 70분, 50점]

[문제 1]

The efficient-markets hypothesis has underpinned many of the financial industry's models for years. After the crash, what remains of it? In 1978 Michael Jensen, an American economist, boldly declared that "there is no other proposition in economics which has more solid empirical evidence supporting it than the efficient-markets hypothesis"(EMH). That was quite a claim. The theory's origins went back to the beginning of the century, but it had come to prominence only a decade or so before. Eugene Fama, of the University of Chicago, defined its essence: that the price of a financial asset reflects all available information that is relevant to its value. From that idea powerful conclusions were drawn, not least on Wall Street. If the EMH held, then markets would price financial assets broadly correctly. Deviations from equilibrium values could not last for long. If the price of a share, say, was too low, well-informed investors would buy it and make a killing. If it looked too dear, they could sell or short it and make money that way. It also followed that bubbles could not form-or, at any rate, could not last: some wise investor would spot them and pop them. And trying to beat the market was a fool's errand for almost everyone. If the information was out there, it was already in the price. On such ideas, and on the complex mathematics that described them, was founded the Wall Street profession of financial engineering. The engineers designed derivatives and securitisations, from simple interest-rate options to ever more intricate credit-default swaps and collateralised debt obligations. All the while, confident in the theoretical underpinnings of their inventions, they reassured any doubters that all this activity was not just making bankers rich. It was making the financial system safer and the economy healthier.

[문제 2]

A bias has long existed among many policy makers with regard to the importance of financial systems among the poor nations of the world. Traditionally, it was thought that the poor did not need financial services because they could not save, had few viable investment opportunities, and were bad credit risks. Today, financial development is now becoming a focal point of reforms aimed at increasing economic development. In part, this is because of the strong empirical evidence that has come to light regarding the importance of finance to economic growth. This new focus on finance also reflects a gradual recognition that the assumption that the poor do not need financial services is extremely naive. The poor do save - but usually not in banks.. For instance, hoarding money or buying assets, such as livestock, are the traditional ways that the poor save, either because bank accounts are not available or because the poor are mistrustful of them. The problem with savings through these traditional means is that they leave wealth vulnerable to loss(theft, drought) and that they do not encourage investment by placing resources in the financial system. In addition, the poor need other financial services in addition to bank accounts: mortgage loans, insurance policies, and payment services such as transferring remittances between family members who work in richer countries and their family members back at home. Without efficient financial systems, the poor are left to deal with money lenders or pawnbrokers to obtain these services, who often provide low quality for exorbitant fees.

[문제 3]

Central banks serve four important functions in modern financial systems. First, central banks help facilitate financial transactions by issuing new currency, clearing checks and other payments, providing short-term and seasonal loans to banks and monitoring payment systems. Second, central banks play a role in regulating the banking system, enforcing information disclosure requirements, setting loan and deposit creation standards, approving bank mergers and acquisitions, and monitoring bank activities. Third, central banks serve as a lender of last resort in order to enhance the stability of the banking system. By standing ready to provide loans to banks with short-term liquidity problems, central banks can prevent bank runs before they happen, usually without even providing a single loan. As the power of central banks have grown in the postwar era, bank runs have become much less frequent, to the point that they are now almost nonexistent in industrialized countries. For example, the last bank run and banking crisis in the U.S. was during the Great Depression before the reform and strengthening of the Federal Reserve and the creation of deposit insurance. Note, however, that the central bank's role as lender of last resort does not extend to poorly run banks; if a bank becomes insolvent, or its liabilities exceed its assets, then a central bank has the responsibility to let this bank fail. At that point, the appropriate government agencies that provide deposit insurance will bailout depositors and sell the bank's asset.

E1-1

번역능력인정시험(TCT) 주관 : 사단법인 한국번역가협회

감 독 확 인	

3급 영·한 번역 (공 통)

[1교시 : 70분]

▨ 응시자 유의사항

1. 시험 종료 후 본 시험지 전체를 제출해야 합니다.
2. 답안 수정은 두 줄을 그어 삭제하거나 수정액을 사용하기 바랍니다.
3. 연필 사용은 불가합니다.
4. 문제지 여백은 메모가 가능합니다.
5. 사전류는 모두 열람이 가능하나 전자사전 및 책형태는 열람이 불가합니다.(사전 열람시 정숙 유지 요망)
6. 출제된 문제의 오타여부에 관한 질문은 답변하지 않습니다.
7. 기타 질문 시는 손만 드시기 바랍니다.
8. 시험 종료가 선언되면 지체없이 답안지를 제출해야 합니다. 지연으로 인한 불이익을 받지 않도록 하시기 바랍니다.

응시번호	-
성 명	

평 가		1교시
	1차	
	2차	
	3차	
	평점	

3급 영·한 번역 1교시

※ 다음 문제를 모두 한국어로 번역하시오. [제한시간 70분, 50점]

[문제 1]

1.

(1) Much will be done if we do but try. Nobody knows what we can do till he has tried; and few try their best till they have been forced to do it.

(2) Political language is designed to make lies truthful and murder respectable and to give an appearance of solidity to pure wind.

(3) The critic is he who can translate into another manner or a new material his impression of beautiful things.

(4) He looked very young in his pyjamas and, as was natural at his age, he had awakened fresh, with all the lines smoothed out of his face.

(5) Talent is by no means rare in the world; nor is even genius. But the talent be trusted? - can the genius? Not unless based on truthfulness - on veracity.

2.

It is philosophy, not science, that teaches us the difference between right and wrong and directs us to the goods that befit our nature. Just as the productive utility of science derives from its accurate description of the way things behave, so the moral utility of philosophy derives from its profound understanding of the ultimate realities that underlie the phenomena which science studies. Each kind of knowledge answers questions that the other cannot answer, and that is why each is useful in a different way. In my judgment it is philosophy, not science, which should be uppermost in any culture or civilization, simply because the questions it can answer are more important for human life. Certainly it should be clear that the more science we posses, the more we need philosophy, because the more power we have, the more we need direction.

3급 영·한 번역 2교시

※ 다음 문제를 모두 한국어로 번역하시오. [제한시간 70분, 50점]

[문제 1]

Europe's top food makers are under pressure on two fronts. With rampant commodity costs forcing them to raise prices, hard-pressed consumers are opting for cheaper products while critics insist that the industry is milking the situation. Wheat and soy are at their highest ever levels while coffee and cocoa are more expensive than they have been for decades and there are no signs of a let up any time soon. Already some people have accused the food industry and retailers of profiting from the sharp rise in commodity prices, while others say interest rate cuts in Europe and the United States may help stoke this food inflation. Demand continues to rocket as supply dries up due to poor weather in key growing areas, alternative use for biofuel production and burgeoning demand in fast-growing economies such as China and India. Adding to upward pressure on prices investment funds' near obsession with commodities has intensified as global stock and bond markets continue to struggle, and they see commodities as a good bet for their capital amid a global inflationary environment.

[문제 2]

American may be getting lonelier and more isolated, with people relying more on family and making fewer close friends and confidants from clubs and the neighborhood than ever before. So training your mate may be essential. Both sexes would be better off following the lead of animal trainers and ignoring irritating bad behavior. However, it may be hard for men to use compliments to alter female behavior because women give and get so many polite or insincere compliments from other women that they're immune to flattering words. But that doesn't mean that men aren't manipulative. Both sexes are busy manipulating each other. Women will nag and men will tease. There's a kind of teasing that's just cloaked nagging. Anthropological studies suggest it might be easier for men to train women because women are better at reading the emotions in your voice, better at seeing things in their peripheral vision, better at seeing in the dark. So just the man's tone of voice as opposed to even the words could be rewarding.

[문제 3]

Using genetic engineering(GE), researchers can create organisms that will readily produce many substances of value to science, medicine, and technology. Among the benefits that we may soon expect from the biotechnological revolution are methods to diagnose diseases; and to understand the aging process and slow its genetic defects, to enhance the strength and intelligence of unborn children and to improve our understanding of the human brain and how it works. It can hardly be said with certainty, however, that findings from this project would automatically improve the welfare of humankind. History shows that great scientific achievements, if improperly utilized, can bring about misfortune. Most worrisome is the possibility of persons being discriminated against on the basis of genes. Persons possessing defective genes could be considered flawed and unfit and subjected to bias. For example, employers might be tempted to use predictive genetics so that they may save money by rejecting workers who are predisposed to develop chronic diseases.

(번역문)

(번역문)

TCT 번역영어

2006년 3월 20일 1판 1쇄 발행
2013년 2월 1일 1판 4쇄 발행
2015년 1월 5일 개정증보판 1쇄 발행

저 자 조 일 준
발 행 인 전 혜 자
주 소 서울 성동구 행당동 286-29
전 화 02)2296-9333(代)~4
팩 스 02)2296-9335
출판등록 1994. 4. 2(4-254)
I S B N 978-89-89668-63-3 93740

정 가 18,000원